René Guénon

INTRODUCTION GÉNÉRALE À L'ÉTUDE DES DOCTRINES HINDOUES

René Guénon
(1886-1951)

Introduction générale à l'étude des doctrines hindoues

1921

**Publié par
Omnia Veritas Ltd**

www.omnia-veritas.com

AVANT-PROPOS 9
PREMIÈRE PARTIE 15
   CONSIDÉRATIONS PRÉLIMINAIRES 15
CHAPITRE I 16
   ORIENT ET OCCIDENT 16
CHAPITRE II 21
   LA DIVERGENCE 21
CHAPITRE III 27
   LE PRÉJUGÉ CLASSIQUE 27
CHAPITRE IV 34
   LES RELATIONS DES PEUPLES ANCIENS 34
CHAPITRE V 40
   QUESTIONS DE CHRONOLOGIE 40
CHAPITRE VI 49
   DIFFICULTÉS LINGUISTIQUES 49
DEUXIÈME PARTIE 55
   LES MODES GÉNÉRAUX DE LA PENSÉE ORIENTALE 55
CHAPITRE I 56
   LES GRANDES DIVISIONS DE L'ORIENT 56
CHAPITRE II 62
   PRINCIPES D'UNITÉ DES CIVILISATION ORIENTALES 62
CHAPITRE III 70
   QUE FAUT-IL ENTENDRE PAR TRADITION ? 70
CHAPITRE IV 76
   TRADITION ET RELIGION 76
CHAPITRE V 90
   CARACTÈRES ESSENTIELS DE LA MÉTAPHYSIQUE 90
CHAPITRE VI 101
   RAPPORTS DE LA MÉTAPHYSIQUE ET DE LA THÉOLOGIE 101

CHAPITRE VII **109**
    SYMBOLISME ET ANTHROPOMORPHISME 109

CHAPITRE VIII **116**
    PENSÉE MÉTAPHYSIQUE ET PENSÉE PHILOSOPHIQUE 116

CHAPITRE IX **134**
    ÉSOTÉRISME ET EXOTÉRISME 134

CHAPITRE X **143**
    LA RÉALISATION MÉTAPHYSIQUE 143

TROISIÈME PARTIE **150**
    LES DOCTRINES HINDOUES 150

CHAPITRE I **151**
    SIGNIFICATION PRÉCISE DU MOT « HINDOU » 151

CHAPITRE II **158**
    LA PERPÉTUITÉ DU VÊDA 158

CHAPITRE III **163**
    ORTHODOXIE ET HÉRÉRODOXIE 163

CHAPITRE IV **168**
    À PROPOS DU BOUDDHISME 168

CHAPITRE V **182**
    LA LOI DE MANU 182

CHAPITRE VI **188**
    PRINCIPE DE L'INSTITUTION DES CASTES 188

CHAPITRE VII **196**
    SHIVAÏSME ET VISHNUÏSME 196

CHAPITRE VIII **201**
    LES POINTS DE VUE DE LA DOCTRINE 201

CHAPITRE IX **209**
    LE NYÂYA 209

CHAPITRE X **215**

LE VAISHÊSHIKA.. 215
CHAPITRE XI **224**
LE SÂNKHYA.. 224
CHAPITRE XII **230**
LE YOGA.. 230
CHAPITRE XIII **235**
LA MÎMÂNSÂ... 235
CHAPITRE XIV **243**
LE VÊDÂNTA 243
CHAPITRE XV **250**
REMARQUES COMPLÉMENTAIRES SUR L'ENSEMBLE DE LA DOCTRINE
.... 250
CHAPITRE XVI **254**
L'ENSEIGNEMENT TRADITIONNEL................................... 254
QUATRIÈME PARTIE **258**
LES INTERPRÉTATIONS OCCIDENTALES 258
CHAPITRE I **259**
L'ORIENTALISME OFFICIEL... 259
CHAPITRE II **264**
LA SCIENCE DES RELIGIONS 264
CHAPITRE III **273**
LE THÉOSOPHISME 273
CHAPITRE IV **282**
LE VÊDÂNTA OCCIDENTALISÉ 282
CHAPITRE V **287**
DERNIÈRES OBSERVATIONS.. 287
CONCLUSION **293**
DÉJÀ PARUS **309**

Introduction générale à l'étude des doctrines hindoues

René Guénon

AVANT-PROPOS

Bien des difficultés s'opposent, en Occident, à une étude sérieuse et approfondie des doctrines orientales en général, et des doctrines hindoues en particulier ; et les plus grands obstacles, à cet égard, ne sont peut-être pas ceux qui peuvent provenir des Orientaux eux-mêmes. En effet, la première condition requise pour une telle étude, la plus essentielle de toutes, c'est évidemment d'avoir la mentalité voulue pour comprendre les doctrines dont il s'agit, nous voulons dire pour les comprendre vraiment et profondément ; or c'est là une aptitude qui, sauf de bien rares exceptions, fait totalement défaut aux Occidentaux. D'autre part, cette condition nécessaire pourrait être regardée en même temps comme suffisante, car, lorsqu'elle est remplie, les Orientaux n'ont pas la moindre répugnance à communiquer leur pensée aussi complètement qu'il est possible de le faire.

S'il n'y a pas d'autre obstacle réel que celui que nous venons d'indiquer, comment se fait-il donc que les « orientalistes », c'est-à-dire les Occidentaux qui s'occupent des choses de l'Orient, ne l'aient jamais surmonté ? Et l'on ne saurait être taxé d'exagération en affirmant qu'ils ne l'ont jamais surmonté en effet, lorsqu'on constate qu'ils n'ont pu produire que de simples travaux d'érudition, peut-être estimables à un point de vue spécial, mais sans aucun intérêt pour la compréhension de la moindre idée vraie. C'est qu'il ne suffit pas de connaître une langue grammaticalement, ni d'être capable de faire un mot-à-mot correct, pour pénétrer l'esprit de cette langue et s'assimiler la pensée de ceux qui la parlent et l'écrivent. On pourrait même aller plus loin et dire que plus une traduction est scrupuleusement littérale, plus elle risque d'être inexacte en réalité et de dénaturer la pensée, parce qu'il n'y a pas d'équivalence véritable entre les termes de deux langues différentes, surtout quand ces langues sont fort éloignées l'une de l'autre, et éloignées non pas tant encore philologique ment qu'en raison de la diversité des conceptions des peuples qui les emploient ; et c'est ce dernier élément qu'aucune érudition ne permettra jamais de pénétrer. Il faut pour cela autre chose qu'une vaine « critique de textes » s'étendant à perte de vue sur des questions de détail, autre chose que des méthodes de grammairiens et de « littéraires », et même qu'une soi-disant « méthode historique » appliquée à tout indistinctement. Sans doute, les dictionnaires et les compilations ont leur utilité relative, qu'il ne s'agit pas de contester, et l'on ne peut pas dire que tout ce travail soit dépensé en pure perte, surtout si l'on réfléchit que ceux qui le fournissent seraient le plus souvent inaptes à produire autre chose ; mais malheureusement, dès que l'érudition devient une « spécialité », elle tend à être prise pour une fin en elle-même, au lieu de n'être qu'un simple instrument comme elle doit l'être normalement. C'est cet envahissement de l'érudition et de ses méthodes particulières qui constitue un véritable danger, parce qu'il risque d'absorber ceux qui seraient peut-être capables de se livrer à un autre genre de travaux, et parce que l'habitude de ces méthodes rétrécit l'horizon intellectuel de ceux qui s'y soumettent et leur impose une déformation irrémédiable.

Encore n'avons-nous pas tout dit, et n'avons-nous même pas touché au côté le plus grave de la question : les travaux de pure érudition sont, dans la production des orientalistes, la partie la plus encombrante, certes, mais non la plus néfaste ; et, en disant qu'il n'y avait rien d'autre, nous voulions entendre rien d'autre qui eût quelque valeur, même d'une portée restreinte. Certains, en Allemagne notamment, ont voulu aller plus loin et, toujours par les mêmes méthodes, qui ne peuvent plus rien donner ici, faire œuvre d'interprétation, en y apportant par surcroît tout l'ensemble d'idées préconçues qui constitue leur mentalité propre, et avec le parti pris manifeste de faire rentrer les conceptions auxquelles ils ont affaire dans les cadres habituels à la pensée européenne. En somme, l'erreur capitale de ces orientalistes, la question de méthode mise à part, c'est de tout voir de leur point de vue occidental et à travers leur mentalité à eux, tandis que la première condition pour pouvoir interpréter correctement une doctrine quelconque est naturellement de faire effort pour se l'assimiler et pour se placer, autant que possible, au point de vue de ceux-là mêmes qui l'ont conçue. Nous disons autant que possible, car tous n'y peuvent parvenir également, mais du moins tous peuvent-ils l'essayer ; or, bien loin de là, l'exclusivisme des orientalistes dont nous parlons et leur esprit de système vont jusqu'à les porter, par une incroyable aberration, à se croire capables de comprendre les doctrines orientales mieux que les Orientaux eux-mêmes : prétention qui ne serait que risible si elle ne s'alliait à une volonté bien arrêtée de « monopoliser » en quelque sorte les études en question. Et, en fait, il n'y a guère pour s'en occuper en Europe, en dehors de ces « spécialistes », qu'une certaine catégorie de rêveurs extravagants et d'audacieux charlatans qu'on pourrait regarder comme quantité négligeable, s'ils n'exerçaient, eux aussi, une influence déplorable à divers égards, ainsi que nous aurons à l'exposer en son lieu d'une façon plus précise.

Pour nous en tenir ici à ce qui concerne les orientalistes qu'on peut appeler « officiels », nous signalerons encore, à titre d'observation préliminaire, un des abus auxquels donne lieu le plus fréquemment l'emploi de cette « méthode historique » à laquelle nous avons déjà fait allusion : c'est l'erreur qui consiste à étudier les civilisations orientales comme on le ferait pour des civilisations disparues depuis longtemps. Dans ce dernier cas, il est évident qu'on est bien forcé, faute de mieux, de se contenter de reconstitutions approximatives, sans être jamais sûr d'une parfaite concordance avec ce qui a existé réellement autrefois, puisqu'il n'y a aucun moyen de procéder à des vérifications directes. Mais on oublie que les civilisations orientales, du moins celles qui nous intéressent présentement, se sont continuées jusqu'à nous sans interruption, et qu'elles ont encore des représentants autorisés, dont l'avis vaut incomparablement plus, pour leur compréhension, que toute l'érudition du monde ; seulement, pour songer à les consulter, il ne faudrait pas partir de ce singulier principe qu'on sait mieux qu'eux à quoi s'en tenir sur le vrai sens de leurs propres conceptions.

D'autre part, il faut dire aussi que les Orientaux, ayant, et à juste titre, une idée plutôt fâcheuse de l'intellectualité européenne, se soucient fort peu de ce que les Occidentaux, d'une façon générale, peuvent penser ou ne pas penser à leur égard ; aussi ne cherchent-ils aucunement à les détromper, et, tout au contraire, par l'effet d'une politesse quelque peu dédaigneuse, ils se renferment dans un silence que la vanité occidentale prend sans peine pour une approbation. C'est que le « prosélytisme » est totalement inconnu en Orient, où il serait d'ailleurs sans objet et ne pourrait être regardé que comme une preuve d'ignorance et d'incompréhension pure et simple ; ce que nous dirons par la suite en montrera les raisons. À ce silence que certains reprochent aux Orientaux, et qui est pourtant si légitime, il ne peut y avoir que de rares exceptions, en faveur de quelque individualité isolée présentant les qualifications requises et les aptitudes intellectuelles voulues. Quant à ceux qui sortent de leur réserve en dehors de ce cas déterminé, on ne peut en dire qu'une chose : c'est qu'ils représentent en général des éléments assez peu intéressants, et que, pour une raison ou pour une autre, ils n'exposent guère que des doctrines déformées sous prétexte de les approprier à l'Occident ; nous aurons l'occasion d'en dire quelques mots. Ce que nous voulons faire comprendre pour le moment, et ce que nous avons indiqué dès le début, c'est que la mentalité occidentale est seule responsable de cette situation, qui rend fort difficile le rôle de celui-là même qui, s'étant trouvé dans des conditions exceptionnelles et étant parvenu à s'assimiler certaines idées, veut les exprimer de la façon la plus intelligible, mais sans toutefois les dénaturer : il doit se borner à exposer ce qu'il a compris, dans la mesure où cela peut être fait, en s'abstenant soigneusement de tout souci de « vulgarisation », et sans même y apporter la moindre préoccupation de convaincre qui que ce soit.

Nous en avons dit assez pour définir nettement nos intentions : nous ne voulons point faire ici œuvre d'érudition, et le point de vue auquel nous entendons nous placer est beaucoup plus profond que celui-là. La vérité n'étant pas pour nous un fait historique, il nous importerait même assez peu, au fond, de déterminer exactement la provenance de telle ou telle idée qui ne nous intéresse en somme que parce que, l'ayant comprise, nous la savons être vraie ; mais certaines indications sur la pensée orientale peuvent donner à réfléchir à quelques-uns, et ce simple résultat aurait, à lui seul, une importance insoupçonnée. D'ailleurs, si même ce but ne pouvait être atteint, nous aurions encore une raison d'entreprendre un exposé de ce genre : ce serait de reconnaître en quelque façon tout ce que nous devons intellectuellement aux Orientaux, et dont les Occidentaux ne nous ont jamais offert le moindre équivalent, même partiel et incomplet.

Nous montrerons donc d'abord, aussi clairement que nous le pourrons, et après quelques considérations préliminaires indispensables, les différences essentielles et fondamentales qui existent entre les modes généraux de la pensée orientale et ceux de la pensée occidentale. Nous insisterons ensuite plus spécialement sur ce qui se rapporte aux doctrines hindoues, en tant que celles-ci présentent des traits particuliers qui les distinguent des autres doctrines orientales, bien que toutes aient assez de caractères communs pour justifier, dans l'ensemble, l'opposition générale de l'Orient et de l'Occident. Enfin, à l'égard de ces doctrines hindoues, nous signalerons l'insuffisance des interprétations qui ont cours en Occident ; nous devrions même, pour certaines d'entre elles, dire leur absurdité. Comme conclusion de cette étude, nous indiquerons, avec toutes les précautions nécessaires, les conditions d'un rapprochement intellectuel entre l'Orient et l'Occident, conditions qui, comme il est facile de le prévoir, sont bien loin d'être actuellement remplies du côté occidental : aussi n'est-ce qu'une possibilité que nous voulons montrer là, sans la croire aucunement susceptible d'une réalisation immédiate ou simplement prochaine.

René Guénon

PREMIÈRE PARTIE

CONSIDÉRATIONS PRÉLIMINAIRES

Chapitre I

ORIENT ET OCCIDENT

La première chose que nous ayons à faire dans l'étude que nous entreprenons, c'est de déterminer la nature exacte de l'opposition qui existe entre l'Orient et l'Occident, et tout d'abord, pour cela, de préciser le sens que nous entendons attacher aux deux termes de cette opposition. Nous pourrions dire, pour une première approximation, peut-être un peu sommaire, que l'Orient, pour nous, c'est essentiellement l'Asie, et que l'Occident, c'est essentiellement l'Europe ; mais cela même demande quelques explications.

Quand nous parlons, par exemple, de la mentalité occidentale ou européenne, en employant indifféremment l'un ou l'autre de ces deux mots, nous entendons par là la mentalité propre à la race européenne prise dans son ensemble. Nous appellerons donc européen tout ce qui se rattache à cette race, et nous appliquerons cette dénomination commune à tous les individus qui en sont issus, dans quelque partie du monde qu'ils se trouvent : ainsi, les Américains et les Australiens, pour ne citer que ceux-là, sont pour nous des Européens, exactement au même titre que les hommes de même race qui ont continué à habiter l'Europe. Il est bien évident, en effet, que le fait de s'être transporté dans une autre région, ou même d'y être né, ne saurait par lui-même modifier la race, ni par conséquent, la mentalité qui est inhérente à celle-ci, et, même si le changement de milieu est susceptible de déterminer tôt ou tard certaines modifications, ce ne seront que des modifications assez secondaires, n'affectant pas les caractères vraiment essentiels de la race, mais faisant parfois ressortir au contraire plus nettement certains d'entre eux, C'est ainsi qu'on peut constater sans peine, chez les Américains, le développement poussé à l'extrême de quelques-unes des tendances qui sont constitutives de la mentalité européenne moderne.

Une question se pose cependant ici, que nous ne pouvons pas nous dispenser d'indiquer brièvement : nous avons parlé de la race européenne et de sa mentalité propre ; mais y a-t-il véritablement une race européenne ? Si l'on veut entendre par là une race primitive, ayant une unité originelle et une parfaite homogénéité, il faut répondre négativement, car personne ne peut contester que la population actuelle de l'Europe se soit formée par un mélange d'éléments appartenant à des races fort diverses, et qu'il y ait des différences ethniques assez accentuées, non seulement d'un pays à un autre, mais même à l'intérieur de chaque groupement national. Cependant, il n'en est pas moins vrai que les peuples européens présentent assez de caractères communs pour qu'on puisse les distinguer nettement de tous les autres ; leur unité, même si elle est plutôt acquise que primitive, est suffisante pour qu'on puisse parler, comme nous le faisons, de race européenne. Seulement, cette race est naturellement moins fixe et moins stable qu'une race pure ; les éléments européens, en se mêlant à d'autres races, seront plus facilement absorbés, et leurs caractères ethniques disparaîtront rapidement ; mais ceci ne s'applique qu'au cas où il y a mélange, et, lorsqu'il y a seulement juxtaposition, il arrive au contraire que les caractères mentaux, qui sont ceux qui nous intéressent le plus, apparaissent en quelque sorte avec plus de relief. Ces caractères mentaux sont d'ailleurs ceux pour lesquels l'unité européenne est la plus nette : quelles qu'aient pu être les différences originelles il cet égard comme aux autres, il s'est formé peu à peu au cours de l'histoire, une mentalité commune à tous les peuples de l'Europe. Ce n'est pas à dire qu'il n'y ait pas une mentalité spéciale à chacun de ces peuples ; mais les particularités qui les distinguent ne sont que secondaires par rapport à un fond commun auquel elles semblent se superposer : ce sont en somme comme des espèces d'un même genre. Personne, même parmi ceux qui doutent qu'on puisse parler d'une race européenne, n'hésitera à admettre l'existence d'une civilisation européenne ; et une civilisation n'est pas autre chose que le produit et l'expression d'une certaine mentalité.

Nous ne chercherons pas à préciser dès maintenant les traits distinctifs de la mentalité européenne, car ils ressortiront suffisamment de la suite de cette étude ; nous indiquerons simplement que plusieurs influences ont contribué à sa formation : celle qui y a joué le rôle prépondérant est incontestablement l'influence grecque, ou, si l'on veut, gréco-romaine. L'influence grecque est à peu près exclusive en ce qui concerne les points de vue philosophique et scientifique, malgré l'apparition de certaines tendances spéciales, et proprement modernes, dont nous parlerons plus loin. Quant à l'influence romaine, elle est moins intellectuelle que sociale, et elle s'affirme surtout dans les conceptions de l'État, du droit et des institutions ; du reste, intellectuellement, les Romains avaient presque tout emprunté aux Grecs, de sorte que, à travers eux, ce n'est que l'influence de ces derniers qui a pu s'exercer encore indirectement. Il faut signaler aussi l'importance, au point de vue religieux spécialement, de l'influence judaïque, que nous retrouverons d'ailleurs également dans une certaine partie de l'Orient ; il y a là un élément extra-européen dans son origine, mais qui n'en est pas moins, pour une part, constitutif de la mentalité occidentale actuelle.

Si maintenant nous envisageons l'Orient, il n'est pas possible de parler d'une race orientale, ou d'une race asiatique, même avec toutes les restrictions que nous avons appariées à la considération d'une race européenne. Il s'agit ici d'un ensemble beaucoup plus étendu, comprenant des populations bien plus nombreuses, et avec des différences ethniques bien plus grandes ; on peut distinguer dans cet ensemble plusieurs races plus ou moins pures, mais offrant des caractéristiques très nettes, et dont chacune a une civilisation propre, très différente des autres : il n'y a pas une civilisation orientale comme il y a une civilisation occidentale, il y a en réalité des civilisations orientales. Il y aura donc lieu de dire des choses spéciales pour chacune de ces civilisations, et nous indiquerons par la suite quelles sont les grandes divisions générales qu'on peut établir sous ce rapport ; mais, malgré tout, on y trouvera, si l'on s'attache moins à la forme qu'au fond, assez d'éléments ou plutôt de principes communs pour qu'il soit possible de parler d'une mentalité orientale, par opposition à la mentalité occidentale.

Quand nous disons que chacune des races de l'Orient a une civilisation propre, cela n'est pas absolument exact ; ce n'est même rigoureusement vrai que pour la seule race chinoise, dont la civilisation a précisément sa base essentielle dans l'unité ethnique. Pour les autres civilisations asiatiques, les principes d'unité sur lesquels elles reposent sont d'une nature toute différente, comme nous aurons à l'expliquer plus tard, et c'est ce qui leur permet d'embrasser dans cette unité des éléments appartenant à des races extrêmement diverses. Nous disons civilisations asiatiques, car celles que nous avons en vue le sont toutes par leur origine, alors même qu'elles se sont étendues sur d'autres contrées, comme l'a fait surtout la civilisation musulmane. D'ailleurs, il va sans dire que à part les éléments musulmans, nous ne regardons point comme orientaux les peuples qui habitent l'Est de l'Europe et même certaines régions voisines de l'Europe : il ne faudrait pas confondre un Oriental avec un Levantin, qui en est plutôt tout le contraire, et qui, pour la mentalité tout au moins, a les caractères essentiels d'un véritable Occidental.

On ne peut qu'être frappé à première vue de la disproportion des deux ensembles qui constituent respectivement ce que nous appelons l'Orient et l'Occident : s'il y a opposition entre eux, il ne peut y avoir vraiment équivalence ni même symétrie entre les deux termes de cette opposition. Il y a à cet égard une différence comparable à celle qui existe géographiquement entre l'Asie et l'Europe, la seconde n'apparaissant que comme un simple prolongement de la première ; de même, la situation vraie de l'Occident par rapport à l'Orient n'est au fond que celle d'un rameau détaché du tronc, et c'est ce qu'il nous faut maintenant expliquer plus complètement.

Chapitre II

LA DIVERGENCE

Si l'on considère ce qu'on est convenu d'appeler l'antiquité classique, et si on la compare aux civilisations orientales, on constate facilement qu'elle en est moins éloignée, à certains égards tout au moins, que ne l'est l'Europe moderne. La différence entre l'Orient et l'Occident semble avoir été toujours en augmentant, mais cette divergence est en quelque sorte unilatérale, en ce sens que c'est l'Occident seul qui a changé, tandis que l'Orient, « l'une façon générale, demeurait sensiblement tel qu'il était à cette époque que l'on est habitué à regarder comme antique, et qui est pourtant encore relativement récente. La stabilité, on pourrait même dire l'immutabilité, est un caractère que l'on s'accorde assez volontiers à reconnaître aux civilisations orientales, à celle de la Chine notamment, mais sur l'interprétation duquel il est peut-être moins aisé de s'entendre : les Européens, depuis qu'ils se sont mis à croire au « progrès » et à l'« évolution », c'est-à-dire depuis un peu plus d'un siècle, veulent voir là une marque d'infériorité, tandis que nous y voyons au contraire, pour notre part, un état d'équilibre auquel la civilisation occidentale s'est montrée incapable d'atteindre. Cette stabilité s'affirme d'ailleurs dans les petites choses aussi bien que dans les grandes, et l'on peut en trouver un exemple frappant dans ce fait que la « mode », avec ses variations continuelles, n'existe que dans les pays occidentaux. En somme, l'Occidental, et surtout l'Occidental moderne, apparaît comme essentiellement changeant et inconstant, n'aspirant qu'au mouvement et à l'agitation, au lieu que l'Oriental présente exactement le caractère opposé.

Si l'on voulait figurer schématiquement la divergence dont nous parlons, il ne faudrait donc pas tracer deux lignes allant en s'écartant de part et d'autre d'un axe ; mais l'Orient devrait être représenté par l'axe lui-même, et l'Occident par une ligne partant de cet axe et s'en éloignant à la façon d'un rameau qui se sépare du tronc, ainsi que nous le disions précédemment. Ce symbole serait d'autant plus juste que, au fond, depuis les temps dits historiques tout au moins, l'Occident n'a jamais vécu intellectuellement, dans la mesure où il a eu une intellectualité, que d'emprunts faits à l'Orient, directement ou indirectement. La civilisation grecque elle-même est bien loin d'avoir eu cette originalité que se plaisent à proclamer ceux qui sont incapables de voir rien au-delà, et qui iraient volontiers jusqu'à prétendre que les Grecs se sont calomniés lorsqu'il leur est arrivé de reconnaître ce qu'ils devaient à l'Egypte, à la Phénicie, à la Chaldée, à la Perse, et même à l'Inde. Toutes ces civilisations ont beau être incomparablement plus anciennes que celle des Grecs, certains, aveuglés par ce que nous pouvons appeler le « préjugé classique », sont tout disposés à soutenir, contre toute évidence, que ce sont elles qui ont fait des emprunts à cette dernière et qui en ont subi l'influence, et il est fort difficile de discuter avec ceux-là, précisément parce que leur opinion ne repose que sur des préjugés ; mais nous reviendrons plus amplement sur cette question. Il est vrai que les Grecs ont eu pourtant une certaine originalité, mais qui n'est pas du tout ce que l'on croit d'ordinaire, et qui ne consiste guère que dans la forme sous laquelle ils ont présenté et exposé ce qu'ils empruntaient, en le modifiant de façon plus ou moins heureuse pour l'adapter à leur propre mentalité, tout autre que celle des Orientaux, et même déjà opposée à celle-ci par plus d'un côté.

Avant d'aller plus loin, nous préciserons que nous n'entendons pas contester l'originalité de la civilisation hellénique à tel ou tel point de vue plus ou moins secondaire à notre sens, au point de vue de l'art par exemple, mais seulement au point de vue proprement intellectuel, qui s'y trouve d'ailleurs beaucoup plus réduit que chez les Orientaux. Cet amoindrissement de l'intellectualité, ce rapetissement pour ainsi dire, nous pouvons l'affirmer nettement par rapport aux civilisations orientales qui subsistent et que nous connaissons directement ; et il en est vraisemblablement de même par rapport à celles qui ont disparu, d'après tout ce que nous pouvons en savoir, et surtout d'après les analogies qui ont existé manifestement entre celles-ci et celles-là. En effet, l'étude de l'Orient tel qu'il est encore aujourd'hui, si on voulait l'entreprendre d'une façon vraiment directe, serait susceptible d'aider dans une large mesure à comprendre l'antiquité, en raison de ce caractère de fixité et de stabilité que nous avons indiqué ; elle aiderait même à comprendre l'antiquité grecque, pour laquelle nous n'avons pas la ressource d'un témoignage immédiat, car il s'agit là encore d'une civilisation qui est bien réellement éteinte, et les Grecs actuels ne sauraient à aucun titre être regardés comme les légitimes continuateurs des anciens, dont ils ne sont sans doute même pas les descendants authentiques.

Il faut bien prendre garde, cependant, que la pensée grecque est malgré tout, dans son essence une pensée occidentale, et qu'on y trouve déjà, parmi quelques autres tendances, l'origine et comme le germe de la plupart de celles qui se sont développées, longtemps après, chez les Occidentaux modernes. Il ne faudrait donc pas pousser trop loin l'emploi de l'analogie que nous venons de signaler ; mais, maintenue dans de justes limites, elle peut rendre encore des services considérables à ceux qui veulent comprendre vraiment l'antiquité et l'interpréter de la façon la moins hypothétique qu'il est possible, et d'ailleurs tout danger sera évité si l'on a soin de tenir compte de tout ce que nous savons de parfaitement certain sur les caractères spéciaux de la mentalité hellénique. Au fond, les tendances nouvelles qu'on rencontre dans le monde gréco-romain sont surtout des tendances à la restriction et à la limitation, de sorte que les réserves qu'il y a lieu d'apporter dans une comparaison avec l'Orient doivent procéder presque exclusivement de la crainte d'attribuer aux anciens de l'Occident plus qu'ils n'ont pensé vraiment : lorsque l'on constate qu'ils ont pris quelque chose à l'Orient, il ne faudrait pas croire qu'ils se le soient complètement assimilé, ni se hâter d'en conclure qu'il y a là identité de pensée. Il y a des rapprochements nombreux et intéressants à établir qui n'ont pas d'équivalent en ce qui concerne l'Occident moderne ; mais il n'en est pas moins vrai que les modes essentiels de la pensée orientale sont tout à fait autres, et que, en ne sortant pas des cadres de la mentalité occidentale, même ancienne, on se condamne fatalement à négliger et à méconnaître les aspects de cette pensée orientale qui sont précisément les plus importants et les plus caractéristiques. Comme il est évident que le « plus » ne peut pas sortir du « moins », cette seule différence devrait suffire, à défaut de toute autre considération, à montrer de quel côté se trouve la civilisation qui a fait des emprunts aux autres.

Pour en revenir au schéma que nous indiquions plus haut, nous devons dire que son principal défaut, d'ailleurs inévitable en tout schéma, est de simplifier un peu trop les choses, en représentant la divergence comme ayant été en croissant d'une façon continue depuis l'antiquité jusqu'à nos jours. En réalité, il y a eu des temps d'arrêt dans cette divergence, il y a eu même des époques moins éloignées où l'Occident a reçu de nouveau l'influence directe de l'Orient : nous voulons parler surtout de la période alexandrine, et aussi de ce que les Arabes nul apporté à l'Europe au moyen âge, et dont une partie leur appartenait en propre, tandis que le reste était tiré de l'Inde ; leur influence est bien connue quant au développement des mathématiques, mais elle fut loin de se limiter à ce domaine particulier. La divergence reprit à la Renaissance, où se produisit une rupture très nette avec l'époque précédente, et la vérité est que cette prétendue Renaissance fut une mort pour beaucoup de choses, même au point de vue des arts, mais surtout au point de vue intellectuel ; il est difficile à un moderne de saisir toute l'étendue et la portée de ce qui se perdit alors. Le retour à l'antiquité classique eut pour effet un amoindrissement de l'intellectualité, phénomène comparable à celui qui avait eu lieu autrefois chez les Grecs eux-mêmes, mais avec cette différence capitale qu'il se manifestait maintenant au cours de l'existence d'une même race, et non plus dans le passage de certaines idées d'un peuple à un autre ; c'est comme si ces Grecs, au moment où ils allaient disparaître entièrement, s'étaient vengés de leur propre incompréhension en imposant à toute une partie de l'humanité les limites de leur horizon mental. Quand à cette influence vint s'ajouter celle de la Réforme, qui n'en fut du reste peut-être pus entièrement indépendante, les tendances fondamentales du monde moderne furent nettement établies ; la Révolution, avec tout ce qu'elle représente dans divers domaines, et qui équivaut à la négation de toute tradition, devait être la conséquence logique de leur développement. Mais nous n'avons pas à entrer ici dans le détail de toutes ces considérations, ce qui risquerait de nous entraîner fort loin ; nous n'avons pas l'intention de faire spécialement l'histoire de la mentalité occidentale, mais seulement d'en dire ce qu'il faut pour faire comprendre ce qui la différencie profondément de l'intellectualité orientale. Avant de compléter ce que nous avons à dire des modernes il cet égard, il nous faut encore revenir aux Grecs, pour préciser ce que nous n'avons fait qu'indiquer jusqu'ici d'une façon insuffisante, et pour déblayer le terrain, en quelque sorte, en nous expliquant assez nettement pour couper court à certaines objections qu'il n'est que trop facile de prévoir.

Nous n'ajouterons pour le moment qu'un mot en ce qui concerne la divergence de l'Occident par rapport à l'Orient : cette divergence continuera-t-elle à aller en augmentant indéfiniment ? Les apparences pourraient le faire croire, et, dans l'état actuel des choses, cette question est assurément de celles sur lesquelles on peut discuter ; mais cependant, quant à nous, nous ne pensons pas que cela soit possible ; les raisons en seront données dans notre conclusion.

Chapitre III

LE PRÉJUGÉ CLASSIQUE

Nous avons déjà indiqué ce que nous entendons par le « préjugé classique » : c'est proprement le parti pris d'attribuer aux Grecs et aux Romains l'origine de toute civilisation. On ne peut guère, au fond, y trouver d'autre raison que celle-ci : les Occidentaux, parce que leur propre civilisation ne remonte en effet guère au-delà de l'époque gréco-romaine et en dérive à peu près entièrement, sont portés à s'imaginer qu'il a dû en être de même partout, et ils ont peine à concevoir l'existence de civilisations très différentes et d'origine beaucoup plus ancienne ; on pourrait dire qu'ils sont, intellectuellement, incapables de franchir la Méditerranée. Du reste, l'habitude de parler de « la civilisation », d'une façon absolue, contribue encore dans une large mesure ii entretenir ce préjugé : « la civilisation », ainsi entendue et supposée unique, est quelque chose qui n'a jamais existé ; en réalité, il y a toujours eu et il y a encore « des civilisations ». La civilisation occidentale, avec ses caractères spéciaux, est simplement une civilisation parmi d'autres, et ce qu'on appelle pompeusement « l'évolution de la civilisation » n'est rien de plus que le développement de cette civilisation particulière depuis ses origines relativement récentes, développement qui est d'ailleurs bien loin d'avoir toujours été « progressif » régulièrement et sur tous les points : ce que nous avons dit plus haut de la prétendue Renaissance et de ses conséquences pourrait servir ici comme exemple très net d'une régression intellectuelle, qui n'a fait encore que s'aggraver jusqu'à nous.

Pour quiconque veut examiner les choses avec impartialité, il est manifeste que les Grecs ont bien véritablement, au point de vue intellectuel tout au moins, emprunté presque tout aux Orientaux, ainsi qu'eux-mêmes l'ont avoué assez souvent ; si menteurs qu'ils aient pu être, ils n'ont du moins pas menti sur ce point, et d'ailleurs ils n'y avaient aucun intérêt, tout au contraire. Leur seule originalité, disions-nous précédemment, réside dans la façon dont ils ont exposé les choses, suivant une faculté d'adaptation qu'on ne peut leur contester, mais qui se trouve nécessairement limitée à la mesure de leur compréhension ; c'est donc là, en somme, une originalité d'ordre purement dialectique. En effet, les modes de raisonnement, qui dérivent des modes généraux de la pensée et servent à les formuler, sont autres chez les Grecs que chez les Orientaux ; il faut toujours y prendre garde lorsqu'on signale certaines analogies, d'ailleurs réelles, comme celle du syllogisme grec, par exemple, avec ce qu'on a appelé plus ou moins exactement le syllogisme hindou. On ne peut même pas dire que le raisonnement grec se distingue par une rigueur particulière ; il ne semble plus rigoureux que les autres qu'à ceux qui en ont l'habitude exclusive, et cette apparence provient uniquement de ce qu'il se renferme toujours dans un domaine plus restreint, plus limité, et mieux défini par là même. Ce qui est vraiment propre aux Grecs, par contre, mais peu à leur avantage, c'est une certaine subtilité dialectique dont les dialogues de Platon offrent de nombreux exemples, et où se voit le besoin d'examiner indéfiniment une même question sous toutes ses faces, en la prenant par les plus petits côtés, et pour aboutir à une conclusion plus ou moins insignifiante ; il faut croire que les modernes, en Occident, ne sont pas les premiers à être affligés de « myopie intellectuelles ».

Il n'y a peut-être pas lieu, après tout, de reprocher outre mesure aux Grecs d'avoir diminué le champ de la pensée humaine comme ils l'ont fait ; d'une part, c'était là une conséquence inévitable de leur constitution mentale, dont ils ne sauraient être tenus pour responsables, et, d'autre part, ils ont du moins mis de cette façon à la portée d'une partie de l'humanité quelques connaissances qui, autrement, risquaient fort de lui rester complètement étrangères. Il est facile de s'en rendre compte en voyant ce dont sont capables, de nos jours, les Occidentaux qui se trouvent directement en présence de certaines conceptions orientales, et qui essaient de les interpréter conformément à leur propre mentalité : tout ce qu'ils ne peuvent ramener à des formes « classiques » leur échappe totalement, et tout ce qu'ils y ni mènent tant bien que mal est, par là même, défiguré m point d'en être rendu méconnaissable.

Le soi-disant « miracle grec », comme l'appellent ses admirateurs enthousiastes, se réduit en somme à bien peu de chose, ou du moins, là où il implique un changement profond, ce changement est une déchéance : c'est l'individualisation des conceptions, la substitution du rationnel à l'intellectuel pur, du point de vue scientifique et philosophique au point de vue métaphysique. Peu importe, d'ailleurs, que les Grecs aient su mieux que d'autres donner à certaines connaissances un caractère pratique, ou qu'ils en aient tiré des conséquences ayant un tel caractère, alors que ceux qui les avaient précédés ne l'avaient pas fait ; il est même permis de trouver qu'ils ont ainsi donné à la connaissance une fin moins pure et moins désintéressée, parce que leur tournure d'esprit ne leur permettait de se tenir que difficilement et comme exceptionnellement dans le domaine des principes. Cette tendance « pratique », au sens le plus ordinaire du mot, est une de celles qui devaient aller en s'accentuant dans le développement de la civilisation occidentale, et elle est visiblement prédominante à l'époque moderne ; on ne peut faire d'exception à cet égard qu'en faveur du moyen âge, beaucoup plus tourné vers la spéculation pure.

D'une façon générale, les Occidentaux sont, de leur nature, fort peu métaphysiciens, la comparaison de leurs langues avec celles des Orientaux en fournirait à elle seule une preuve suffisante, si toutefois les philologues étaient capables de saisir vraiment l'esprit des langues qu'ils étudient. Par contre, les Orientaux ont une tendance très marquée à se désintéresser des applications, et cela se comprend aisément, car quiconque s'attache essentiellement à la connaissance des principes universels ne peut prendre qu'un médiocre intérêt aux sciences spéciales, et peut tout au plus leur accorder une curiosité passagère, insuffisante en tout cas pour provoquer de nombreuses découvertes dans cet ordre d'idées. Quand on sait, d'une certitude mathématique en quelque sorte, et même plus que mathématique, que les choses ne peuvent pas être autres que ce qu'elles sont, on est forcément dédaigneux de l'expérience, car la constatation d'un fait particulier, quel qu'il soit, ne prouve jamais rien de plus ni d'autre que l'existence pure et simple de ce fait lui-même ; tout au plus une telle constatation peut-elle servir parfois à illustrer une théorie, à titre d'exemple, mais nullement à la prouver, et croire le contraire est une grave illusion. Dans ces conditions, il n'y a évidemment pas lieu d'étudier les sciences expérimentales pour elles-mêmes, et, du point de vue métaphysique, elles n'ont, comme l'objet auquel elles s'appliquent, qu'une valeur purement accidentelle et contingente ; bien souvent, on n'éprouve donc même pas le besoin de dégager les lois particulières, que l'on pourrait cependant tirer des principes, à titre d'application spéciale à tel ou tel domaine déterminé, si l'on trouvait que la chose en valût la peine. On peut dès lors comprendre tout ce qui sépare le « savoir » oriental de la « recherche » occidentale ; mais on peut encore s'étonner que la recherche en soit arrivée, pour les Occidentaux modernes, à constituer une fin par elle-même, indépendamment de ses résultats possibles.

Un autre point qu'il importe essentiellement de noter ici, et qui se présente d'ailleurs comme un corollaire de ce qui précède, c'est que personne n'a jamais été plus loin que les Orientaux, sans exception, d'avoir, comme l'antiquité gréco-romaine, le culte de la nature, puisque la nature n'a jamais été pour eux que le monde des apparences ; sans doute, ces apparences ont aussi une réalité, mais ce n'est qu'une réalité transitoire et non permanente, contingente et non universelle. Aussi le « naturalisme », sous toutes les formes dont il est susceptible, ne peut-il constituer, aux yeux d'hommes qu'on pourrait dire métaphysiciens par tempérament, qu'une déviation et même une véritable monstruosité intellectuelle.

Il faut dire pourtant que les Grecs, malgré leur tendance au « naturalisme », n'ont jamais été jusqu'à attacher à l'expérimentation l'importance excessive que les modernes lui attribuent ; on retrouve dans toute l'antiquité, même occidentale, un certain dédain de l'expérience, qu'il serait peut-être assez difficile d'expliquer autrement qu'en y voyant une trace de l'influence orientale, car il avait perdu en partie sa raison d'être pour les Grecs, dont les préoccupations n'étaient guère métaphysiques, et pour qui les considérations d'ordre esthétique tenaient bien souvent la place des raisons plus profondes qui leur échappaient. Ce sont donc ces dernières considérations que l'on fait intervenir le plus ordinairement dans l'explication du fait dont il s'agit ; mais nous pensons qu'il y a là, à l'origine du moins, quelque chose d'autre. En tout cas, cela n'empêche pas qu'on trouve déjà chez les Grecs, en un certain sens, le point de départ des sciences expérimentales telles que les comprennent les modernes, sciences dans lesquelles la tendance « pratique » s'unit à la tendance « naturaliste », l'une et l'autre ne pouvant atteindre leur plein développement qu'au détriment de la pensée pure et de la connaissance désintéressée. Ainsi, le fait que les Orientaux ne se sont jamais attachés à certaines sciences spéciales n'est aucunement un signe d'infériorité de leur part, et il est même intellectuellement tout le contraire ; c'est là, en somme, une conséquence normale de ce que leur activité a toujours été dirigée dans un tout autre sens et vers une fin toute différente. Ce sont précisément les divers sens où peut s'exercer l'activité mentale de l'homme qui impriment à chaque civilisation son caractère propre, en déterminant la direction fondamentale de son développement ; et c'est là, en même temps, ce qui donne l'illusion du progrès à ceux qui, ne connaissant qu'une civilisation, voient exclusivement la direction dans laquelle elle se développe, croient qu'elle est la seule possible, et ne se rendent pas compte que ce développement sur un point peut être largement compensé par une régression sur d'autres points.

Si l'on considère l'ordre intellectuel, seul essentiel aux civilisations orientales, il y a au moins deux raisons pour que les Grecs, sous ce rapport, aient tout emprunté à celles-ci, nous entendons tout ce qu'il y a de réellement valable dans leurs conceptions ; l'une de ces raisons, celle sur laquelle nous avons le plus insisté jusqu'ici, est tirée de l'inaptitude relative de la mentalité grecque à cet égard ; l'autre est que la civilisation hellénique est de date beaucoup plus récente que les principales civilisations orientales. Cela est vrai en particulier pour l'Inde, bien que, là où il y a quelques rapports entre les deux civilisations, certains poussent le « préjugé classique » jusqu'à affirmer *a priori* que c'est la preuve d'une influence grecque. Pourtant, si une telle influence est réellement intervenue dans la civilisation hindoue, elle n'a pu être que fort tardive, et elle a dû nécessairement rester toute superficielle. Nous pourrions admettre qu'il y ait eu, par exemple, une influence d'ordre artistique, bien que, même à ce point de vue spécial, les conceptions des Hindous soient toujours demeurées, à toutes les époques extrêmement différentes de celles des Grecs ; d'ailleurs, on ne retrouve de traces certaines d'une influence de ce genre que dans une certaine portion, très restreinte à la fois dans l'espace et dans le temps, de la civilisation bouddhique, qui ne saurait être confondue avec la civilisation hindoue proprement dite. Mais ceci nous oblige à dire au moins quelques mots sur ce que pouvaient être, dans l'antiquité, les relations entre peuples différents et plus ou moins éloignés, puis sur les difficultés que soulèvent, d'une façon générale, les questions de chronologie, si importantes aux yeux des partisans plus ou moins exclusifs de la trop fameuse « méthode historique ».

Chapitre IV

LES RELATIONS DES PEUPLES ANCIENS

On croit assez généralement que les relations entre lu Grèce et l'Inde n'ont commencé, ou du moins n'ont acquis une importance appréciable, qu'à l'époque des conquêtes d'Alexandre ; pour tout ce qui est certainement antérieur à cette date, on parle donc simplement de ressemblances fortuites entre les deux civilisations, et, pour tout ce qui est postérieur, ou supposé postérieur, on parle naturellement d'influence grecque, comme le veut la logique spéciale inhérente au « préjugé classique ». C'est encore là une opinion qui, comme bien d'autres, est dépourvue de tout fondement sérieux, car les relations entre les peuples, même éloignés, étaient beaucoup plus fréquentes dans l'antiquité qu'on ne se l'imagine d'ordinaire. En somme, les communications n'étaient pas beaucoup plus difficiles alors qu'elles ne l'étaient encore il y a un ou deux siècles, et plus précisément jusqu'à l'invention des chemins de fer et des navires à vapeur ; on voyageait sans doute moins communément qu'à notre époque, moins souvent et surtout moins vite, mais on voyageait d'une façon plus profitable, parce qu'on prenait le temps d'étudier les pays que l'on traversait, et parfois même on ne voyageait justement qu'en vue de cette étude et des bénéfices intellectuels qu'on en pouvait retirer. Dans ces conditions, il n'y a aucune raison plausible pour traiter de « légende » ce qui nous est rapporté sur les voyages des philosophes grecs, d'autant plus que ces voyages expliquent bien des choses qui, autrement, seraient incompréhensibles. La vérité est que, bien avant les premiers temps de la philosophie grecque, les moyens de communication devaient avoir un développement dont les modernes sont loin de se faire une idée exacte, et cela d'une façon normale et permanente, en dehors des migrations de peuples qui ne se sont sans doute jamais produites que d'une façon discontinue et quelque peu exceptionnelle.

Entre autres preuves que nous pourrions citer à l'appui de ce que nous venons de dire, nous en indiquerons seulement une, qui concerne spécialement les rapports des peuples méditerranéens, et nous le ferons parce qu'il s'agit d'un fait peu connu ou du moins peu remarqué, auquel personne ne semble avoir prêté l'attention qu'il mérite, et dont on n'a donné, en tout cas, que des interprétations fort inexactes. Le fait dont nous voulons parler est l'adoption, tout autour du bassin de la Méditerranée, d'un même type fondamental de monnaie, avec des variations accessoires servant de marques distinctives locales ; et cette adoption, encore qu'on ne puisse guère en fixer la date exacte, remonte certainement à une époque fort ancienne, du moins si l'on ne tient compte que de la période qu'on envisage le plus habituellement dans l'antiquité. On a voulu ne voir là rien de plus qu'une simple imitation des monnaies grecques, qui seraient parvenues accidentellement dans des régions lointaines ; c'est encore un exemple de l'influence exagérée que l'on est toujours porté à attribuer aux Grecs, et aussi de la fâcheuse tendance à faire intervenir le hasard dans tout ce qu'on ne sait pas expliquer, comme si le hasard était autre chose qu'un nom donné, pour la dissimuler, à notre ignorance des causes réelles. Ce qui nous apparaît comme certain, c'est que le type monétaire commun dont il s'agit, qui comporte essentiellement une tête humaine d'un côté, un cheval ou un char de l'autre, n'est pas plus spécifiquement grec qu'italique ou carthaginois, ou même gaulois ou ibérique ; son adoption a .sûrement nécessité un accord plus ou moins explicite entre les divers peuples méditerranéens, encore que les modalités de cet accord nous échappent forcément. Il en est de ce type monétaire comme de certains symboles ou de certaines traditions, qui se retrouvent les mêmes dans des limites encore plus étendues ; et d'autre part, si nul ne conteste les relations suivies que les colonies grecques entretenaient avec leur métropole, pourquoi contesterait-on davantage celles qui ont pu s'établir entre les Grecs et d'autres peuples ? D'ailleurs, même là mi une convention du genre de celle que nous venons de dire n'est jamais intervenue, pour des raisons qui peuvent être d'ordres divers, que nous n'avons pas à rechercher ici, et que, du reste, il serait peut-être difficile de déterminer exactement, il n'est nullement prouvé que cela ait empêché l'établissement d'échanges plus ou moins réguliers ; les moyens ont dû simplement en être autres, puisqu'ils devaient être adaptés à des circonstances différentes.

Pour préciser la portée qu'il convient de reconnaître au fait que nous avons indiqué, encore que nous ne l'avons pris qu'à titre d'exemple, il faut ajouter que les échanges commerciaux n'ont jamais dû se produire d'une façon suivie sans être accompagnés tôt ou tard d'échanges d'un tout autre ordre, et notamment d'échanges intellectuels ; et même il se peut que, dans certains eux, les relations économiques, loin de tenir le premier rang comme elles le font chez les peuples modernes, n'aient eu qu'une importance plus ou moins secondaire. La tendance à tout ramener au point de vue économique, soit dans la vie intérieure d'un pays, soit dans les relations internationales, est en effet une tendance toute moderne ; les anciens, même occidentaux, à l'exception peut-être des seuls Phéniciens, n'envisageaient pas les choses de cette façon, et les Orientaux, même actuellement, ne les envisagent pas ainsi non plus. C'est encore ici l'occasion de redire combien il est toujours dangereux de vouloir formuler une appréciation de son propre point de vue, en ce qui concerne des hommes qui, se trouvant dans d'autres circonstances, avec une autre mentalité, autrement situés dans le temps ou dans l'espace, ne se sont certainement jamais placés à ce même point de vue, et n'avaient même aucune raison de le concevoir ; c'est pourtant cette erreur que commettent trop souvent ceux qui étudient l'antiquité, et c'est aussi, comme nous le disions dès le début, celle que ne manquent jamais de commettre les orientalistes.

Pour en revenir à notre point de départ, on n'est nullement autorisé, de ce que les plus anciens philosophes grecs ont précédé de plusieurs siècles l'époque d'Alexandre, à conclure qu'ils n'ont rien connu des doctrines hindoues. Pour citer un exemple, l'atomisme, longtemps avant de paraître en Grèce, avait été soutenu dans l'Inde par l'école de Kanâda, puis par les Jaïnas et les Bouddhistes ; il se peut qu'il ait été importé en Occident par les Phéniciens, comme certaines traditions le donnent à entendre, mais, d'autre part, divers auteurs affirment que Démocrite, qui fut un des premiers parmi les Grecs à adopter cette doctrine, ou tout au moins à la formuler nettement, avait voyagé en Egypte, en Perse et dans l'Inde. Les premiers philosophes grecs peuvent même avoir connu, non seulement les doctrines hindoues, mais aussi les doctrines bouddhistes, car ils ne sont certainement pas antérieurs au Bouddhisme, et, de plus, celui-ci s'est répandu de bonne heure hors de l'Inde, dans des régions de l'Asie plus voisines de la Grèce, et, par suite, relativement plus accessibles. Cette circonstance fortifierait la thèse, fort soutenable, d'emprunts faits, non pas certes exclusivement, mais principalement, à la civilisation bouddhique. Ce qui est curieux, en tout cas, c'est que les rapprochements qu'on peut faire avec les doctrines de l'Inde sont beaucoup plus nombreux et plus frappants dans la période antésocratique que dans les périodes postérieures ; que devient alors le rôle des conquêtes d'Alexandre dans les relations intellectuelles des deux peuples ? En somme, elles ne semblent avoir introduit, en fait d'influence hindoue, que celle qu'on peut trouver dans la logique d'Aristote, et à laquelle nous faisons allusion précédemment en ce qui concerne le syllogisme, ainsi que dans la partie métaphysique de l'œuvre du même philosophe, pour laquelle on pourrait signaler aussi des ressemblances beaucoup trop précises pour être purement accidentelles.

Si l'on objecte, pour sauvegarder malgré tout l'originalité des philosophes grecs, qu'il y a un fonds intellectuel commun à toute l'humanité, il n'en reste pas moins que ce fonds est quelque chose de trop général et de trop vague pour fournir une explication satisfaisante de ressemblances précises et nettement déterminées. Du reste, la différence des mentalités va beaucoup plus loin, dans bien des cas, que ne le croient ceux qui n'ont jamais connu qu'un seul type d'humanité ; entre les Grecs et les Hindous, particulièrement, cette différence était des plus considérables. Une semblable explication ne peut suffire que lorsqu'il s'agit de deux civilisations comparables entre elles, se développant dans le même sens, bien qu'indépendamment l'une de l'autre, et produisant des conceptions identiques au fond, quoique très différentes dans la forme : ce cas est celui des doctrines métaphysiques de la Chine et de l'Inde. Encore serait-il peut-être plus plausible, même dans ces limites, de voir la, comme on est forcé de le faire par exemple lorsqu'on constate une communauté de symboles, le résultat d'une identité des traditions primordiales, supposant des relations qui peuvent d'ailleurs remonter à des époques bien plus reculées que le début de la période dite « historique » ; mais ceci nous entraînerait beaucoup trop loin.

Après Aristote, les traces d'une influence hindoue dans la philosophie grecque deviennent de plus en plus rares, sinon tout à fait nulles, parce que cette philosophie se renferme dans un domaine de plus en plus limité et contingent, de plus en plus éloigné de toute intellectualité véritable, et que ce domaine est, pour la plus grande partie, celui de la morale, se rapportant à des préoccupations qui ont toujours été complètement étrangères aux Orientaux. Ce n'est que chez les néo-platoniciens qu'on verra reparaître des influences orientales, et c'est même là qu'on rencontrera pour la première fois chez les Grecs certaines idées métaphysiques, comme celle de l'Infini. Jusque-là, en effet, les Grecs n'avaient eu que la notion de l'indéfini, et, trait éminemment caractéristique de leur mentalité, fini et parfait étaient pour eux des termes synonymes ; pour les Orientaux, tout au contraire, c'est l'Infini qui est identique à la Perfection. Telle est la différence profonde qui existe entre une pensée philosophique, au sens européen du mot et une pensée métaphysique ; mais nous aurons l'occasion d'y revenir plus amplement par la suite, et ces quelques indications suffisent pour le moment, car notre intention n'est pas d'établir ici une comparaison détaillée entre les conceptions respectives de l'Inde et de la Grèce, comparaison qui rencontrerait d'ailleurs bien des difficultés auxquelles ne songent guère ceux qui l'envisagent trop superficiellement.

# Chapitre V

QUESTIONS DE CHRONOLOGIE

Les questions relatives à la chronologie sont de celles qui embarrassent le plus les orientalistes, et cet embarras est généralement assez justifié ; mais ils ont tort, d'une part, d'attacher à ces questions une importance excessive, et, d'autre part, de croire qu'ils pourront arriver, par leurs méthodes ordinaires, à obtenir des solutions définitives, alors qu'ils n'aboutissent en fait qu'à des hypothèses plus ou moins fantaisistes, sur lesquelles ils sont d'ailleurs bien loin de s'accorder entre eux. Il y a cependant quelques cas qui ne présentent aucune difficulté réelle, du moins tant qu'on veut bien consentir à ne pas les compliquer comme à plaisir par les subtilités et les arguties d'une « critique » et d'une « hyper-critique » absurdes. Tel est notamment le cas des documents qui, comme les anciennes annales chinoises, contiennent une description précise de l'état du ciel à l'époque à laquelle ils se réfèrent ; le calcul de leur date exacte, se basant sur des données astronomiques certaines, ne peut souffrir aucune ambiguïté. Malheureusement, ce cas n'est pas général, il est même presque exceptionnel, et les autres documents, les documents hindous en particulier, n'offrent pour la plupart rien de tel pour guider les recherches, ce qui, au fond, prouve simplement que leurs auteurs n'ont pas eu la moindre préoccupation de « prendre date » en vue de revendiquer une priorité quelconque. La prétention à l'originalité intellectuelle, qui contribue pour une bonne part à la naissance des systèmes philosophiques, est, même parmi les Occidentaux, chose toute moderne, que le moyen âge ignorait encore ; les idées pures et les doctrines traditionnelles n'ont jamais constitué la propriété de tel ou tel individu, et les particularités biographiques de ceux qui les ont exposées et interprétées sont de bien minime importance. D'ailleurs, même pour la Chine, la remarque que nous faisions tout à l'heure ne s'applique guère, à vrai dire, qu'aux écrits historiques ; mais ce sont, après tout, les seuls pour lesquels la détermination chronologique présente un véritable intérêt, puisque cette détermination même n'a de sens et de portée qu'au seul point de vue de l'histoire. Il faut signaler, d'autre part, que, pour augmenter la difficulté, il existe dans l'Inde, et sans doute aussi dans certaines civilisations éteintes, une chronologie, ou plus exactement quelque chose qui a l'apparence d'une chronologie, basée sur des nombres symboliques, qu'il ne faudrait nullement prendre littéralement pour des nombres d'années ; et ne rencontre-t-on pas quelque chose d'analogue jusque dans la chronologie biblique ? Seulement, cette prétendue chronologie s'applique exclusivement, en réalité, à des périodes cosmiques, et non pas à des périodes historiques ; entres les unes et les autres, il n'y a aucune confusion possible, si ce n'est par l'effet d'une ignorance assez grossière, et pourtant on est bien forcé de reconnaître que les orientalistes n'ont donné que trop d'exemples de semblables méprises.

Une tendance très générale parmi ces mêmes orientalistes est celle qui les porte à réduire le plus possible, et même souvent au-delà de toute mesure raisonnable, l'antiquité des civilisations auxquelles ils ont affaire, comme s'ils étaient gênés par le fait que ces civilisations aient pu exister et être déjà en plein développement à des époques si lointaines, si antérieures aux origines les plus reculées qu'on puisse assigner à la civilisation occidentale actuelle, ou plutôt à celles dont elle procède directement ; leur parti pris à cet égard ne semble pas avoir d'autre excuse que celle-là, qui est vraiment par trop insuffisante. Du reste, ce même parti pris s'est exercé aussi sur des choses beaucoup plus voisines de l'Occident, sous tous rapports, que ne le sont les civilisations de la Chine et de l'Inde, et même celles de l'Egypte, de la Perse et de la Chaldée ; c'est ainsi qu'on s'est efforcé, par exemple, de « rajeunir » la *Qabbalah* hébraïque de façon à pouvoir y supposer une influence alexandrine et néoplatonicienne, alors que c'est très certainement l'inverse qui s'est produit en réalité ; et cela toujours pour la même raison, c'est-à-dire uniquement parce qu'il est convenu *a priori* que tout doit venir des Grecs, que ceux-ci ont eu le monopole des connaissances dans l'antiquité, comme les Européens s'imaginent l'avoir maintenant, et qu'ils ont été, toujours comme ces mêmes Européens prétendent l'être actuellement, les éducateurs et les inspirateurs du genre humain. Et pourtant Platon, dont le témoignage ne devrait pas être suspect en l'occurrence, n'a pas craint de rapporter dans le *Timée* que les Egyptiens traitaient les Grecs d'« enfants », les Orientaux auraient, aujourd'hui encore, bien des raisons d'en dire autant des Occidentaux, si les scrupules d'une impolitesse peut-être excessive ne les empêchaient souvent d'aller jusque-là. Il nous souvient cependant que cette même appréciation fut justement formulée par un Hindou qui, entendant pour la première fois exposer les conceptions de certains philosophes européens, fut si loin de s'en montrer émerveillé qu'il déclara que c'étaient là des idées bonnes tout au plus pour un enfant de huit ans !

Ceux qui trouveront que nous réduisons trop le rôle joué par les Grecs, en en faisant à peu près exclusivement un rôle d'« adaptateurs », pourraient nous objecter que nous ne connaissons pas toutes leurs idées, qu'il y a bien des choses qui ne sont pas parvenues jusqu'à nous. Cela est vrai, sans doute, en certains cas, et notamment pour l'enseignement oral des philosophes ; mais ce que nous connaissons de leurs idées n'est-il pas tout de même largement suffisant pour nous permettre de juger du reste ? L'analogie, qui seule nous fournit le moyen d'aller, dans une certaine mesure, du connu à l'inconnu, ne peut ici que nous donner raison ; et d'ailleurs, d'après l'enseignement écrit que nous possédons, il y a au moins de fortes présomptions pour que l'enseignement oral correspondant, dans ce qu'il avait précisément de spécial et d'« ésotérique », c'est-à-dire de « plus intérieur », fût, comme celui des « mystères » avec lequel il devait avoir bien des rapports, plus fortement teinté encore d'inspiration orientale. Du reste, l'« intériorité » même de cet enseignement ne peut que nous garantir qu'il était moins éloigné de sa source et moins déformé que tout autre, parce que moins adapté à la mentalité générale du peuple grec, sans quoi sa compréhension n'eût évidemment pas requis une préparation spéciale, surtout une préparation aussi longue et aussi difficile que l'était, par exemple, celle qui était en usage dans les écoles pythagoriciennes.

Du reste, les archéologues et les orientalistes seraient assez mal venus à invoquer contre nous un enseignement oral, ou même des ouvrages perdus, puisque la « méthode historique » à laquelle ils tiennent tant a pour caractère essentiel de ne prendre en considération que les monuments qu'ils ont sous les yeux et les documents écrits qu'ils ont entre les mains ; et c'est là, précisément, que se montre toute l'insuffisance de cette méthode. En effet, il est une remarque qui s'impose, mais que l'on perd de vue trop souvent, et qui est la suivante : si l'on trouve, pour un certain ouvrage, un manuscrit dont on peut déterminer la date par un moyen quelconque, cela prouve bien que l'ouvrage dont il s'agit n'est certainement pas postérieur à cette date, mais c'est tout, et cela ne prouve nullement qu'il ne puisse pas lui être de beaucoup antérieur. Il peut fort bien arriver qu'on découvre par la suite d'autres manuscrits plus anciens du même ouvrage, et d'ailleurs, même si l'on n'en découvre pas, on n'a pas le droit d'en conclure qu'il n'en existe pas, ni à plus forte raison qu'il n'en ait jamais existé. S'il en existe encore, dans le cas d'une civilisation qui a duré jusqu'à nous, il est au moins vraisemblable que, le plus souvent, ils ne sont pas livrés au hasard d'une découverte archéologique comme celles que l'on peut faire quand il s'agit d'une civilisation disparue, et il n'y a, d'autre part, aucune raison d'admettre que ceux qui les conservent se croiront tenus un jour ou l'autre de s'en dessaisir au profit des érudits occidentaux, d'autant mieux qu'il peut s'attacher à leur conservation un intérêt sur lequel nous n'insisterons pas, mais auprès duquel la curiosité, même décorée de l'épithète « scientifique », est de fort peu de prix. D'un autre côté, pour ce qui est des civilisations disparues, on est bien forcé de se rendre compte que, en dépit de toutes les recherches et de toutes les découvertes, il y a une multitude de documents qu'on ne retrouvera jamais, pour la simple raison qu'ils ont été détruits accidentellement ; comme les accidents de ce genre ont été, dans bien des cas, contemporains des civilisations mêmes dont il s'agit, et non pas forcément postérieurs à leur extinction, et comme nous pouvons encore en constater assez fréquemment de semblables autour de nous, il est extrêmement probable que la même chose a dû se produire aussi, plus ou moins, dans les autres civilisations qui se sont prolongées jusqu'à notre époque ; il y a même d'autant plus de chances pour qu'il en ait été ainsi qu'il s'est écoulé, depuis l'origine de ces civilisations, une plus longue succession de siècles. Mais il y a encore quelque chose de plus : même sans accident, les manuscrits anciens peuvent disparaître d'une façon toute naturelle, normale en quelque sorte, par usure pure et simple ; dans ce cas, ils sont remplacés par d'autres qui se trouvent nécessairement être d'une date plus récente, et qui sont les seuls dont on pourra par la suite constater l'existence. On peut s'en faire une idée, en particulier, par ce qui se passe d'une façon constante dans le monde musulman : un manuscrit circule et est transporté, suivant les besoins, d'un centre d'enseignement dans un autre, et parfois en des régions fort éloignées, jusqu'à ce qu'il soit assez gravement endommagé par l'usage pour être à peu près hors de service ; on en fait alors une copie aussi exacte que possible, copie qui tiendra désormais la place de l'ancien manuscrit, que l'on utilisera de la même manière, et qui sera elle-même remplacée par une autre quand elle sera détériorée à son tour, et ainsi de suite. Ces remplacements successifs peuvent assurément être fort gênants pour les recherches spéciales des orientalistes ; mais ceux qui y procèdent ne se soucient guère de cet inconvénient, et, même s'ils en avaient connaissance, ils ne consentiraient pas pour si peu à changer leurs habitudes. Toutes ces remarques sont si évidentes en elles-mêmes qu'elles ne vaudraient peut-être même pas la peine d'être formulées, si le parti pris que nous avons signalé chez les orientalistes ne les aveuglait au point de leur cacher entièrement cette évidence.

Maintenant, il est un autre fait dont ne peuvent guère tenir compte, sans être en désaccord avec eux-mêmes, les partisans de la « méthode historique » : c'est que l'enseignement oral a précédé presque partout l'enseignement écrit, et qu'il a été seul en usage pendant des périodes qui ont pu être fort longues, encore que leur durée exacte soit difficilement déterminable. D'une façon générale, un écrit traditionnel n'est, dans la plupart des cas, que la fixation relativement récente d'un enseignement qui s'était tout d'abord transmis oralement, et auquel il est bien rare qu'on puisse assigner un auteur ; ainsi, alors même qu'on serait certain d'être en possession du manuscrit primitif, ce dont il n'y a peut-être aucun exemple, il faudrait encore savoir combien de temps avait duré la transmission orale antérieure, et c'est là une question qui risque de rester le plus souvent sans réponse. Cette exclusivité de l'enseignement oral a pu avoir des raisons multiples, et elle ne suppose pas nécessairement l'absence de l'écriture, dont l'origine est certainement fort lointaine, tout au moins sous la forme idéographique, dont la forme phonétique n'est qu'une dégénérescence causée par un besoin de simplification. On sait, par exemple, que l'enseignement des Druides demeura toujours exclusivement oral, même à une époque où les Gaulois connaissaient sûrement l'écriture, puisqu'ils se servaient couramment d'un alphabet grec dans leurs relations commerciales ; aussi l'enseignement druidique n'a-t-il laissé aucune trace authentique, et c'est tout au plus si l'on peut en reconstituer plus ou moins exactement quelques fragments bien restreints. Ce serait d'ailleurs une erreur de croire que la transmission orale dût altérer l'enseignement à la longue ; étant donné l'intérêt que présentait sa conservation intégrale, il y a au contraire toute raison de penser que les précautions nécessaires étaient prises pour qu'il se maintînt toujours identique, non seulement dans le fond, mais même, dans la forme ; et on peut constater que ce maintien n'est parfaitement réalisable par ce qui a lieu aujourd'hui encore chez tous les peuples orientaux, pour lesquels la fixation par l'écriture n'a jamais entraîné la suppression de la tradition orale ni été considérée comme capable d'y suppléer entièrement. Chose curieuse, on admet communément que certaines œuvres n'ont pas été écrites dès leur origine ; on l'admet notamment pour les poèmes homériques dans l'antiquité classique, pour les chansons de geste au moyen âge ; pourquoi donc ne voudrait-on plus admettre la même chose lorsqu'il s'agit d'œuvres se rapportant, non plus à l'ordre simplement littéraire, mais à l'ordre de l'intellectualité pure, où la transmission orale a des raisons beaucoup plus profondes ? Il est vraiment inutile d'insister davantage là-dessus, et, quant à ces raisons profondes auxquelles nous venons de faire allusion, ce n'est pas ici le lieu de les développer ; nous aurons d'ailleurs l'occasion d'en dire quelques mots par la suite.

Il reste un dernier point que nous voudrions indiquer dans ce chapitre : c'est que, s'il est souvent bien difficile de situer exactement dans le temps une certaine période de l'existence d'un peuple antique, il l'est quelquefois presque autant, si étrange que cela puisse paraître, de la situer dans l'espace. Nous voulons dire par là que certains peuples ont pu, à diverses époques, émigrer d'une région à une autre, et que rien ne nous prouve que les ouvrages qu'ont laissés les anciens Hindous ou les anciens Perses, par exemple, aient été tous composés dans les pays où vivent actuellement leurs descendants. Bien plus, rien ne nous le prouve même dans le cas où ces ouvrages contiennent la désignation de certains lieux, les noms de fleuves ou de montagnes que nous connaissons encore, car ces mêmes noms ont pu être appliqués successivement dans les diverses régions où le peuple considéré s'est arrêté au cours de ses migrations. Il y a là quelque chose d'assez naturel : les Européens actuels n'ont-ils pas fréquemment l'habitude de donner, aux villes qu'ils fondent dans leurs colonies et aux accidents géographiques qu'ils y rencontrent, des appellations empruntées à leur pays d'origine ? On a discuté parfois la question de savoir si l'Hellade des temps homériques était bien la Grèce des époques plus récentes, ou si la Palestine biblique était vraiment la région que nous désignons encore par ce nom : les discussions de ce genre ne sont peut-être pas si vaines qu'on le pense d'ordinaire, et la question a tout au moins lieu de se poser, même si, dans les exemples que nous venons de citer, il est assez probable qu'elle doive être résolue par l'affirmative, Par contre, en ce qui concerne l'Inde védique, il y a bien des raisons de répondre négativement à une question de ce genre ; les ancêtres des Hindous ont dû, à une époque d'ailleurs indéterminée, habiter une région fort septentrionale, puisque, suivant certains textes, il arrivait que le soleil y fît le tour de l'horizon sans se coucher ; mais quand ont-ils quitté cette demeure primitive, et au bout de combien d'étapes sont-ils parvenus de là dans l'Inde actuelle ? Ce sont des questions intéressantes à un certain point de vue, mais que nous contentons de signaler sans prétendre les examiner ici, car elles ne rentrent pas dans notre sujet. Les considérations que nous avons traitées jusqu'ici ne constituent que de simples préliminaires, qui nous ont paru nécessaires avant d'aborder les questions proprement relatives à l'interprétation des doctrines orientales ; et, pour ces dernières questions, qui font notre objet principal, il nous faut encore signaler un autre genre de difficultés.

René Guénon

Chapitre VI

DIFFICULTÉS LINGUISTIQUES

La difficulté la plus grave, pour l'interprétation correcte des doctrines orientales, est celle qui provient, comme nous l'avons déjà indiqué et comme nous entendons l'exposer surtout dans ce qui suivra, de la différence essentielle qui existe entre les modes de la pensée orientale et ceux de la pensée occidentale. Cette différence se traduit naturellement par une différence correspondante dans les langues qui sont destinées à exprimer respectivement ces modes, d'où une seconde difficulté, dérivant de la premières, lorsqu'il s'agit de rendre certaines idées dans les langues de l'Occident, qui manquent de termes appropriés, et qui, surtout, sont fort peu métaphysiques. D'ailleurs, ce n'est là en somme qu'une aggravation des difficultés inhérentes à toute traduction, et qui se rencontrent même, à un moindre degré, pour passer d'une langue à une autre qui en est très voisine philologiquement aussi bien que géographiquement ; dans ce dernier cas encore, les termes que l'on regarde comme correspondants, et qui ont souvent la même origine ou la même dérivation, sont quelquefois très loin, malgré cela, d'offrir pour le sens une équivalence exacte. Cela se comprend aisément, car il est évident que chaque langue doit être particulièrement adaptée à la mentalité du peuple qui en fait usage, et chaque peuple a sa mentalité propre, plus ou moins largement différente de celle des autres ; cette diversité des mentalités ethniques est seulement beaucoup moindre quand on considère des peuples appartenant à une même race ou se rattachant à une même civilisation. Dans ce cas, les caractères mentaux communs sont assurément les plus fondamentaux, mais les caractères secondaires qui s'y superposent peuvent donner lieu à des variations qui sont encore fort appréciables ; et l'on pourrait même se demander si, parmi les individus qui parlent une même langue, dans les limites d'une nation qui comprend des éléments ethniques divers, le sens des mots de cette langue ne se nuance pas plus ou moins d'une région à l'autre, d'autant plus que l'unification nationale et linguistique est souvent récente et quelque peu artificielle : il n'y aurait rien d'étonnant, par exemple, à ce que la langue commune héritât dans chaque province, pour le fond tout autant que pour la forme, de quelques particularités de l'ancien dialecte auquel elle est venue se superposer et qu'elle a remplacé plus ou moins complètement. Quoi qu'il en soit, les différences dont nous parlons sont naturellement beaucoup plus sensibles d'un peuple à un autre : s'il peut y avoir plusieurs façons de parler une langue, c'est-à-dire, au fond, de penser en se servant de cette langue, il y a sûrement une façon de penser spéciale qui s'exprime normalement dans chaque langue distincte ; et la différence atteint en quelque sorte son maximum pour des langues très différentes les unes des autres à tous égards, ou même pour des langues apparentées philologiquement, mais adaptées à des mentalités et à des civilisations très diverses, car les rapprochements philologiques permettent beaucoup moins sûrement que les rapprochements mentaux l'établissement d'équivalences véritables. C'est pour ces raisons que, comme nous le disions dès le début, la traduction la plus littérale n'est pas toujours la plus exacte au point de vue des idées, bien loin de là, et c'est aussi pourquoi la connaissance purement grammaticale d'une langue est tout à fait insuffisante pour en donner la compréhension.

Quand nous parlons de l'éloignement des peuples et, par suite, de leurs langues, il faut d'ailleurs remarquer que ce peut être un éloignement dans le temps aussi bien que dans l'espace, de sorte que ce que nous venons de dire s'applique également à la compréhension des langues anciennes. Bien plus, pour un même peuple, s'il arrive que sa mentalité subisse au cours de son existence de notables modifications, non seulement des termes nouveaux se substituent dans sa langue à des termes anciens, mais aussi le sens des termes qui se maintiennent varie corrélativement aux changements mentaux, à tel point que, dans une langue qui est demeurée à peu près identique dans sa forme extérieure, les mêmes mots en arrivent à ne plus répondre en réalité aux mêmes conceptions, et qu'il faudrait alors, pour en rétablir le sens, une véritable traduction, remplaçant des mots qui sont cependant encore en usage par d'autres mots tout différents ; la comparaison de la langue française du XVIIème siècle et de celle de nos jours en fournirait de nombreux exemples. Nous devons ajouter que cela est vrai surtout des peuples occidentaux, dont la mentalité, ainsi que nous l'indiquions précédemment, est extrêmement instable et changeante ; et d'ailleurs il y a encore une raison décisive pour qu'un tel inconvénient ne se présente pas en Orient, ou du moins y soit réduit à son strict minimum : c'est qu'une démarcation très nette y est établie entre les langues vulgaires, qui varient forcément dans une certaine mesure pour répondre aux nécessités de l'usage courant, et les langues qui servent à l'exposition des doctrines, langues qui sont immuablement fixées, et que leur destination met à l'abri de toutes les variations contingentes, ce qui, du reste, diminue encore l'importance des considérations chronologiques. On aurait pu, jusqu'à un certain point, trouver quelque chose d'analogue en Europe à l'époque où le latin y était employé généralement pour l'enseignement et pour les échanges intellectuels ; une langue qui sert à un tel usage ne peut être appelée proprement une langue morte, mais elle est une langue fixée, et c'est précisément là ce qui fait son grand avantage, sans parler de sa commodité pour les relations internationales, où les « langues auxiliaires » artificielles que préconisent les modernes échoueront toujours fatalement. Si nous pouvons parler d'une fixité immuable, surtout en Orient, et pour l'exposition de doctrines dont l'essence est purement métaphysique, c'est qu'en effet ces doctrines n'« évoluent » point au sens occidental de ce mot, ce qui rend parfaitement inapplicable pour elles l'emploi de toute « méthode historique » ; si étrange et si incompréhensible même que cela puisse paraître à des Occidentaux modernes, qui voudraient à toute force croire au « progrès » dans tous les domaines, c'est pourtant ainsi, et, faute de le reconnaître, on se condamne à ne jamais rien comprendre de l'Orient. Les doctrines métaphysiques n'ont pas à changer dans leur fond ni même à se perfectionner ; elles peuvent seulement se développer sous certains points de vue, en recevant des expressions qui sont plus particulièrement appropriées à chacun de ces points de vue, mais qui se maintiennent toujours dans un esprit rigoureusement traditionnel, S'il arrive par exception qu'il en soit autrement et qu'une déviation intellectuelle vienne à se produire dans un milieu plus ou moins restreint, cette déviation, si elle est vraiment grave, ne tarde pas à avoir pour conséquence l'abandon de la langue traditionnelle dans le milieu en question, où elle est remplacée par un idiome d'origine vulgaire, mais qui en acquiert à son tour une certaine fixité relative, parce que la doctrine dissidente tend spontanément à se poser en tradition indépendante, bien qu'évidemment dépourvue de toute autorité régulière. L'Oriental, même sorti des voies normales de son intellectualité, ne peut vivre sans une tradition ou quelque chose qui lui en tienne lieu, et nous essaierons de faire comprendre par la suite tout ce qu'est pour lui la tradition sous ses divers aspects ; il y a là, d'ailleurs, une des causes profondes de son mépris pour l'Occidental, qui se présente trop souvent à lui comme un être dépourvu de toute attache traditionnelle.

Pour prendre maintenant sous un autre point de vue, et comme dans leur principe même, les difficultés que nous voulions signaler spécialement dans le présent chapitre nous pouvons dire que toute expression d'une pensée quelconque est nécessairement imparfaite en elle-même, parce qu'elle limite et restreint les conceptions pour les enfermer dans une forme définie qui ne peut jamais leur être complètement adéquate, la conception contenant toujours quelque chose de plus que son expression, et même immensément plus lorsqu'il s'agit de conceptions métaphysiques, qui doivent toujours faire la part de l'inexprimable, parce qu'il est de leur essence même de s'ouvrir sur des possibilités illimitées. Le passage d'une langue à une autre, forcément moins bien adaptée que la première, ne fait en somme qu'aggraver cette imperfection originelle et inévitable ; mais, lorsqu'on est parvenu à saisir en quelque sorte la conception elle-même à travers son expression primitive, en identifiant autant qu'il est possible à la mentalité de celui ou de ceux qui l'ont pensée, il est clair qu'on peut toujours remédier dans une large mesure à cet inconvénient, en donnant une interprétation qui, pour être intelligible, devra être un commentaire beaucoup plus qu'une traduction littérale pure et simple. Toute la difficulté réelle réside donc, au fond, dans l'identification mentale qui est requise pour parvenir à ce résultat ; il en est, très certainement, qui y sont complètement inaptes, et l'on voit combien cela dépasse la portée des travaux de simple érudition. C'est là la seule façon d'étudier les doctrines qui puisse être vraiment profitable ; pour les comprendre, il faut pour ainsi dire les étudier « du dedans », tandis que les orientalistes se sont toujours bornés à les considérer « du dehors ».

Le genre de travail dont il s'agit ici est relativement plus facile pour les doctrines qui se sont transmises régulièrement jusqu'à notre époque, et qui ont encore des interprètes autorisés, que pour celles dont l'expression écrite ou figurée nous est seule parvenue, sans être accompagnée de la tradition orale depuis longtemps éteinte. Il est d'autant plus fâcheux que les orientalistes se soient toujours obstinés à négliger, avec un parti pris peut-être involontaire pour une part, mais par là même plus invincible, cet avantage qui leur était offert, à eux qui se proposent d'étudier des civilisations qui subsistent encore, à l'exclusion de ceux dont les recherches portent sur des civilisations disparues. Pourtant, comme nous l'indiquions déjà plus haut, ces derniers eux-mêmes, les égyptologues et les assyriologues par exemple, pourraient certainement s'éviter bien des méprises s'ils avaient une connaissance plus étendue de la mentalité humaine et des diverses modalités dont elle est susceptible ; mais une telle connaissance ne serait précisément possible que par l'étude vraie des doctrines orientales, qui rendrait ainsi, indirectement tout au moins, d'immenses services à toutes les branches de l'étude de l'antiquité. Seulement, même pour cet objet qui est loin d'être le plus important à nos yeux, il ne faudrait pas s'enfermer dans une érudition qui n'a par elle-même qu'un fort médiocre intérêt, mais qui est sans doute le seul domaine où puisse s'exercer sans trop d'inconvénients l'activité de ceux qui ne veulent pas ou ne peuvent pas sortir des étroites limites de la mentalité occidentale moderne. C'est là, nous le répétons encore une fois, la raison essentielle qui rend les travaux des orientalistes absolument insuffisants pour permettre la compréhension d'une idée quelconque, et en même temps complètement inutiles, sinon même nuisibles en certains cas, pour un rapprochement intellectuel entre l'Orient et l'Occident.

DEUXIÈME PARTIE

LES MODES GÉNÉRAUX DE LA PENSÉE ORIENTALE

Chapitre I

LES GRANDES DIVISIONS DE L'ORIENT

Nous avons dit déjà que, bien qu'on puisse opposer la mentalité orientale dans son ensemble à la mentalité occidentale, on ne peut cependant pas parler d'une civilisation orientale comme on parle d'une civilisation occidentale. Il y a plusieurs civilisations orientales nettement distinctes, et dont chacune possède, comme nous le verrons par la suite, un principe d'unité qui lui est propre, et qui diffère essentiellement de l'une à l'autre de ces civilisations ; mais, si diverses qu'elles soient, toutes ont pourtant certains traits communs, principalement sous le rapport des modes de la pensée, et c'est là ce qui permet précisément de dire qu'il existe, d'une façon générale, une mentalité spécifiquement orientale.

Quand on veut entreprendre une étude quelconque, il est toujours à propos, pour y mettre de l'ordre, de commencer par établir une classification basée sur les divisions naturelles de l'objet que l'on se propose d'étudier. C'est pourquoi, avant toute autre considération, il est nécessaire de situer les unes par rapport aux autres les différentes civilisations orientales, en nous en tenant d'ailleurs aux grandes lignes et aux divisions les plus générales, suffisantes au moins pour une première approximation, puisque notre intention n'est pas d'entrer ici dans un examen détaillé de chacune de ces civilisations prise à part.

Dans ces conditions, nous pouvons diviser l'Orient en trois grandes régions, que nous désignerons, suivant leur situation géographique par rapport à l'Europe, comme l'Orient proche, l'Orient moyen et l'Extrême Orient. L'Orient proche, pour nous, comprend tout l'ensemble du monde musulman ; l'Orient moyen est essentiellement constitué par l'Inde ; quant à l'Extrême-Orient, c'est ce qu'on désigne habituellement sous ce nom, c'est-à-dire la Chine et l'Indo-Chine. Il est facile de voir, dès le premier abord, que ces trois divisions générales correspondent bien à trois grandes civilisations complètement distinctes et indépendantes, qui sont, sinon les seules qui existent dans tout l'Orient, du moins les plus importantes et celles dont le domaine est de beaucoup le plus étendu. A l'intérieur de chacune de ces civilisations, on pourrait d'ailleurs marquer ensuite des subdivisions, offrant des variations à peu près du même ordre que celles qui, dans la civilisation européenne, existent entre des pays différents ; seulement, ici, on ne saurait assigner à ces subdivisions des limites qui soient celles de nationalités, dont la notion même répond à une conception qui est, en général, étrangère à l'Orient.

L'Orient proche, qui commence aux confins de l'Europe, s'étend, non seulement sur la partie de l'Asie qui est la plus voisine de celle-ci, mais aussi, en même temps, sur toute l'Afrique du Nord ; il comprend donc, à vrai dire, des pays qui, géographiquement, sont tout aussi occidentaux que l'Europe elle-même. Mais la civilisation musulmane, dans toutes les directions qu'a prises son expansion, n'en a pas moins gardé les caractères essentiels qu'elle tient de son point de départ oriental ; et elle a imprimé ces caractères à des peuples extrêmement divers, leur formant ainsi une mentalité commune, mais non pas, cependant, au point de leur enlever toute originalité. Les populations berbères de l'Afrique du Nord ne sont jamais confondues avec les Arabes vivant sur le même sol, et il est aisé de les en distinguer, non seulement par les coutumes spéciales qu'elles ont conservées ou par leur type physique, mais encore par une sorte de physionomie mentale qui leur est propre ; il est bien certain, par exemple, que le Kabyle est beaucoup plus près de l'Européen, par certains côtés, que ne l'est l'Arabe. Il n'en est pas moins vrai que la civilisation de l'Afrique du Nord, en tant qu'elle a une unité, est, non seulement musulmane, mais même arabe dans son essence ; et d'ailleurs ce qu'on peut appeler le groupe arabe est, dans le monde islamique, celui dont l'importance est vraiment primordiale, puisque c'est chez lui que l'Islam a pris naissance, et que c'est sa langue propre qui est la langue traditionnelle de tous les peuples musulmans, quelles que soient leur origine et leur race. À côté de ce groupe arabe, nous en distinguerons deux autres principaux, que nous pouvons appeler le groupe turc et le groupe persan, bien que ces dénominations ne soient peut-être pas d'une exactitude rigoureuse. Le premier de ces groupes comprend surtout des peuples de race mongole, comme les Turcs et les Tartares ; ses traits mentaux le différencient grandement des Arabes, aussi bien que ses traits physiques, mais, ayant peu d'originalité intellectuelle, il dépend au fond de l'intellectualité arabe ; et d'ailleurs, au point de vue religieux même, ces deux groupes arabe et turc, en dépit de quelques différences rituelles et légales, forment un ensemble unique qui s'oppose au groupe persan. Nous arrivons donc ici à la séparation la plus profonde qui existe dans le monde musulman, séparation que l'on exprime d'ordinaire en disant que les Arabes et les Turcs sont « sunnites », tandis que les Persans sont « shiites » ; ces désignations appelleraient bien quelques réserves, mais nous n'avons pas à entrer ici dans ces considérations.

D'après ce que nous venons de dire, on peut voir que les divisions géographiques ne coïncident pas toujours strictement avec le champ d'expansion des civilisations correspondantes, mais seulement avec le point de départ et le centre principal de ces civilisations. Dans l'Inde, des éléments musulmans se rencontrent un peu partout, et il y en a même en Chine ; mais nous n'avons pas à nous en préoccuper quand nous parlons des civilisations de ces deux contrées, parce que la civilisation islamique n'y est point autochtone. D'autre part, la Perse devrait se rattacher, ethniquement et même géographiquement, à ce que nous avons appelé l'Orient moyen ; si nous ne l'y faisons pas rentrer, c'est que sa population actuelle est entièrement musulmane. Il faudrait considérer en réalité, dans cet Orient moyen, deux civilisations distinctes, bien qu'ayant manifestement une souche commune : l'une est celle de l'Inde, et l'autre celle des anciens Perses ; mais cette dernière n'a plus aujourd'hui comme représentants que les Parsis, formant des groupements peu nombreux et dispersés, les uns dans l'Inde, à Bombay principalement, les autres au Caucase ; il nous suffit ici de signaler leur existence. Il ne reste donc plus à envisager, dans la seconde de nos grandes divisions, que la civilisation proprement indienne, ou plus précisément hindoue, embrassant dans son unité des peuples de races fort diverses : entre les multiples régions de l'Inde, et surtout entre le Nord et le Sud, il y a des différences ethniques au moins aussi grandes que celles qu'on peut trouver dans toute l'étendue de l'Europe mais tous ces peuples ont pourtant une civilisation commune, et aussi une langue traditionnelle commune, qui est le sanskrit. La civilisation de l'Inde s'est, à certaines époques, répandue plus à l'Est, et elle a laissé des traces évidentes dans certaines régions de l'Indo-Chine, comme la Birmanie, le Siam et le Cambodge, et même dans quelques îles de l'Océanie, à Java notamment. D'autre part, de cette même civilisation hindoue est sortie la civilisation bouddhique, qui s'est répandue, sous des formes diverses, sur une grande partie de l'Asie centrale et orientale ; mais la question du Bouddhisme appelle quelques explications que nous donnerons par la suite.

Pour ce qui est de la civilisation de l'Extrême-Orient, qui est la seule dont tous les représentants appartiennent vraiment à une race unique, elle est proprement la civilisation chinoise ; elle s'étend, comme nous l'avons dit, à l'Indo-Chine, et plus spécialement au Tonkin et à l'Annam, mais les habitants de ces régions sont de race chinoise, ou bien pure, ou bien mélangée de quelques éléments d'origine malaise, mais qui sont loin d'y être prépondérants. Il y a lieu d'insister sur le fait que la langue traditionnelle inhérente à cette civilisation est essentiellement la langue chinoise écrite, qui ne participe pas aux variations de la langue parlée, qu'il s'agisse d'ailleurs de variations dans le temps ou dans l'espace ; un Chinois du Nord, un Chinois du Sud et un Annamite peuvent ne pas se comprendre en parlant, mais l'usage des mêmes caractères idéographique, avec tout ce qu'il implique en réalité, n'en établit pas moins entre eux un lien dont la puissance est totalement insoupçonnée des Européens.

Quant au Japon, que nous avons laissé de côté dans notre division générale, il se rattache à l'Extrême-Orient dans la mesure où il a subi l'influence chinoise, bien qu'il possède aussi par ailleurs, avec le *Shinto*, une tradition propre d'un caractère très différent. Il y aurait lieu de se demander jusqu'à quel point ces divers éléments ont pli se maintenir en dépit de la modernisation, c'est-à-dire en somme de l'occidentalisation, qui a été imposée à ce peuple par ses dirigeants ; mais c'est là une question trop particulière pour que nous puissions nous y arrêter ici.

D'un autre côté, c'est avec intention que nous avons omis, dans ce qui précède, de parler de la civilisation thibétaine, qui est pourtant fort loin d'être négligeable, surtout au point de vue qui nous occupe plus particulièrement. Cette civilisation, à certains égards, participe à la fois de celle de l'Inde et de celle de la Chine, tout en présentant des caractères qui lui sont absolument spéciaux ; mais, comme elle est encore plus complètement ignorée des Européens que toute autre civilisation orientale, on ne pourrait en parler utilement sans entrer dans des développements qui seraient ici tout à fait hors de propos.

Nous n'avons donc à envisager, en tenant compte des restrictions que nous avons indiquées, que trois grandes civilisations orientales, qui correspondent respectivement aux trois divisions géographiques que nous avons marquées tout d'abord, et qui sont les civilisations musulmane, hindoue et chinoise. Pour faire comprendre les caractères qui différencient le plus essentiellement ces civilisations les unes par rapport aux autres, sans toutefois entrer dans trop de détails à cet égard, le mieux que nous puissions faire est d'exposer aussi nettement que possible les principes sur lesquels repose l'unité fondamentale de chacune d'elles.

Chapitre II

PRINCIPES D'UNITÉ DES CIVILISATION ORIENTALES

Il est fort difficile de trouver actuellement un principe d'unité à la civilisation occidentale ; on pourrait même dire que son unité, qui repose toujours naturellement sur un ensemble de tendances constituant une certaine conformité mentale, n'est plus véritablement qu'une simple unité de fait, qui manque de principe comme en manque cette civilisation elle-même, depuis que s'est rompu, à l'époque de la Renaissance et de la Réforme, le lien traditionnel d'ordre religieux qui était précisément pour elle le principe essentiel, et qui en faisait, au moyen âge, ce qu'on appelait la « Chrétienté ». L'intellectualité occidentale ne pouvait avoir à sa disposition, dans les limites où s'exerce son activité spécifiquement restreinte, aucun élément traditionnel d'un autre ordre qui fût susceptible de se substituer à celui-là ; nous entendons qu'un tel élément ne pouvait, hors des exceptions incapables de se généraliser dans ce milieu, y être conçu autrement qu'en mode religieux. Quant à l'unité de la race européenne, en tant que race, elle est, comme nous l'avons indiqué, trop relative et trop faible pour pouvoir servir de base à l'unité d'une civilisation. Il risquait donc d'y avoir dès lors des civilisations européennes multiples, sans aucun lien effectif et conscient ; et, en fait, c'est à partir du moment où fut brisée l'unité fondamentale de la « Chrétienté » qu'on vit se constituer à sa place, à travers bien des vicissitudes et des efforts incertains, les unités secondaires, fragmentaires et amoindries des « nationalités ». Mais l'Europe conservait pourtant jusque dans sa déviation mentale, et comme malgré elle, l'empreinte de la formation unique qu'elle avait reçue au coûts des siècles précédents ; les influences mêmes qui avaient amené la déviation s'étaient exercées partout semblablement, bien qu'à des degrés divers ; le résultat fut encore une mentalité commune, d'où une civilisation demeurant commune en dépit de toutes les divisions, mais qui, au lieu de dépendre légitimement d'un principe, quel qu'il fût d'ailleurs, allait être désormais, si l'on peut dire, au service d'une « absence de principe » la condamnant à une déchéance intellectuelle irrémédiable. On peut assurément soutenir que c'était là la rançon du progrès matériel vers lequel le monde occidental a tendu exclusivement depuis lors, car il est des voies de développement qui sont inconciliables ; mais, quoi qu'il en soit, c'était vraiment, à notre avis, payer bien cher ce progrès trop vanté.

Cet aperçu très sommaire permet de comprendre, en premier lieu, comment il ne peut y avoir en Orient rien qui soit comparable à ce que sont les nations occidentales : c'est que l'application des nationalités est en somme, dans une civilisation, le signe d'une dissolution partielle résultant de la perte de ce qui faisait son unité profonde. En Occident même, nous le répétons, la conception de la nationalité est chose essentiellement moderne ; on ne saurait rien trouver d'analogue dans tout ce qui avait existé auparavant, ni les cités grecques, ni l'empire romain, sorti d'ailleurs des extensions successives de la cité originelle, ou ses prolongements médiévaux plus ou moins indirects, ni les confédérations ou les ligues de peuples à la manière celtique, ni même les États organisés hiérarchiquement suivant le type féodal.

D'autre part, ce que nous avons dit de l'unité ancienne de la « Chrétienté », unité de nature essentiellement traditionnelle, et d'ailleurs conçue suivant un mode spécial qui est le mode religieux, peut s'appliquer à peu de chose près à la conception de l'unité du monde musulman. La civilisation islamique est en effet, parmi les civilisations orientales, celle qui est la plus proche de l'Occident, et l'on pourrait même dire que, par ses caractères comme par sa situation géographique, elle est, à divers égards, intermédiaire entre l'Orient et l'Occident ; aussi la tradition nous apparaît-elle comme pouvant être envisagée sous deux modes profondément distincts, dont l'un est purement oriental, mais dont l'autre, qui est le mode proprement religieux, lui est commun avec la civilisation occidentale. Du reste, Judaïsme, Christianisme et Islamisme se présentent comme les trois éléments d'un même ensemble, en dehors duquel, disons-le dès maintenant, il est le plus souvent difficile d'appliquer proprement le terme même de « religion », pour peu qu'on tienne à lui conserver un sens précis et nettement défini ; mais, dans l'Islamisme, ce côté strictement religieux n'est en réalité que l'aspect le plus extérieur ; ce sont là des points sur lesquels nous aurons à revenir dans la suite. Quoi qu'il en soit, à ne considérer pour le moment que le côté extérieur, c'est sur une tradition que l'on peut qualifier de religieuse que repose toute l'organisation du monde musulman : ce n'est pas, comme dans l'Europe actuelle, la religion qui est un élément de l'ordre social, c'est au contraire l'ordre social tout entier qui s'intègre dans la religion, dont la législation est inséparable, y trouvant son principe et sa raison d'être. C'est là ce que n'ont jamais bien compris, malheureusement pour eux, les Européens qui ont eu affaire à des peuples musulmans, et que cette méconnaissance a entraînés dans les erreurs politiques les plus grossières et les plus inextricables ; mais nous ne voulons point nous arrêter ici sur ces considérations, nous ne faisons que les indiquer en passant. Nous ajouterons seulement à ce propos deux remarques qui ont leur intérêt : la première, c'est que la conception du « Khalifat », seule base possible de tout « panislamisme » vraiment sérieux, n'est à aucun degré assimilable à celle d'une forme quelconque de gouvernement national, et qu'elle a d'ailleurs tout ce qu'il faut pour dérouter des Européens, habitués à envisager une séparation absolue, et même une opposition, entre le « pouvoir spirituel » et le « pouvoir temporel » ; la seconde, c'est que, pour prétendre instaurer dans l'Islam des « nationalismes » divers, il faut toute l'ignorant « suffisance de quelques « jeunes » Musulmans, qui se qualifient ainsi eux-mêmes pour afficher leur « modernisme », et chez qui l'enseignement des Université occidentales a complètement oblitéré le sens traditionnel.

Il nous faut encore, en ce qui concerne l'Islam, insister ici sur un autre point, qui est l'unité de sa langue traditionnelle : nous avons dit que cette langue est l'arabe, mais nous devons préciser que c'est l'arabe littéral, distinct dans une certaine mesure de l'arabe vulgaire qui en est une altération et, grammaticalement, une simplification. Il y a là une différence qui est un peu du même genre que celle que nous avons signalée, pour la Chine, entre la langue écrite et la langue parlée : l'arabe littéral seul peut présenter toute la fixité qui est requise pour remplir le rôle de langue traditionnelle, tandis que l'arabe vulgaire, comme toute autre langue servant à l'usage courant, subit naturellement certaines variations suivant les époques et suivant les régions. Cependant, ces variations sont loin d'être aussi considérables qu'on le croit d'ordinaire en Europe : elles portent surtout sur la prononciation et sur l'emploi de quelques termes plus ou moins spéciaux, et elles sont insuffisantes pour constituer même une pluralité de dialectes, car tous les hommes qui parlent l'arabe sont parfaitement capables de se comprendre ; il n'y a en somme, même pour ce qui est de l'arabe vulgaire, qu'une langue unique, qui est parlée depuis le Maroc jusqu'au Golfe Persique, et les soi-disant dialectes arabes plus ou moins variés sont une pure invention des orientalistes. Quant à la langue persane, bien qu'elle ne soit point fondamentale au point de vue de la tradition musulmane, son emploi dans les nombreux écrits relatifs au « Çufisme » lui donne néanmoins pour la partie la plus orientale de l'Islam, une importance intellectuelle incontestable.

Si maintenant nous passons à la civilisation hindoue, son unité est encore d'ordre purement et exclusivement traditionnel : elle comprend en effet des éléments appartenant à des races ou à des groupements ethniques très divers, et qui peuvent tous être dits également « hindous » au sens strict du mot, à l'exclusion d'autres éléments appartenant à ces mêmes races, ou tout au moins à quelques-unes d'entre elles. Certains voudraient qu'il n'en eût pas été ainsi à l'origine, mais leur opinion ne se fonde sur rien de plus que sur la supposition d'une prétendue « race âryenne », qui est simplement due à l'imagination trop fertile des orientalistes ; le terme sanskrit *ârya*, dont on a tiré le nom de cette race hypothétique, n'a jamais été en réalité qu'une épithète distinctive s'appliquant aux seuls hommes des trois premières castes, et cela indépendamment du fait d'appartenir à telle ou telle race, dont la considération n'a pas intervenir ici. Il est vrai que le principe de l'institution des castes est, comme bien d'autres choses, demeuré tellement incompris en Occident, qu'il n'y a rien d'étonnant à ce que tout ce qui s'y rapporte de près ou de loin ait donné lieu à toutes sortes de confusions ; mais nous reviendrons sur cette question dans une autre partie. Ce qu'il faut retenir pour le moment, c'est que l'unité hindoue repose entièrement sur la reconnaissance d'une certaine tradition, qui enveloppe encore ici tout l'ordre social, mais, d'ailleurs, à titre de simple application à des contingences ; cette dernière réserve est nécessitée par le fait que la tradition dont il s'agit n'est plus du tout religieuse comme elle l'était dans l'Islam, mais qu'elle est d'ordre plus purement intellectuel et essentiellement métaphysique. Cette sorte de double polarisation, extérieure et intérieure, à laquelle nous avons fait allusion à propos de la tradition musulmane, n'existe pas dans l'Inde, où l'on ne peut pas, par suite, faire avec l'Occident les rapprochements que permettait encore tout au moins le côté extérieur de l'Islam ; il n'y a plus ici absolument rien qui soit analogue à ce que sont les religions occidentales, et il ne peut y avoir, pour soutenir le contraire, que des observateurs superficiels, qui prouvent ainsi leur parfaite ignorance des modes de la pensée orientale. Comme nous nous réservons de traiter tout spécialement de la civilisation de l'Inde, il n'est pas utile, pour le moment, d'en dire plus long à son sujet.

La civilisation chinoise est, ainsi que nous l'avons déjà indiqué, la seule dont l'unité soit essentiellement, dans sa nature profonde, une unité de race ; son élément caractéristique, sous ce rapport, est ce que les Chinois appellent *gen*, conception que l'on peut rendre, sans trop d'inexactitude, par « solidarité de la race ». Cette solidarité, qui implique, à la fois la perpétuité et la communauté de l'existence, s'identifie d'ailleurs à l'« idée de vie », application du principe métaphysique de la « cause initiale » à l'humanité existante ; et c'est de la transposition de cette notion dans le domaine social, avec la mise en œuvre continuelle de toutes ses conséquences pratiques, que découle l'exceptionnelle stabilité des institutions chinoises. C'est cette même conception qui permet de comprendre que l'organisation sociale tout entière repose ici sur la famille, prototype essentiel de la race ; en Occident, on aurait pu trouver quelque chose d'analogue, jusqu'à un certain point, dans la cité antique, dont la famille formait aussi le noyau initial, et où le « culte des ancêtres » lui-même, avec tout ce qu'il implique effectivement, avait une importance dont les modernes ont quelque peine à se rendre compte. Pourtant, nous ne croyons pas que, nulle part ailleurs qu'en Chine, on soit allé jamais aussi loin dans le sens d'une conception de l'unité familiale s'opposant à tout individualisme, supprimant par exemple la propriété individuelle, et par suite l'héritage, et rendant en quelque sorte la vie impossible à l'homme qui, volontairement ou non, se trouve retranché de la communauté de la famille. Celle-ci joue, dans la société chinoise, un rôle au moins aussi considérable que celui de la caste dans la société hindoue, et qui lui est comparable à quelques égards ; mais le principe en est tout différent. D'autre part, la partie proprement métaphysique de la tradition est, en Chine plus que partout ailleurs, nettement séparée de tout le reste, c'est-à-dire, en somme, de ses implications à divers ordres de relativités ; cependant, il va de soi que cette séparation, si profonde qu'elle puisse être, ne saurait aller jusqu'à une absolue discontinuité, qui aurait pour effet de priver de tout principe réel les formes extérieures de la civilisation. On ne le voit que trop dans l'Occident moderne, où les institutions civiles, dépouillées de toute valeur traditionnelle, mais traînant avec elles quelques vestiges du passé, désormais incompris, font parfois l'effet d'une véritable parodie rituelle sans la moindre raison d'être, et dont l'observance n'est proprement qu'une « superstition », dans toute la force que donne à ce mot son acceptation étymologique rigoureuse.

Nous en avons dit assez pour montrer que l'unité de chacune des grandes civilisations orientales est d'un tout autre ordre que celle de la civilisation occidentale actuelle, qu'elle s'appuie sur des principes bien autrement profonds et indépendants des contingences historiques, donc éminemment aptes à en assurer la durée et la continuité. Les considérations précédentes se compléteront d'ailleurs d'elles-mêmes, dans ce qui suivra, lorsque nous y aurons l'occasion d'emprunter à l'une ou à l'autre des civilisations en question les exemples qui seront nécessaires à la compréhension de notre exposé.

Chapitre III

QUE FAUT-IL ENTENDRE PAR TRADITION ?

Dans ce qui précède, il nous est arrivé à chaque instant de parler de tradition, de doctrines ou de conceptions traditionnelles, et même de langues traditionnelles, et il est d'ailleurs impossible de faire autrement lorsqu'on veut désigner ce qui constitue vraiment tout l'essentiel de la pensée orientale sous ses divers modes ; mais qu'est-ce, plus précisément, que la tradition ? Disons tout de suite, pour écarter une confusion qui pourrait se produire, que nous ne prenons pas ce mot dans le sens restreint où la pensée religieuse de l'Occident oppose parfois « tradition » et « écriture », entendant par le premier de ces deux termes, d'une façon exclusive, ce qui n'a été l'objet que d'une transmission orale. Au contraire, pour nous, la tradition, dans une acception beaucoup plus générale, peut être écrite aussi bien qu'orale, quoique, habituellement, sinon toujours, elle ait dû être avant tout orale à son origine, comme nous l'avons expliqué ; mais, dans l'état actuel des choses, la partie écrite et lu partie orale forment partout deux branches complémentaires d'une même tradition, qu'elle soit religieuse ou autre, et nous n'avons aucune hésitation à parler d'« écritures traditionnelles », ce qui serait évidemment contradictoire si nous ne donnions au mot « tradition » que sa signification la plus spéciale ; du reste, étymologiquement, la tradition est simplement « ce qui se transmet » d'une manière ou d'une autre. En outre, il faut encore comprendre dans la tradition, à titre d'éléments secondaires et dérivés, mais néanmoins importants pour en avoir une notion complète, tout l'ensemble des institutions de différents ordres qui ont leur principe dans la doctrine traditionnelle elle-même.

Ainsi envisagée, la tradition peut paraître se confondre avec la civilisation même, qui est, suivant certains sociologues, « l'ensemble des techniques, des institutions et des croyances communes à un groupe d'hommes pendant un certain temps »[1] ; mais que vaut au juste cette dernière définition ? Nous ne croyons pas, à vrai dire, que la civilisation soit susceptible de se caractériser généralement dans une formule de ce genre, qui sera toujours trop large ou trop restreinte par certains côtés, risquant de laisser en dehors d'elle des éléments communs à toute civilisation, et de comprendre par contre d'autres éléments qui n'appartiennent proprement qu'à quelques civilisations particulières. Ainsi, la définition précédente ne tient aucun compte de ce qu'il y a d'essentiellement intellectuel en toute civilisation, car c'est là quelque chose qu'on ne saurait faire rentrer dans ce qu'on appelle les « techniques », qu'on nous dit être « des ensembles de pratiques spécialement destinées à modifier le milieu physique » ; d'autre part, quand on parle de « croyances », en ajoutant d'ailleurs que ce mot doit être « pris dans son sens habituel », il y a là quelque chose qui suppose manifestement la présence de l'élément religieux, lequel est en réalité spécial à certaines civilisations et ne se retrouve pas dans les autres. C'est pour éviter tout inconvénient de ce genre que nous nous sommes contenté, au début, de dire simplement qu'une civilisation est

---

[1] E. DOUTTÉ, *Magie et religion dans l'Afrique du Nord*, Introduction, p. 5.

le produit et l'expression d'une certaine mentalité commune à un groupe d'hommes plus ou moins étendu, réservant pour chaque cas particulier la détermination précise de ses éléments constitutifs.

Quoi qu'il en soit, il n'en est pas moins vrai que, en ce qui concerne l'Orient, l'identification de la tradition et de la civilisation tout entière est au fond justifiée : toute civilisation orientale, prise dans son ensemble, nous apparaît comme essentiellement traditionnelle, et ceci résulte immédiatement des explications que nous avons données dans le chapitre précédent. Quant à la civilisation occidentale, nous avons dit qu'elle est au contraire dépourvue de tout caractère traditionnel, à l'exception de son élément religieux, qui est le seul à y avoir conservé ce caractère. C'est que les institutions sociales, pour pouvoir être dites traditionnelles, doivent être effectivement rattachées, comme à leur principe, à une doctrine qui le soit elle-même, que cette doctrine soit d'ailleurs métaphysique, ou religieuse, ou de toute autre sorte convenable. En d'autres termes, les institutions traditionnelles, qui communiquent ce caractère à tout l'ensemble d'une civilisation, sont celles qui ont leur raison d'être profonde dans leur dépendance plus ou moins directe, mais toujours voulue et consciente, par rapport à une doctrine dont la nature fondamentale est, dans tous les cas, d'ordre intellectuel ; mais l'intellectualité peut y être à l'état pur, et on a alors affaire à une doctrine proprement métaphysique, ou bien s'y trouver mélangée à divers éléments hétérogènes, ce qui donne naissance au mode religieux et aux autres modes dont peut être susceptible une doctrine traditionnelle.

Dans l'Islam, avons-nous dit, la tradition présente deux aspects distincts, dont l'un est religieux, et c'est celui auquel se rattache directement l'ensemble des institutions sociales, tandis que l'autre, celui qui est purement oriental, est véritablement métaphysique. Dans une certaine mesure, il y a eu quelque chose de ce genre dans l'Europe du moyen âge, avec la doctrine scolastique, où l'influence arabe s'est d'ailleurs exercée assez fortement ; mais il faut ajouter, pour ne pas pousser trop loin les analogies, que la métaphysique n'y a jamais été dégagée aussi nettement qu'elle devrait l'être de la théologie, c'est-à-dire, en somme, de son application spéciale à la pensée religieuse, et que, d'autre part, ce qui s'y trouve de proprement métaphysique n'est pas complet, demeurant soumis à certaines limitations qui semblent inhérentes à toute l'intellectualité occidentale ; sans doute faut-il voir dans ces deux imperfections une conséquence du double héritage de la mentalité judaïque et de la mentalité grecque.

Dans l'Inde, on est en présence d'une tradition purement métaphysique dans son essence, à laquelle viennent s'adjoindre, comme autant de dépendances et de prolongements, des applications diverses, soit dans certaines branches secondaires de la doctrine elle-même, comme celle qui se rapporte à la cosmologie par exemple, soit dans l'ordre social, qui est d'ailleurs déterminé strictement par la correspondance analogique s'établissant entre les formes respectives de l'existence cosmique et de l'existence humaine. Ce qui apparaît ici beaucoup plus clairement que dans la tradition islamique, surtout en raison de l'absence du point de vue religieux et des éléments extra-intellectuels qu'il implique essentiellement, c'est la totale subordination des divers ordres particuliers à l'égard de la métaphysique, c'est-à-dire du domaine des principes universels.

En Chine, la séparation très nette dont nous avons parlé nous montre, d'une part, une tradition métaphysique, et, d'autre part, une tradition sociale, qui peuvent sembler au premier abord, non seulement distinctes comme elles le sont en effet, mais même relativement indépendantes l'une de l'autre, d'autant mieux que la tradition métaphysique est toujours demeurée l'apanage à peu près exclusif d'une élite intellectuelle, tandis que la tradition sociale, en raison de sa nature propre, s'impose également à tous et exige au même degré leur participation effective. Seulement, ce à quoi il faut bien prendre garde, c'est que la tradition métaphysique, telle qu'elle est constituée sous la forme du « Taoïsme », est le développement des principes d'une tradition plus primordiale, contenue notamment dans le *Yi-king*, et que c'est de cette même tradition primordiale que découle entièrement, bien que d'une façon moins immédiate et seulement en tant qu'application à un ordre contingent, tout l'ensemble d'institutions sociales qui est habituellement connu sous le nom de « Confucianisme ». Ainsi se trouve rétablie, avec l'ordre de leurs rapports réels, la continuité essentielle des deux aspects principaux de la civilisation extrême-orientale, continuité que l'on s'exposerait à méconnaître presque inévitablement si l'on ne savait remonter jusqu'à leur source commune, c'est-à-dire jusqu'à cette tradition primordiale dont l'expression idéographique, fixée dès l'époque de Fo-hi, s'est maintenue intacte à travers une durée de près de cinquante siècles.

Nous devons maintenant, après cette vue d'ensemble, marquer d'une façon plus précise ce qui constitue proprement cette forme traditionnelle spéciale que nous appelons la forme religieuse, puis ce qui distingue la pensée métaphysique pure de la pensée théologique, c'est-à-dire des conceptions en mode religieux, et aussi, d'autre part, ce qui la distingue de la pensée philosophique au sens occidental de ce mot. C'est dans ces distinctions profondes que nous trouverons vraiment, par opposition aux principaux genres de conceptions intellectuelles, ou plutôt semi-intellectuelles, habituels au monde occidental, les caractères fondamentaux des modes généraux et essentiels de l'intellectualité orientale.

Chapitre IV

TRADITION ET RELIGION

Il semble qu'il soit assez difficile de s'entendre sur une définition exacte et rigoureuse de la religion et de ses éléments essentiels, et l'étymologie, souvent précieuse en pareille occurrence, ne nous est ici que d'un assez faible secours, car l'indication qu'elle nous fournit est extrêmement vague. La religion, d'après la dérivation de ce mot, c'est « ce qui relie » ; mais faut-il entendre par là ce qui relie l'homme à un principe, supérieur ou simplement ce qui relie les hommes entre eux ? À considérer l'antiquité gréco-romaine, d'où nous est venu le mot, sinon la chose même qu'il désigne aujourd'hui, il est à peu près certain que la notion de religion y participait de cette double acception, et que même la seconde y avait le plus souvent une part prépondérante. En effet, la religion, ou du moins ce qu'on entendait alors par ce mot, faisait corps, d'une manière indissoluble, avec l'ensemble des institutions sociales, dont la reconnaissance des « dieux de la cité » et l'observation des formes cultuelles légalement établies constituaient des conditions fondamentales et garantissaient la stabilité ; et c'était là, du reste, ce qui donnait à ces institutions un caractère vraiment traditionnel. Seulement, il y avait dès lors, du moins à l'époque classique, quelque chose d'incompris dans le principe même sur lequel cette tradition aurait dû reposer intellectuellement ; on peut voir là une des premières manifestations de l'inaptitude métaphysique commune aux

Occidentaux, inaptitude qui a pour conséquence fatale et constante une étrange confusion dans les modalités de la pensée. Chez les Grecs en particulier, les rites et les symboles, héritage de traditions plus antiques et déjà oubliées, avaient vite perdu leur signification originelle précise ; l'imagination de ce peuple éminemment artiste, s'exprimant au gré de la fantaisie individuelle de ses poètes, les avait recouverts d'un voile presque impénétrable, et c'est pourquoi l'on voit des philosophes tels que Platon déclarer expressément qu'ils ne savent que penser des plus anciens écrits qu'ils possédaient relativement à la nature des dieux [2]. Les symboles avaient ainsi dégénéré en simples allégories, et, du fait d'une tendance invincible aux personnifications anthropomorphiques, ils étaient devenus des « mythes », c'est-à-dire des fables dont chacun pouvait croire ce que bon lui semblait, pour peu qu'il gardât pratiquement l'attitude conventionnelle imposée par les prescriptions légales. Il ne pouvait guère subsister, dans ces conditions, qu'un formalisme d'autant plus purement extérieur qu'il était devenu plus incompréhensible à ceux-là mêmes qui étaient chargés d'en assurer le maintien en conformité avec des règles invariables, et la religion, pour avoir perdu sa raison d'être la plus profonde, ne pouvait plus être qu'une affaire exclusivement sociale. C'est ce qui explique comment l'homme qui changeait de cité devait en même temps changer de religion et pouvait le faire sans le moindre scrupule : il avait à adopter les usages de ceux parmi lesquels il s'établissait, il devait désormais obéissance à leur législation qui devenait la sienne, et, de cette législation, la religion constituée faisait partie intégrante, exactement au même titre que les institutions gouvernementales, juridiques, militaires ou autres. Cette conception de la religion comme « lien social » entre les habitants d'une même

---

[2] *Lois*, livre X.

cité, à laquelle se superposait d'ailleurs, au-dessus des variétés locales, une autre religion plus générale, commune à tous les peuples helléniques et formant entre eux le seul lien vraiment effectif et permanent, cette conception, disons-nous, n'était pas celle de la « religion d'État » dans le sens où l'on devait l'entendre beaucoup plus tard, mais elle avait déjà avec elle des rapports évidents, et elle devait certainement contribuer pour une part à sa formation ultérieure.

Chez les Romains, ce fut à peu près la même chose que chez les Grecs, avec cette différence toutefois que leur incompréhension des formes symboliques qu'ils avaient empruntées aux traditions des Etrusques et de divers autres peuples provenait, non pas d'une tendance esthétique envahissant tous les domaines de la pensée, même ceux qui auraient dû lui être le plus fermés, mais bien d'une complète incapacité pour tout ce qui est de l'ordre proprement intellectuel. Cette insuffisance radicale de la mentalité romaine, à peu près exclusivement dirigée vers les choses pratiques, est trop visible et d'ailleurs trop généralement reconnue pour qu'il soit nécessaire d'y insister ; l'influence grecque, s'exerçant par la suite, ne devait y remédier que dans une mesure bien restreinte. Quoi qu'il en soit, les « dieux de la cité » eurent là encore le rôle prépondérant dans le culte public, superposé aux cultes familiaux qui subsistèrent toujours concurremment avec lui, mais peut-être sans être beaucoup mieux compris dans leur raison profonde ; et ces « dieux de la cité », par suite des extensions successives que reçut leur domaine, devinrent finalement les « dieux de l'Empire ». Il est évident qu'un culte comme celui des empereurs, par exemple, ne pouvait avoir qu'une portée uniquement sociale ; et l'on sait que, si le Christianisme fut persécuté, alors que tant d'éléments hétérogènes s'incorporaient sans inconvénient à la religion romaine, c'est que lui seul entraînait, pratiquement aussi bien que théoriquement, une méconnaissance formelle des « dieux de l'Empire », essentiellement subversive des institution établies. Cette méconnaissance n'eut pas été nécessaire, d'ailleurs, si la portée réelle des rites simplement sociaux avait été nettement définie et délimitée ; elle le fut, au contraire, en raison des multiples confusions qui s'étaient produites entre les domaines les plus divers, et qui, nées des éléments incompris que comportaient ces rites et dont certains venaient de fort loin, leur donnaient un caractère « superstitieux » dans le sens rigoureux où il nous est déjà arrivé d'employer ce mot.

Nous n'avons pas eu simplement pour but, par cet exposé, de montrer ce qu'était la conception de la religion dans la civilisation gréco-romaine, ce qui pourrait paraître quelque peu hors de propos ; nous avons voulu surtout faire comprendre combien cette conception diffère profondément de celle de la religion dans la civilisation occidentale actuelle, malgré l'identité du terme qui sert à désigner l'une et l'autre. On pourrait dire que le Christianisme, ou, si l'on préfère, la tradition judéo-chrétienne, en adoptant, avec la langue latine, ce mot de « religion » qui lui est emprunté, lui a imposé une signification presque entièrement nouvelle ; il y a d'ailleurs d'autres exemples de ce fait, et l'un des plus remarquables est celui qu'offre le mot de « création », dont nous parlerons plus tard. Ce qui dominera désormais, c'est l'idée de lien avec un principe supérieur, et non plus celle de lien social, qui subsiste encore jusqu'à un certain point, mais amoindrie et passée au rang d'élément secondaire. Encore ceci n'est-il, à vrai dire, qu'une première approximation ; pour déterminer plus exactement le sens de la religion dans sa conception actuelle, qui est la seule que nous envisagerons maintenant sous ce nom, il serait évidemment inutile de se référer davantage à l'étymologie, dont l'usage s'est trop grandement écarté, et ce n'est que par l'examen direct de ce qui existe effectivement qu'il est possible d'obtenir une information précise.

Nous devons dire tout de suite que la plupart des définitions, ou plutôt des essais de définition que l'on a proposés, en ce qui concerne la religion, ont pour défaut commun de pouvoir s'appliquer à des choses extrêmement différentes, et dont certaines n'ont absolument rien de religieux en réalité. Ainsi, il est des sociologues qui prétendent, par exemple, que « ce qui caractérise les phénomènes religieux, c'est leur force obligatoire »[3]. Il y aurait lieu de remarquer que ce caractère obligatoire est loin d'appartenir au même degré à tout ce qui est également religieux, qu'il peut varier d'intensité, soit pour des pratiques et des croyances diverses à l'intérieur d'une même religion, soit généralement d'une religion à une autre ; mais, en admettant même qu'il soit plus ou moins commun à tous les faits religieux, il est fort loin de leur être propre, et la logique la plus élémentaire enseigne qu'une définition doit convenir, non seulement « à tout le défini », mais aussi « au seul défini ». En fait, l'obligation, imposée plus ou moins strictement par une autorité ou un pouvoir d'une nature quelconque, est un élément qui se retrouve de façon à peu près constante dans tout ce qui est institutions sociales proprement dites ; en particulier, y a-t-il rien qui se pose comme plus rigoureusement obligatoire que la légalité ? D'ailleurs, que la législation se rattache directement à la religion comme dans l'Islam, ou qu'elle en soit au contraire entièrement séparée et indépendante comme dans les États européens actuels, elle a tout autant ce caractère d'obligation dans un cas que dans l'autre, et elle l'a toujours nécessairement, tout

---

[3] E. Durkheim, *De la définition des phénomènes religieux*.

simplement parce que c'est là une condition de possibilité pour n'importe quelle forme d'organisation sociale ; qui donc oserait soutenir sérieusement que les institutions juridiques de l'Europe moderne sont revêtues d'un caractère religieux ? Une telle supposition est manifestement ridicule, et, si nous nous y attardons un peu plus qu'il ne conviendrait peut-être, c'est qu'il s'agit ici de théories qui ont acquis, dans certains milieux, une influence aussi considérable que peu justifiée. Pour en finir sur ce point, ce n'est pas seulement dans les sociétés qu'on est convenu d'appeler « primitives », à tort selon nous, que « tous les phénomènes sociaux ont le même caractère contraignant », à un degré ou à un autre, constatation qui oblige nos sociologues, parlant de ces sociétés soi-disant « primitives » dont ils aiment d'autant plus à invoquer le témoignage que le contrôle en est plus difficile, à avouer que « la religion y est tout, à moins qu'on ne préfère dire qu'elle n'y est rien » [4] ! Il est vrai qu'ils ajoutent aussitôt, pour cette seconde alternative qui nous semble bien être la bonne, cette restriction : « si on veut la considérer comme une fonction spéciale » ; mais précisément, si ce n'est pas une « fonction spéciale », ce n'est plus du tout la religion.

Mais nous n'en avons pas encore terminé avec toutes les fantaisies des sociologues : une autre théorie qui leur est chère consiste à dire que la religion se caractérise essentiellement par la présence d'un élément rituel ; autrement dit, partout où l'on constate l'existence de rites quelconques, on doit en conclure, sans autre examen, qu'on se trouve par là même en présence de phénomènes religieux. Certes, il se rencontre un élément rituel en toute religion, mais cet élément n'est pas suffisant, à lui seul, pour caractériser la religion comme telle ; ici

---

[4] E. DOUTTÉ, *Magie et religion dans l'Afrique du Nord*, Introduction, p. 7.

comme tout à l'heure, la définition proposée est beaucoup trop large, parce qu'il y a des rites qui ne sont nullement religieux, et il y en a même de plusieurs sortes. Il y a, en premier lieu, des rites qui ont un caractère purement et exclusivement social, civil si l'on veut : ce cas aurait dû se rencontrer dans la civilisation gréco-romaine, s'il n'y avait eu alors les confusions dont nous avons parlé ; il existe actuellement dans la civilisation chinoise, où il n'y a aucune confusion du même genre, et où les cérémonies du Confucianisme sont effectivement des rites sociaux, sans le moindre caractère religieux : ce n'est qu'à ce titre qu'elles sont l'objet d'une reconnaissance officielle, qui, en Chine, serait inconcevable dans toute autre condition. C'est ce qu'avaient fort bien compris les Jésuites établis en Chine au XVIIe siècle, qui trouvaient tout naturel de participer à ces cérémonies, et qui n'y voyaient rien d'incomparable avec le Christianisme, en quoi ils avaient grandement raison, car le Confucianisme, se plaçant entièrement en dehors du domaine religieux, et ne faisant intervenir que ce qui peut et doit normalement être admis par tous les membres du corps social sans aucune distinction, est dès lors parfaitement conciliable avec une religion quelconque, aussi bien qu'avec l'absence de toute religion. Les sociologues contemporains commettent exactement la même méprise que commirent jadis les adversaires des Jésuites, lorsqu'ils les accusèrent de s'être soumis aux pratiques d'une religion étrangère au Christianisme : ayant vu qu'il y avait là des rites, ils avaient pensé tout naturellement que ces rites devaient, comme ceux qu'ils étaient habitués à envisager dans le milieu européen, être de nature religieuse. La civilisation extrême-orientale nous servira encore d'exemple pour un tout autre genre de rites non religieux : en effet, le Taoïsme, qui est, nous l'avons dit, une doctrine purement métaphysique, possède aussi certains rites qui lui sont propres ; c'est donc qu'il existe, si étrange et si incompréhensible même que cela puisse sembler à des Occidentaux, des rites qui ont un caractère et une portée essentiellement métaphysiques. Ne voulant pas y insister davantage pour le moment, nous ajouterons simplement que, sans aller aussi loin que la Chine ou l'Inde, on pourrait trouver de tels rites dans certaines branches de l'Islam, si celui-ci ne demeurait pas à peu près aussi fermé aux Européens, et beaucoup par leur faute, que tout le reste de l'Orient, Après tout, les sociologues sont encore excusables de se tromper sur des choses qui leur sont complètement étrangères, et ils pourraient, avec quelque apparence de raison, croire que tout rite est d'essence religieuse, si du moins le monde occidental, sur lequel ils devraient être mieux informés, ne leur en présentait vraiment que de semblables ; mais nous nous permettrions volontiers de leur demander si, par exemple, les rites maçonniques, dont nous n'entendons d'ailleurs point rechercher ici la véritable nature, possèdent, par le fait même qu'ils sont bien effectivement des rites, un caractère religieux à quelque degré que ce soit.

Pendant que nous sommes sur ce sujet, nous en profiterons encore pour signaler que l'absence totale du point de vue religieux chez les Chinois a pu donner lieu à une autre méprise, mais qui est inverse de la précédente, et qui est due cette fois à une incompréhension réciproque. Le Chinois, qui a, en quelque sorte par nature, le plus grand respect pour tout ce qui est d'ordre traditionnel, adoptera volontiers, lorsqu'il se trouvera transporté dans un autre milieu, ce qui lui paraîtra en constituer la tradition ; or, en Occident, la religion seule présentant ce caractère, il pourra l'adopter ainsi, mais d'une façon toute superficielle et passagère. Retourné dans son pays d'origine, qu'il n'a jamais abandonné d'une façon définitive, car la « solidarité de la race » est bien trop puissante pour le lui permettre, ce même Chinois ne se préoccupera plus le moins du monde de la religion dont il avait temporairement suivi les usages ; c'est que cette religion, qui est telle pour les autres, lui-même ne l'a jamais conçue en mode religieux, ce mode étant étranger à sa mentalité, et d'ailleurs, comme il n'a rien rencontré en Occident qui ait un caractère tant soit peu métaphysique, elle ne pouvait être à ses yeux que l'équivalent plus ou moins exact d'une tradition d'ordre purement social, à l'instar du Confucianisme. Les Européens auraient donc le plus grand tort de taxer une telle attitude d'hypocrisie, comme il leur arrive de le faire ; elle n'est pour le Chinois qu'une simple affaire de politesse, car, suivant l'idée qu'il s'en fait, la politesse veut que l'on se conforme autant que possible aux coutumes du pays dans lequel on vit, et les Jésuites du XVIIe siècle étaient strictement en règle avec elle lorsque, vivant en Chine, ils prenaient rang dans la hiérarchie officielle des lettrés et rendaient aux Ancêtres et aux Sages les honneurs rituels qui leur sont dus.

Dans le même ordre d'idées, un autre fait intéressant à noter est que, au Japon, le Shintoïsme a, dans une certaine mesure, le même caractère et le même rôle que le Confucianisme en Chine ; bien qu'il ait aussi d'autres aspects moins nettement définis, il est avant tout une institution cérémonielle de l'État, et ses fonctionnaires, qui ne sont point des « prêtres », sont entièrement libres de prendre telle religion qu'il leur plaît ou de n'en prendre aucune. Il nous souvient d'avoir lu à ce propos, dans un manuel d'histoire des religions, celte réflexion singulière que, « au Japon pas plus qu'en Chine, la foi aux doctrines d'une religion n'exclut pas le moins du monde la foi aux doctrines d'une autre religion » [5] ; en réalité, des doctrines différentes ne peuvent être compatibles qu'à la condition de ne pas se placer sur le même terrain, ce qui est en effet le cas, et cela devrait suffire à prouver

---

[5] *Christus*, ch. V, p. 193.

qu'il ne peut nullement s'agir ici de religion. En fait, en dehors du cas d'importations étrangères qui n'ont pu avoir une influence bien profonde ni bien étendue, le point de vue religieux est tout aussi inconnu aux Japonais qu'aux Chinois ; c'est même un des rares traits communs que l'on puisse observer dans la mentalité de ces deux peuples.

Jusqu'ici, nous n'avons en somme traité que d'une façon négative la question que nous avions posée, car nous avons surtout montré l'insuffisance de certaines définitions, insuffisance qui va jusqu'à entraîner leur fausseté ; nous devons maintenant indiquer, sinon une définition à proprement parler du moins une conception positive de ce qui constitue vraiment la religion. Nous dirons que la religion comporte essentiellement lu réunion de trois éléments d'ordres divers : un dogme, une morale, un culte ; partout où l'un quelconque de ces éléments viendra à manquer, on n'aura plus affaire à une religion au sens propre de ce mot. Nous ajouterons tout de suite que le premier élément forme la partie intellectuelle de la religion, que le second forme sa partie sociale, et que le troisième, qui est l'élément rituel, participe à la fois de l'une et de l'autre ; mais ceci exige quelques explications. Le nom de dogme s'applique proprement à une doctrine religieuse ; sans rechercher davantage pour le moment quelles sont les caractéristiques spéciales d'une telle doctrine, nous pouvons dire que, bien qu'évidemment intellectuelle dans ce qu'elle a de plus profond, elle n'est pourtant pas d'ordre purement intellectuel ; et d'ailleurs, si elle l'était, elle serait métaphysique et non plus religieuse. Il faut donc que cette doctrine, pour prendre la forme particulière qui convient à son point de vue, subisse l'influence d'éléments extra-intellectuels, qui sont, pour la plus grande part, de l'ordre sentimental ; le mot même de « croyances », qui sert communément à désigner les conceptions religieuses, marque bien ce caractère, car c'est une remarque psychologique élémentaire que la croyance, entendue dans son acception la plus précise, et en tant qu'elle s'oppose à la certitude qui est tout intellectuelle, est un phénomène où la sentimentalité joue un rôle essentiel, une sorte d'inclination ou de sympathie pour une idée, ce qui, d'ailleurs, suppose nécessairement que cette idée est elle-même conçue avec une nuance sentimentale plus ou moins prononcée. Le même facteur sentimental, secondaire dans la doctrine, devient prépondérant, et même à peu près exclusif, dans la morale, dont la dépendance de principe à l'égard du dogme est une affirmation surtout théorique : cette morale, dont la raison d'être ne peut être que purement sociale, pourrait être regardée comme une sorte de législation, la seule qui demeure du ressort delà religion là où les institutions civiles en sont indépendantes. Enfin, les rites dont l'ensemble constitue le culte ont un caractère intellectuel en tant qu'on les regarde comme une expression symbolique et sensible de la doctrine et un caractère social en tant qu'on les regarde comme des « pratiques », demandant, d'une façon qui peut être plus ou moins obligatoire, la participation de tous les membres de la communauté religieuse. Le nom de culte devrait proprement être réservé aux rites religieux ; cependant, en fait, on l'emploie aussi couramment, mais quelque peu abusivement, pour désigner d'autres rites, des rites purement sociaux par exemple, comme lorsqu'on parle du « culte des ancêtres » en Chine. Il est à remarquer que, dans une religion où l'élément social et sentimental l'emporte sur l'élément intellectuel, la part du dogme et celle du culte se réduisent simultanément de plus en plus, de sorte qu'une telle religion tend à dégénérer en un « moralisme » pur et simple, comme on en voit un exemple très net dans le cas du Protestantisme ; à la limite, qu'a presque atteinte actuellement un certain « Protestantisme libéral », ce qui reste n'est plus du tout une religion, n'en ayant gardé qu'une seule des parties essentielles, mais c'est tout simplement une sorte de pensée philosophique spéciale. Il importe de préciser, en effet, que la morale peut être conçue de deux façons très différentes : soit en mode religieux, quand elle est rattachée en principe à un dogme auquel elle se subordonne, soit en mode philosophique, quand elle en est regardée comme indépendante ; nous reviendrons plus loin sur cette seconde forme.

On peut comprendre maintenant pourquoi nous disions précédemment qu'il est difficile d'appliquer rigoureusement le terme de religion en dehors de l'ensemble formé par le Judaïsme, le Christianisme et islamisme, ce qui confirme la provenance spécifiquement judaïque de la conception que ce mot exprime actuellement. C'est que, partout ailleurs, les trois parties que nous venons de caractériser ne se trouvent pas réunies dans line même conception traditionnelle ; ainsi, en Chine, nous voyons le point de vue intellectuel et le point de vue social, d'ailleurs représentés par deux corps de tradition distincts, mais le point de vue moral est totalement absent, même de la tradition sociale. Dans l'Inde également, c'est ce même point de vue moral qui fait défaut : si la législation n'y est point religieuse comme dans l'Islam, c'est qu'elle est entièrement dépourvue dv l'élément sentimental qui peut seul lui imprimer le caractère spécial de moralité ; quant à la doctrine, elle est purement intellectuelle, c'est-à-dire métaphysique, sans aucune trace non plus de cette forme sentimentale qui serait nécessaire pour lui donner le caractère d'un dogme religieux, et sans laquelle le rattachement d'une morale à un principe doctrinal est d'ailleurs tout à fait inconcevable. On peut dire que le point de vue moral et le point de vue religieux lui-même supposent essentielle ment une certaine sentimentalité, qui est en effet développée surtout chez les Occidentaux, au détriment de l'intellectualité. Il y a donc là quelque chose de vraiment spécial aux Occidentaux, auxquels il faudrait joindre ici les Musulmans, mais encore, sans même parler de l'aspect extra-religieux de la doctrine de ces derniers, avec cette grande différence que pour eux, la morale, maintenue à son rang secondaire, n'a jamais pu être envisagée comme existant pour elle-même ; la mentalité musulmane ne saurait admettre l'idée d'une « morale indépendante », c'est-à-dire philosophique, idée qui se rencontra autrefois chez les Grecs et les Romains, et qui est de nouveau fort répandue en Occident à l'époque actuelle.

Une dernière observation est indispensable ici : nous n'admettons pas du tout, comme les sociologues dont nous parlions plus haut, que la religion soit purement et simplement un fait social ; nous disons seulement qu'elle a un élément constitutif qui est d'ordre social, ce qui, évidemment, n'est pas du tout la même chose, puisque cet élément est normalement secondaire par rapport à la doctrine, qui est d'un tout autre ordre, de sorte que la religion, tout en étant sociale par un certain côté, est en même temps quelque chose de plus. D'ailleurs, en fait, il y a des cas où tout ce qui est de l'ordre social se trouve rattaché et comme suspendu à la religion : c'est le cas de l'Islamisme, comme nous avons déjà eu l'occasion de le dire, et aussi du Judaïsme, dans lequel la législation n'est pas moins essentiellement religieuse, mais avec cette particularité de n'être applicable qu'à un peuple déterminé ; c'est également le cas d'une conception du Christianisme que nous pourrions appeler « intégrale », et qui a eu jadis une réalisation effective. L'opinion sociologique ne correspond qu'à l'état actuel de l'Europe, et encore en faisant abstraction des considérations doctrinales, qui pourtant n'ont réellement perdu de leur importance primordiale que chez les peuples protestants ; chose assez curieuse, elle pourrait servir à justifier la conception d'une religion d'État », c'est-à-dire, au fond, d'une religion qui est plus ou moins complètement la chose de l'État, et qui, comme telle, risque fort d'être réduite à un rôle d'instrument politique ; conception qui, à quelques égards, nous ramène à celle de la religion gréco-romaine, ainsi que nous l'indiquions plus haut. Cette idée apparaît comme diamétralement opposée à celle de la « Chrétienté » : celle-ci, antérieure aux nationalités, ne pourrait subsister ou se rétablir après leur constitution qu'à la condition d'être essentiellement « supernationale » ; au contraire, la « religion d'État » est toujours regardée en fait, sinon en droit, comme nationale, qu'elle soit entièrement indépendante ou qu'elle admette un rattachement à d'autres institutions similaires par une sorte de lien fédératif, qui ne laisse en tout cas à l'autorité supérieure et centrale qu'une puissance considérablement amoindrie. La première de ces deux conceptions, celle de la « Chrétienté », est éminemment celle d'un « Catholicisme » au sens étymologique du mot ; la seconde, celle d'une « religion d'État », trouve logiquement son expression, suivant les cas, soit dans un Gallicanisme à la manière de Louis XIV, soit dans l'Anglicanisme ou dans certaines formes de la religion protestante, à laquelle, en général, cet abaissement ne semble point répugner. Ajoutons pour terminer que, de ces deux façons occidentales d'envisager la religion, la première est la seule qui soit capable de présenter, avec les particularités propres au mode religieux, les caractères d'une véritable tradition telle que la conçoit, sans aucune exception, la mentalité orientale.

Chapitre V

CARACTÈRES ESSENTIELS DE LA MÉTAPHYSIQUE

Tandis que le point de vue religieux implique essentiellement l'intervention d'un élément d'ordre sentimental, le point de vue métaphysique est exclusivement intellectuel ; mais cela, bien qu'ayant pour nous une signification très nette, pourrait sembler à beaucoup ne caractériser qu'insuffisamment ce dernier point de vue, peu familier aux Occidentaux, si nous n'avions soin d'y apporter d'autres précisions, La science et la philosophie, en effet, telles qu'elles existent dans le monde occidental, ont aussi des prétentions à l'intellectualité ; si nous n'admettons point que ces prétentions soient fondées, et si nous maintenons qu'il y a une différence des plus profondes entre toutes les spéculations de ce genre et la métaphysique, c'est que l'intellectualité pure, au sens où nous l'envisageons, est autre chose que ce qu'on entend ordinairement par là d'une façon plus ou moins vague.

Nous devons déclarer tout d'abord que, quand nous employons le terme de « métaphysique » comme nous le faisons, peu nous importe son origine historique, qui est quelque peu douteuse, et qui serait purement fortuite s'il fallait admettre l'opinion, d'ailleurs assez peu vraisemblable à nos yeux, d'après laquelle il aurait servi tout d'abord à désigner simplement ce qui venait « après la physique » dans la collection des œuvres d'Aristote. Nous n'avons pas davantage à nous préoccuper des acceptions diverses et plus ou moins abusives que certains ont pu juger bon d'attribuer à ce mot à une époque ou à une autre ; ce ne sont point là des motifs suffisants pour nous le faire abandonner, car, tel qu'il est, il est trop bien approprié à ce qu'il doit normalement désigner, autant du moins que peut l'être un terme emprunté aux langues occidentales. En effet, son sens le plus naturel, même étymologiquement, est celui suivant lequel il désigne ce qui est « au-delà de la physique », en entendant d'ailleurs ici par « physique », comme le faisaient toujours les anciens, l'ensemble de toutes les sciences de la nature, envisagé d'une façon tout à fait générale, et non pas simplement une de ces sciences en particulier, selon l'acception restreinte qui est propre aux modernes. C'est donc avec cette interprétation que nous prenons ce terme de métaphysique, et il doit être bien entendu une fois pour toutes que, si nous y tenons, c'est uniquement pour la raison que nous venons d'indiquer, et parce que nous estimons qu'il est toujours fâcheux d'avoir recours à des néologismes en dehors des cas de nécessité absolue.

Nous dirons maintenant que la métaphysique, ainsi comprise, est essentiellement la connaissance de l'universel, ou, si l'on veut, des principes d'ordre universel, auxquels seuls convient d'ailleurs proprement ce nom de principes ; mais nous ne voulons pas donner vraiment par là une définition de la métaphysique, ce qui est rigoureusement impossible, en raison de cette universalité même que nous regardons comme le premier de ses caractères, celui dont dérivent tous les autres. En réalité, ne peut être défini que ce qui est limité, et la métaphysique est au contraire, dans son essence même, absolument illimitée, ce qui, évidemment, ne nous permet pas d'en enfermer la notion dans une formule plus ou moins étroite ; une définition serait ici d'autant plus inexacte qu'on s'efforcerait de la rendre plus précise.

Il importe de remarquer que nous avons dit connaissance et non pas science ; notre intention, en cela, est de marquer la distinction profonde qu'il faut nécessairement établir entre la métaphysique, d'une part, et, d'autre part, les diverses sciences au sens propre de ce mot, c'est-à-dire toutes les sciences particulières et spécialisées, qui ont pour objet tel ou tel aspect déterminé des choses individuelles. C'est donc là, au fond, la distinction même de l'universel et de l'individuel, distinction qui ne doit pas être prise pour une opposition, car il n'y a entre ses deux termes aucune commune mesure ni aucune relation de symétrie ou de coordination possible. D'ailleurs, il ne saurait y avoir d'opposition ou de conflit d'aucune sorte entre la métaphysique et les sciences, précisément parce que leurs domaines respectifs sont, profondément séparés ; et il en est exactement de même, du reste, à l'égard de la religion. Il faut bien comprendre, toutefois, que la séparation dont il s'agit ne porte pas tant sur les choses elles-mêmes que sur les points de vue sous lesquels nous envisageons les choses ; et ceci est particulièrement important pour ce que nous aurons à dire plus spécialement sur la façon dont doivent être conçus les rapports qu'ont entre elles les différentes branches de la doctrine hindoue. Il est facile de se rendre compte qu'un même objet peut être étudié par diverses sciences sous des aspects différents ; de même, tout ce que nous considérons sous certains points de vue individuels et spéciaux peut être également, par une transposition convenable, considéré au point de vue universel, qui n'est d'ailleurs aucun point de vue spécial, aussi bien que peut l'être ce qui n'est pas susceptible d'être envisagé d'autre part en mode individuel. De cette façon, on peut dire que le domaine de la métaphysique comprend tout, ce qui est nécessaire pour qu'elle soit vraiment universelle, comme elle doit l'être essentiellement ; et les domaines propres des différentes sciences n'en restent pas moins distincts pour cela de celui de la métaphysique, car celle-ci, ne se plaçant pas sur le même terrain que les sciences particulières, n'est à aucun degré leur analogue, de telle sorte qu'il ne peut jamais y avoir lieu d'établir aucune comparaison entre les résultats de l'une et ceux des autres. D'un autre côté, le domaine de la métaphysique n'est nullement, comme le pensent certains philosophes qui ne savent guère de quoi il s'agit ici, ce que les diverses sciences peuvent laisser en dehors d'elles parce que leur développement actuel est plus ou moins incomplet, mais bien ce qui, par sa nature même, échappe à l'atteinte de ces sciences et dépasse immensément la portée à laquelle elles peuvent légitimement prétendre. Le domaine de toute science relève toujours de l'expérience, dans l'une quelconque de ses modalités diverses, tandis que celui de la métaphysique est essentiellement constitué par ce dont il n'y a aucune expérience possible : étant « au-delà de la physique », nous sommes aussi, et par là même, au-delà de l'expérience. Par suite, le domaine de chaque science particulière peut s'étendre indéfiniment, s'il en est susceptible, sans jamais arriver à avoir même le moindre point de contact avec celui de la métaphysique.

La conséquence immédiate de ce qui précède, c'est que, quand on parle de l'objet de la métaphysique, on ne doit pas avoir en vue quelque chose de plus ou moins analogue à ce que peut être l'objet spécial de telle ou telle science. C'est aussi que cet objet doit toujours être absolument le même, qu'il ne peut être à aucun degré quelque chose de changeant et de soumis aux influences des temps et des lieux ; le contingent, l'accidentel, le variable, appartiennent en propre au domaine de l'individuel, ils sont même des caractères qui conditionnent nécessairement les choses individuelles comme telles, ou, pour parler d'une façon encore plus rigoureuse, l'aspect individuel des choses avec ses modalités multiples. Donc, quand il s'agit de métaphysique, ce qui peut changer avec les temps et les lieux, ce sont seulement les modes d'exposition, c'est-à-dire les formes plus ou moins extérieures dont la métaphysique peut être revêtue, et qui sont susceptibles d'adaptations diverses, et c'est aussi, évidemment, l'état de connaissance ou d'ignorance des hommes, ou du moins de la généralité d'entre eux, à l'égard de la métaphysique véritable ; mais celle-ci reste toujours, au fond, parfaitement identique à elle-même, car son objet est essentiellement un, ou plus exactement « sans dualité », comme le disent les Hindous, et cet objet, toujours par là même qu'il est « au-delà de la nature », est aussi au-delà du changement : c'est ce que les Arabes expriment en disant que « la doctrine de l'Unité est unique ». Allant encore plus loin dans l'ordre des conséquences, nous pouvons ajouter qu'il n'y a absolument pas de découvertes possibles en métaphysique, car, dès lors qu'il s'agit d'un mode de connaissance qui n'a recours à l'emploi d'aucun moyen spécial et extérieur d'investigation, tout ce qui est susceptible d'être connu peut l'avoir été également par certains hommes à toutes les époques ; et c'est bien là, effectivement, ce qui ressort d'un examen profond des doctrines métaphysiques traditionnelles. D'ailleurs, alors même qu'on admettrait que les idées d'évolution et de progrès peuvent avoir une certaine valeur relative en biologie et en sociologie, ce qui est fort loin d'être prouvé, il n'en serait pas moins certain qu'elles n'ont aucune application possible par rapport à la métaphysique ; aussi ces idées sont-elles complètement étrangères aux Orientaux, comme elles le furent du reste, jusque vers la fin du XVIIIe siècle, aux Occidentaux eux-mêmes, qui les croient aujourd'hui des éléments essentiels à l'esprit humain. Ceci implique, notons-le bien, la condamnation formelle de toute tentative d'application de la « méthode historique » à ce qui est d'ordre, métaphysique : en effet, le point de vue métaphysique lui-même s'oppose radicalement au point de vue historique, ou soi-disant tel, et il faut voir dans cette opposition, non pas seulement une question de méthode, mais aussi et surtout, ce qui est beaucoup plus grave, une véritable question de principe, parce que le point de vue métaphysique, dans son immutabilité essentielle, est la négation même des idées d'évolution et de progrès ; aussi pourrait-on dire que la métaphysique ne peut s'étudier que métaphysiquement. Il n'y a pas à tenir compte ici de contingences telles que des influences individuelles, qui, rigoureusement, n'existent pas à cet égard et ne peuvent pas s'exercer sur la doctrine, puisque celle-ci, étant d'ordre universel, donc essentiellement supra-individuel, échappe nécessairement à leur action ; même les circonstances de temps et de lieux ne peuvent, nous y insistons encore, influer que sur l'expression extérieure, et nullement sur l'essence même de la doctrine ; et enfin, en métaphysique, il ne s'agit point, comme dans l'ordre du relatif et du contingent, de « croyances » ou d'« opinions » plus ou moins variables et changeantes, parce que plus on moins douteuses, mais exclusivement de certitude permanente et immuable.

En effet, par là même que la métaphysique ne participe aucunement de la relativité des sciences, elle doit impliquer la certitude absolue comme caractère intrinsèque, et cela d'abord par son objet, mais aussi par sa méthode, si toutefois ce mot peut encore s'appliquer ici, sans quoi cette méthode, ou de quelque autre nom qu'on veuille l'appeler, ne serait pas adéquate à l'objet. La métaphysique exclut donc nécessairement toute conception d'un caractère hypothétique, d'où il résulte que les vérités métaphysiques, en elles-mêmes, ne sauraient être aucunement contestables ; par suite, s'il peut y avoir lieu parfois à discussion et à controverse, ce ne sera jamais que par l'effet d'une exposition défectueuse ou d'une compréhension imparfaite de ces vérités. D'ailleurs, toute exposition possible est ici nécessairement défectueuse, parce que les conceptions métaphysiques, par leur nature universelle, ne sont jamais totalement exprimables, ni même imaginables, ne pouvant être atteintes dans leur essence que par l'intelligence pure et « informelle » ; elles dépassent immensément toutes les formes possibles, et spécialement les formules où le langage voudrait les enfermer, formules toujours inadéquates qui tendent à les restreindre, et par là à les dénaturer. Ces formules, comme tous les symboles, ne peuvent que servir de point de départ, de « support » pour ainsi dire, pour aider à concevoir ce qui demeure inexprimable en soi, et c'est à chacun de s'efforcer de le concevoir effectivement selon la mesure de sa propre capacité intellectuelle, suppléant ainsi, dans cette même mesure précisément, aux imperfections fatales de l'expression formelle et limitée ; il est d'ailleurs évident que ces imperfections atteindront leur maximum lorsque l'expression devra se faire dans des langues qui, comme les langues européennes, surtout modernes, semblent aussi peu faites que possible pour se prêter à l'exposition des vérités métaphysiques. Comme nous le disions plus haut, justement à propos des difficultés de traduction et d'adaptation, la métaphysique, parce qu'elle s'ouvre sur des possibilités illimitées, doit toujours réserver la part de l'inexprimable, qui, au fond, est même pour elle tout l'essentiel.

Cette connaissance d'ordre universel doit être au-delà de toutes les distinctions qui conditionnent la connaissance des choses individuelles, et dont celle du sujet et de l'objet est le type général et fondamental ; ceci montre encore que l'objet de la métaphysique n'est rien de comparable à l'objet spécial de n'importe quel autre genre de connaissance, et qu'il ne peut même être appelé objet que dans un sens purement analogique, parce qu'on est bien forcé, pour pouvoir en parler, de lui attribuer une dénomination quelconque. De même, si l'on veut parler du moyen de la connaissance métaphysique, ce moyen ne pourra faire qu'un avec la connaissance même, en laquelle le sujet et l'objet sont essentiellement unifiés ; c'est dire que ce moyen, si toutefois il est permis de l'appeler ainsi, ne peut être rien de tel que l'exercice d'une faculté discursive comme la raison humaine individuelle. Il s'agit, nous l'avons dit, de l'ordre supra-individuel, et, par conséquent, supra-rationnel, ce qui ne veut nullement dire irrationnel : la métaphysique ne saurait être contraire à la raison, mais elle est au-dessus de la raison, qui ne peut intervenir là que d'une façon toute secondaire, pour la formulation et l'expression extérieure de ces vérités qui dépassent son domaine et sa portée. Les vérités métaphysiques ne peuvent être conçues que par une faculté qui n'est plus de l'ordre individuel, et que le caractère immédiat de son opération permet d'appeler intuitive, mais, bien entendu, à la condition d'ajouter qu'elle n'a absolument rien de commun avec ce que certains philosophes contemporains appellent intuition, faculté purement sensitive et vitale qui est proprement au-dessous de la raison, et non plus au-dessus d'elle. Il faut donc, pour plus de précision, dire que la faculté dont nous parlons ici est l'intuition intellectuelle, dont la philosophie moderne a nié l'existence parce qu'elle ne la comprenait pas, à moins qu'elle n'ait préféré l'ignorer purement et simplement ; on peut encore la désigner comme l'intellect pur, suivant en cela l'exemple d'Aristote et de ses continuateurs scolastiques, pour qui l'intellect est en effet ce qui possède immédiatement la connaissance des principes. Aristote déclare expressément [6] que « l'intellect est plus vrai que la science », c'est-à-dire en somme que la raison qui construit la science, mais que « rien n'est plus vrai que l'intellect », car il est nécessairement infaillible par là même que son opération est immédiate, et, n'étant

---

[6] *Derniers Analytiques*, livre II.

point réellement distinct de son objet, il ne fait qu'un avec la vérité même, Tel est le fondement essentiel de la certitude métaphysique ; et l'on voit par là que l'erreur ne peut s'introduire qu'avec l'usage de la raison, c'est-à-dire dans la formulation des vérités conçues par l'intellect, et cela parce que la raison est évidemment faillible par suite de son caractère discursif et médiat. D'ailleurs, toute expression étant nécessairement imparfaite et limitée, l'erreur y est dès lors inévitable quant à la forme, sinon quant au fond : si rigoureuse qu'on veuille rendre l'expression, ce qu'elle laisse en dehors d'elle est toujours beaucoup plus que ce qu'elle peut enfermer ; mais une telle erreur peut n'avoir rien de positif comme telle et n'être en somme qu'une moindre vérité, résidant seulement dans une formation partielle et incomplète de la vérité totale.

On peut maintenant se rendre compte de ce qu'est, dans son sens le plus profond, la distinction de la connaissance métaphysique et de la connaissance scientifique : la première relève de l'intellect pur, qui a pour domaine l'universel ; la seconde relève de la raison, qui a pour domaine le général, car, comme l'a dit Aristote, « il n'y a de science que du général ». Il ne faut donc aucunement confondre l'universel et le général, comme cela arrive trop souvent aux logiciens occidentaux, qui d'ailleurs ne s'élèvent jamais réellement au-dessus du général, même quand ils lui donnent abusivement le nom d'universel. Le point de vue des sciences, avons-nous dit, est d'ordre individuel ; c'est que le général ne s'oppose point à l'individuel, mais seulement au particulier, et il est, en réalité, de l'individuel étendu ; mais l'individuel peut recevoir une extension, même indéfinie, sans perdre pour cela sa nature et sans sortir de ses conditions restrictives et limitatives, et c'est pourquoi nous disons que la science pourrait s'étendre indéfiniment sans jamais rejoindre la métaphysique, dont elle demeurera toujours aussi profondément séparée, parce qu'il n'y a que la métaphysique qui soit la connaissance de l'universel.

Nous pensons avoir maintenant suffisamment caractérisé la métaphysique, et nous ne pourrions guère faire plus sans entrer dans l'exposition de la doctrine même, qui ne saurait trouver place ici ; d'ailleurs, ces données seront complétées dans les chapitres suivants, et particulièrement quand nous parlerons de la distinction de la métaphysique et de ce qu'on appelle généralement du nom de philosophie dans l'Occident moderne. Toul ce que nous venons de dire est applicable, sans aucune restriction, à n'importe laquelle des doctrines traditionnelles de l'Orient, malgré de grandes différences de forme qui peuvent dissimuler l'identité du fond à un observateur superficiel : cette conception de la métaphysique est vraie à la fois du Taoïsme, de la doctrine hindoue, et aussi de l'aspect profond et extra-religieux de l'Islamisme. Maintenant, y a-t-il rien de tel dans le monde occidental ? À ne considérer que ce qui existe actuellement, on ne pourrait assurément donner à cette question qu'une réponse négative, car ce que la pensée philosophique moderne se plaît parfois à décorer du nom de métaphysique ne correspond à aucun degré à la conception que nous avons exposée ; nous aurons d'ailleurs à revenir sur ce point. Cependant, ce que nous avons indiqué à propos d'Aristote et de la doctrine scolastique montre que, du moins, il y a eu là vraiment de la métaphysique dans une certaine mesure, sinon la métaphysique totale ; et, malgré cette réserve nécessaire, c'était là quelque chose dont la mentalité moderne n'offre plus le moindre équivalent, et dont la compréhension lui semble interdite. D'autre part, si la réserve que nous venons de faire s'impose, c'est qu'il y a, comme nous le disions précédemment, des limitations qui paraissent véritablement inhérentes à toute l'intellectualité occidentale, au moins à partir de l'antiquité classique ; et nous avons noté, à cet égard, que les Grecs n'avaient point l'idée de l'Infini. Du reste, pourquoi les Occidentaux modernes, quand ils croient penser à l'Infini, se représentent-ils presque toujours un espace, qui ne saurait être qu'indéfini, et pourquoi confondent-ils invinciblement l'éternité, qui réside essentiellement dans le « non-temps », si l'on peut s'exprimer ainsi, avec la perpétuité, qui n'est qu'une extension indéfinie du temps, alors que de semblables méprises n'arrivent point aux Orientaux ? C'est que la mentalité occidentale, tournée à peu près exclusivement vers les choses sensibles, fait une confusion constante entre concevoir et imaginer, à tel point que ce qui n'est susceptible d'aucune représentation sensible lui paraît véritablement impensable par là même ; et, chez les Grecs déjà, les facultés imaginatives étaient prépondérantes. C'est là, évidemment, tout le contraire de la pensée pure ; dans ces conditions, il ne saurait y avoir d'intellectualité au sens vrai de ce mot, ni, par conséquent, de métaphysique possible. Si l'on ajoute encore à ces considérations une autre confusion ordinaire, celle du rationnel et de l'intellectuel, on s'aperçoit que la prétendue intellectualité occidentale n'est en réalité, surtout chez les modernes, que l'exercice de ces facultés tout individuelles et formelles que sont la raison et l'imagination ; et l'on peut comprendre alors tout ce qui la sépare de l'intellectualité orientale, pour qui il n'est de connaissance vraie et valable que celle qui a sa racine profonde dans l'universel et dans l'informel.

Chapitre VI

RAPPORTS DE LA MÉTAPHYSIQUE ET DE LA THÉOLOGIE

La question que nous voulons envisager maintenant ne se pose pas en Orient, en raison de l'absence du point de vue proprement religieux, auquel la pensée théologique est naturellement inhérente ; du moins, elle ne pourrait guère se poser qu'en ce qui concerne l'Islam, où elle serait plus précisément la question des rapports qui doivent exister entre ses deux aspects essentiels, religieux et extra-religieux, que l'on pourrait justement appeler théologique et métaphysique. En Occident, c'est au contraire l'absence du point de vue métaphysique qui fait que la même question ne se pose généralement pas ; elle n'a pu se poser en fait que pour la doctrine scolastique, qui, en effet, était à la fois théologique et métaphysique, bien que, sous ce second aspect, sa portée fût restreinte, ainsi que nous l'avons indiqué ; mais il ne semble pas qu'une solution très nette y ait jamais été apportée. Il y a d'autant plus d'intérêt à traiter cette question d'une façon tout à fait générale, et ce qu'elle implique essentiellement est, au fond, une comparaison entre deux modes de pensée différents, la pensée métaphysique pure et la pensée spécifiquement religieuse.

Le point de vue métaphysique, avons-nous dit, est seul vraiment universel, donc illimité ; tout autre point de vue est, par conséquent, plus ou moins spécialisé et astreint, par sa nature propre, à certaines limitations. Nous avons déjà montré qu'il en est bien ainsi, notamment, du point de vue scientifique, et nous montrerons aussi qu'il en est de même des divers autres points de vue que l'on réunit d'ordinaire sous la dénomination commune et assez vague de philosophiques, et qui, d'ailleurs, ne diffèrent pas trop profondément du point de vue scientifique proprement dit, bien qu'ils se présentent avec des prétentions plus grandes et tout à fait injustifiées. Maintenant, cette limitation essentielle, qui est d'ailleurs évidemment susceptible d'être plus ou moins étroite, existe même pour le point de vue théologique ; en d'autres termes, celui-ci est aussi un point de vue spécial, bien que, naturellement, il ne le soit pas de la même façon que celui des sciences, ni dans des limites lui assignant une portée aussi restreinte ; mais c'est précisément parce que la théologie est, en un sens, plus près de la métaphysique que ne le sont les sciences, qu'il est plus délicat de l'en distinguer nettement, et que des confusions peuvent s'introduire plus facilement encore ici que partout ailleurs. Ces confusions n'ont pas manqué de se produire en fait, et elles ont pu aller jusqu'à un renversement des rapports qui devraient normalement exister entre la métaphysique et la théologie, puisque, même au moyen âge qui fut pourtant la seule époque où la civilisation occidentale reçut un développement vraiment intellectuel, il arriva que la métaphysique, d'ailleurs insuffisamment dégagée de diverses considérations d'ordre simplement philosophique, fut conçue comme dépendante à l'égard de la théologie ; et, s'il put en être ainsi, ce ne fut que parce que la métaphysique, telle que l'envisageait la doctrine scolastique, était demeurée incomplète, de sorte qu'on ne pouvait se rendre compte pleinement de son caractère d'universalité, impliquant l'absence de toute limitation, puisqu'on ne la concevait effectivement que dans certaines limites, et qu'on ne soupçonnait même pas qu'il y eût encore au-delà de ces limites une possibilité de conception. Cette remarque fournit une excuse suffisante à la méprise que l'on commit alors, et il est certain que les Grecs, même dans la mesure où ils firent de la métaphysique vraie, auraient pu se tromper exactement de la même manière, si toutefois il y avait eu chez eux quelque chose qui correspondît à ce qu'est la théologie dans les religions judéo-chrétiennes ; cela revient en somme à ce que nous avons déjà dit, que les Occidentaux, même ceux qui furent vraiment métaphysiciens jusqu'à un certain point, n'ont jamais connu la métaphysique totale. Peut-être y eut-il, cependant, des exceptions individuelles, car, ainsi que nous l'avons noté précédemment, rien ne s'oppose en principe à ce qu'il y ait, dans tous les temps et dans tous les pays, des hommes qui puissent atteindre la connaissance métaphysique complète ; et cela serait encore possible même dans le monde occidental actuel, bien que plus difficilement sans doute, en raison des tendances générales de la mentalité qui déterminent un milieu aussi défavorable que possible sous ce rapport. En tout cas, il convient d'ajouter que, s'il y eut de telles exceptions, il n'en existe aucun témoignage écrit, et qu'elles n'ont pas laissé de trace dans ce qui est habituellement connu, ce qui ne prouve d'ailleurs rien dans le sens négatif, et ce qui n'a même rien de surprenant, étant donné que, si des cas de ce genre se sont effectivement produits, ce ne put jamais être que grâce à des circonstances très particulières, sur la nature desquelles il ne nous est pas possible d'insister ici.

Pour revenir à la question même qui nous occupe présentement, nous rappellerons que nous avons déjà indiqué ce qui distingue, de la façon la plus essentielle, une doctrine métaphysique et un dogme religieux : c'est que, tandis que le point de vue métaphysique est purement intellectuel, le point de vue religieux implique, comme caractéristique fondamentale, la présence d'un élément sentimental qui influe sur la doctrine elle-même, et qui ne lui permet pas de conserver l'attitude d'une spéculation purement désintéressée ; c'est bien là, en effet, ce qui a lieu pour la théologie, quoique d'une façon plus ou moins marquée suivant que l'on envisage l'une ou l'autre des différentes branches en lesquelles elle peut être divisée. Ce caractère sentimental n'est nulle part plus accentué que dans la forme proprement « mystique » de la pensée religieuse ; et disons à ce propos que, contrairement à une opinion beaucoup trop répandue, le mysticisme, par là même qu'il ne saurait être conçu en dehors du point de vue religieux, est totalement inconnu en Orient. Nous n'entrerons pas ici dans de plus amples détails à cet égard, ce qui nous conduirait à des développements trop étendus ; dans la confusion si ordinaire que nous venons de signaler, et qui consiste à attribuer une interprétation mystique à des idées qui ne le sont nullement, on peut voir encore un exemple de la tendance habituelle aux Occidentaux, en vertu de laquelle ils veulent retrouver partout l'équivalent pur et simple des modes de pensée qui leur sont propres.

L'influence de l'élément sentimental porte évidemment atteinte à la pureté intellectuelle de la doctrine, et elle marque en somme, il faut bien le dire, une déchéance par rapport à la pensée métaphysique, déchéance qui, d'ailleurs, là où elle s'est produite principalement et généralement, c'est-à-dire dans le monde occidental, était en quelque sorte inévitable et même nécessaire en un sens, si la doctrine devait être adaptée à la mentalité des hommes à qui elle s'adressait spécialement, et chez qui la sentimentalité prédominait sur l'intelligence, prédominance qui a d'ailleurs atteint son plus haut point dans les temps modernes. Quoi qu'il en soit, il n'en est pas moins vrai que le sentiment n'est que relativité et contingence, et qu'une doctrine qui s'adresse à lui et sur laquelle il réagit ne peut être elle-même que relative et contingente ; et ceci peut s'observer particulièrement à l'égard du besoin de « consolations » auquel répond, pour une large part, le point de vue religieux. La vérité, en elle-même, n'a point à être consolante ; si quelqu'un la trouve telle, c'est tant mieux pour lui, certes, mais la consolation qu'il éprouve ne vient pas de la doctrine, elle ne vient que de lui-même et des dispositions particulières de sa propre sentimentalité. Au contraire, une doctrine qui s'adapte aux exigences de l'être sentimental, et qui doit donc se revêtir elle-même d'une forme sentimentale, ne peut plus être dès lors identifiée à la vérité absolue et totale ; l'altération profonde que produit en elle l'entrée d'un principe consolateur est corrélative d'une défaillance intellectuelle de la collectivité humaine à laquelle elle s'adresse, D'un autre côté, c'est de là que naît la diversité foncière des dogmes religieux, entraînant leur incompatibilité, car, au lieu que l'intelligence est une, et que la vérité, dans toute la mesure où elle est comprise, ne peut l'être que d'une façon, la sentimentalité est diverse, et la religion qui tend à la satisfaire devra s'efforcer de s'adapter formellement le mieux possible à ses modes multiples, qui sont différents et variables suivant les races et les époques. Cela ne veut point dire, d'ailleurs, que toutes les formes religieuses subissent à un degré équivalent, dans leur partie doctrinale, l'action dissolvante du sentimentalisme, ni la nécessité de changement qui lui est consécutive ; la comparaison du Catholicisme et du Protestantisme, par exemple, serait particulièrement instructive à cet égard.

Nous pouvons voir maintenant comment le point de vue théologique n'est qu'une particularisation du point de vue métaphysique, particularisation qui implique une altération proportionnelle ; il en est, si l'on veut, une application à des conditions contingentes, une adaptation dont le mode est déterminé par la nature des exigences auxquelles elle doit répondre, puisque ces exigences spéciales sont, après tout, son unique raison d'être. Il résulte de là que toute vérité théologique pourra, par une transposition la dégageant de sa forme spécifique, être ramenée à la vérité métaphysique correspondante, dont elle n'est qu'une sorte de traduction, mais sans qu'il y ait pour cela équivalence effective entre les deux ordres de conceptions : il faut se rappeler ici ce que nous disions plus haut, que tout ce qui peut être envisagé sous un point de vue individuel peut l'être aussi au point de vue universel, sans que ces deux points de vue soient pour cela moins profondément séparés. Si l'on considère ensuite les choses en sens inverse, il faudra dire que certaines vérités métaphysiques, mais non pas toutes, sont susceptibles d'être traduites en langage théologique, car il y a lieu de tenir compte cette fois de tout ce qui, ne pouvant être envisagé sous aucun point de vue individuel, est du ressort exclusif de la métaphysique : l'universel ne saurait s'enfermer tout entier dans un point de vue spécial, non plus que dans une forme quelconque, ce qui est d'ailleurs la même chose au fond. Même pour les vérités qui peuvent recevoir la traduction dont il s'agit, cette traduction, comme toute autre formulation, n'est jamais forcément qu'incomplète et partielle, et ce qu'elle laisse en dehors d'elle mesure précisément tout ce qui sépare le point de vue de la théologie de celui de la métaphysique pure. Ceci pourrait être appuyé par de nombreux exemples ; mais ces exemples eux-mêmes, pour être compris, présupposeraient des développements doctrinaux que nous ne saurions songer à entreprendre ici : telle serait, pour nous borner à citer un cas typique parmi bien d'autres, une comparaison instituée entre la conception métaphysique de la « délivrance » dans la doctrine hindoue et la conception théologique du « salut » dans les religions occidentales, conceptions essentiellement différentes, que l'incompréhension de quelques orientalistes a pu seule chercher à assimiler, d'une manière d'ailleurs purement verbale. Notons en passant, puisque l'occasion s'en présente ici, que des cas comme celui-là doivent servir encore à mettre en garde contre un autre danger très réel : si l'on affirme à un Hindou, à qui les conceptions occidentales sont d'ailleurs étrangères, que les Européens entendent par « salut » exactement ce que lui-même entend par *moksha*, il n'aura assurément aucune raison de contester cette assertion ou d'en suspecter l'exactitude, et il pourra lui arriver par la suite, du moins jusqu'à ce qu'il soit mieux informé, d'employer lui-même ce mot de « salut » pour désigner une conception qui n'a rien de théologique ; il y aura alors incompréhension réciproque, et la confusion en sera rendue plus inextricable. Il en est tout à fait de même pour les confusions qui se produisent par l'assimilation non moins erronée du point de vue métaphysique avec les points de vue philosophiques occidentaux : nous avons en mémoire l'exemple d'un Musulman qui acceptait très volontiers et comme une chose toute naturelle la dénomination de « panthéisme islamique » attribuée à la doctrine métaphysique de l'« Identité suprême », mais qui, dès qu'on lui eut expliqué ce qu'est vraiment le panthéisme au sens propre de ce mot, chez Spinoza notamment, repoussa avec une véritable horreur une semblable appellation.

Pour ce qui est de la façon dont peut se comprendre ce que nous avons appelé la traduction des vérités métaphysiques en langage théologique, nous prendrons seulement un exemple extrêmement simple et tout élémentaire : cette vérité métaphysique immédiate : « l'Etre est », si on veut l'exprimer en mode religieux ou théologique, donnera naissance à cette autre proposition : « Dieu existe », qui ne lui serait strictement équivalente qu'à la double condition de concevoir Dieu comme l'Être universel, ce qui est fort loin d'avoir toujours lieu effectivement, et d'identifier l'existence à l'être pur, ce qui est métaphysiquement inexact. Sans doute, cet exemple, par sa trop grande simplicité, ne répond pas entièrement à ce qu'il peut y avoir de plus profond dans les conceptions théologiques ; tel qu'il est, il n'en a pas moins son intérêt, parce que c'est précisément de lu confusion entre ce qui est impliqué respectivement dans les deux formules que nous venons de citer, confusion qui procède de celle des deux points de vue correspondants, c'est de là, disons-nous, que sont résultées les controverses interminables qui ont surgi autour du fameux « argument ontologique », lequel n'est déjà lui-même qu'un produit de cette confusion. Un autre point important que nous pouvons noter tout de suite à propos de ce même exemple, c'est que les conceptions théologiques, n'étant point à l'abri des influences individuelles comme le sont les conceptions métaphysiques pures, peuvent varier d'un individu à un autre, et que leurs variations sont alors fonction de celles de la plus fondamentale d'entre elles, nous voulons dire de la conception même de la Divinité : ceux qui discutent sur des choses telles que les « preuves de l'existence de Dieu » devraient tout d'abord, pour pouvoir s'entendre, s'assurer que, en prononçant le même mot « Dieu », ils veulent bien exprimer par là une conception identique, et ils s'apercevraient souvent qu'il n'en est rien, de sorte qu'ils n'ont pas plus de chances de tomber d'accord que s'ils parlaient des langues différentes. C'est là surtout, dans le domaine de ces variations individuelles dont la théologie officielle et savante ne saurait d'ailleurs à aucun degré être rendue responsable, que se manifeste une tendance éminemment antimétaphysique qui est presque générale parmi les Occidentaux, et qui constitue proprement l'anthropomorphisme ; mais ceci appelle quelques explications complémentaires, qui nous permettront d'envisager un autre côté de la question.

Chapitre VII

SYMBOLISME ET ANTHROPOMORPHISME

Le nom de « symbole », dans son acception la plus générale, peut s'appliquer à toute expression formelle d'une doctrine, expression verbale aussi bien que figurée : le mot ne peut avoir d'autre fonction ni d'autre raison d'être que de symboliser l'idée, c'est-à-dire en somme d'en donner, dans la mesure du possible, une représentation sensible, d'ailleurs purement analogique. Ainsi compris, le symbolisme, qui n'est que l'usage de formes ou d'images constituées comme signes d'idées ou de choses suprasensibles, et dont le langage est un simple cas particulier, est évidemment naturel à l'esprit humain, donc nécessaire et spontané. Il est aussi, dans un sens plus restreint, un symbolisme voulu, réfléchi, cristallisant en quelque sorte dans des représentations figuratives les enseignements de la doctrine ; et d'ailleurs, entre l'un et l'autre, il n'y a pas, à vrai dire, de limites précises, car il est très certain que l'écriture, à son origine, fut partout idéographique, c'est-à-dire essentiellement symbolique, même dans cette seconde acception, encore qu'il n'y ait guère qu'en Chine qu'elle le soit toujours demeurée d'une façon exclusive. Quoi qu'il en soit, le symbolisme, tel qu'on l'entend le plus ordinairement, est d'un emploi bien plus constant dans l'expression de la pensée orientale que dans celle de la pensée occidentale ; et cela se comprend facilement si l'on songe qu'il est un moyen d'expression moins étroitement limité que le langage usuel : suggérant plus encore qu'il n'exprime, il est le support le mieux approprié pour des possibilités de conceptions que les mots ne sauraient permettre d'atteindre. Ce symbolisme, en lequel l'indéfinité conceptuelle n'est point exclusive d'une rigueur toute mathématique, et qui concilie ainsi des exigences en apparence contraires, est donc, si l'on peut dire, la langue métaphysique par excellence ; et d'ailleurs des symboles primitivement métaphysiques ont pu, par un processus d'adaptation secondaire parallèle à celui de la doctrine même, devenir ultérieurement des symboles religieux. Les rites, notamment, ont un caractère éminemment symbolique, à quelque domaine qu'ils se rattachent, et la transposition métaphysique est toujours possible pour la signification des rites religieux, aussi bien que pour la doctrine théologique à laquelle ils sont liés ; même pour des rites simplement sociaux, si l'on veut en rechercher la raison profonde, il faut remonter de l'ordre des applications, où résident leurs conditions immédiates, à l'ordre des principes, c'est-à-dire à la source traditionnelle, métaphysique en son essence. Nous ne prétendons point dire, d'ailleurs, que les rites ne soient que de purs symboles ; ils sont cela sans doute, et ils ne peuvent ne pas l'être, sous peine d'être totalement vides de sens, mais on doit en même temps les concevoir comme possédant en eux-mêmes une efficacité propre, en tant que moyens de réalisation agissant en vue de la fin à laquelle ils sont adaptés et subordonnés. C'est là évidemment, sur le plan religieux, la conception catholique de la vertu du « sacrement » ; c'est aussi, métaphysiquement, le principe de certaines voies de réalisation dont nous dirons quelques mots dans la suite, et c'est ce qui nous a permis de parler de rites proprement métaphysiques. De plus, on pourrait dire que tout symbole, en tant qu'il doit essentiellement servir de support à une conception, a aussi une très réelle efficacité ; et le sacrement religieux lui-même, en tant qu'il est un signe sensible, a précisément ce même rôle de support pour l'« influence spirituelle » qui en fera l'instrument d'une régénération psychique immédiate ou différée, d'une façon analogue à celle où les potentialités intellectuelles incluses dans le symbole peuvent susciter une conception effective ou seulement virtuelle, en raison de la capacité réceptive de chacun. Sous ce rapport, le rite est encore un cas particulier du symbole : c'est, pourrait-on dire, un symbole « agi », mais à la condition de voir dans le symbole tout ce qu'il est réellement, et non pas seulement son extériorité contingente : là comme dans l'étude des textes, il faut savoir aller au-delà de la « lettre » pour dégager l'« esprit ». Or c'est là précisément ce que ne font point d'ordinaire les Occidentaux : les erreurs d'interprétation des orientalistes fournissent ici un exemple caractéristique, car elles consistent assez communément à dénaturer les symboles étudiés de la même façon que la mentalité occidentale, dans sa généralité, dénature spontanément ceux qu'elle rencontre à sa portée.

La prédominance des facultés sensibles et imaginatives est ici la cause déterminante de l'erreur : prendre le symbole lui-même pour ce qu'il représente, par incapacité de s'élever jusqu'à sa signification purement intellectuelle, telle est, au fond, la confusion en laquelle réside la racine de toute « idolâtrie » au sens propre de ce mot, celui que l'Islamisme lui donne d'une façon particulièrement nette. Quand on ne voit plus du symbole que la forme extérieure, sa raison d'être et son efficacité actuelle ont également disparu ; le symbole n'est plus qu'une « idole », c'est-à-dire une image vaine, et sa conservation n'est que « superstition » pure, tant qu'il ne se rencontrera personne dont la compréhension soit capable, partiellement ou intégralement, de lui restituer de manière effective ce qu'il a perdu, ou du moins ce qu'il ne contient plus qu'à l'état de possibilité latente. Ce cas est celui des vestiges que laisse après elle toute tradition dont le vrai sens est tombé dans l'oubli, et spécialement celui de toute religion que la commune incompréhension de ses adhérents réduit à un simple formalisme extérieur ; nous avons déjà cité l'exemple le plus frappant peut-être de cette dégénérescence, celui de la religion grecque. C'est aussi chez les Grecs que se trouve à son plus haut degré une tendance qui apparaît comme inséparable de l'« idolâtrie » et de la matérialisation « des symboles, la tendance à l'anthropomorphisme : ils ne concevaient point leurs dieux comme représentant certains principes, mais ils se les figuraient véritablement comme des êtres à forme humaine, doués de sentiments humains, et agissant à la manière des hommes ; et ces dieux, pour eux, n'avaient plus rien qui pût être distingué de la forme dont la poésie et l'art les avaient revêtus, ils n'étaient littéralement rien en dehors de cette forme même. Une anthropomorphisation aussi complète pouvait seule donner prétexte à ce qu'on a appelé, du nom de son inventeur, l'« évhémérisme », c'est-à-dire à la théorie d'après laquelle les dieux n'auraient été à l'origine que des hommes illustres ; on ne saurait, à la vérité, aller plus loin dans le sens d'une incompréhension grossière, plus grossière encore que celle de certains modernes qui ne veulent voir dans les symboles antiques qu'une représentation ou un essai d'explication de divers phénomènes naturels, interprétation dont la trop fameuse théorie du « mythe solaire », est le type le plus connu. Le « mythe », comme l'« idole », n'a jamais été qu'un symbole incompris : l'un est dans l'ordre verbal ce que l'autre est dans l'ordre figuratif ; chez les Grecs, la poésie produisit le premier comme l'art produisit la seconde ; mais, chez les peuples à qui, comme les Orientaux, le naturalisme et l'anthropomorphisme sont également étrangers, ni l'un ni l'autre ne pouvaient prendre naissance, et ils ne le purent en effet que dans l'imagination d'Occidentaux qui voulurent se faire les interprètes de ce qu'ils ne comprenaient point. L'interprétation naturaliste renverse proprement les rapports : un phénomène naturel peut, aussi bien que n'importe quoi dans l'ordre sensible, être pris pour symboliser une idée ou un principe, et le symbole n'a de sens et de raison d'être qu'autant qu'il est d'un ordre inférieur à ce qui est symbolisé. De même, c'est sans doute une tendance générale et naturelle à l'homme que d'utiliser la forme humaine dans le symbolisme ; mais cela, qui ne prête pas en soi à plus d'objections que l'emploi d'un schéma géométrique ou de tout autre mode de représentation, ne constitue nullement l'anthropomorphisme, tant que l'homme n'est point dupe de la figuration qu'il a adoptée. En Chine et dans l'Inde, il n'y eut jamais rien d'analogue à ce qui se produisit en Grèce, et les symboles à figure humaine, quoique d'un usage courant, n'y devinrent jamais des « idoles » ; et l'on peut encore noter à ce propos combien le symbolisme s'oppose à la conception occidentale de l'art : rien n'est moins symbolique que l'art grec, et rien ne l'est plus que les arts orientaux ; mais là où l'art n'est en somme qu'un moyen d'expression et comme un véhicule de certaines conceptions intellectuelles, il ne saurait évidemment être regardé comme une fin en soi, ce qui ne peut arriver que chez les peuples à sentimentalité prédominante. C'est à ces mêmes peuples seulement que l'anthropomorphisme est naturel, et il est à remarquer que ce sont ceux chez lesquels, pour la même raison, a pu se constituer le point de vue proprement religieux ; mais, d'ailleurs, la religion s'y est toujours efforcée de réagir contre la tendance anthropomorphique et de la combattre en principe, alors même que sa conception plus ou moins faussée dans l'esprit populaire contribuait parfois au contraire à la développer en fait. Les peuples dits sémitiques, comme les Juifs et les Arabes, sont voisins sous ce rapport des peuples occidentaux : il ne saurait, en effet, y avoir d'autre raison à l'interdiction des symboles à figure humaine, commune au Judaïsme et à l'Islamisme, mais avec cette restriction que, dans ce dernier, elle ne fut jamais appliquée rigoureusement chez les Persans, pour qui l'usage de tels symboles offrait moins de dangers, parce que, plus orientaux que les Arabes, et d'ailleurs d'une tout autre race, ils étaient beaucoup moins porté à l'anthropomorphisme.

Ces dernières considérations nous amènent directement à nous expliquer sur l'idée de « création » : cette conception, qui est aussi étrangère aux Orientaux, les Musulmans exceptés, qu'elle le fut à l'antiquité gréco-romaine, apparaît comme spécifiquement judaïque à son origine ; le mot qui la désigne est bien latin dans sa forme, mais non dans l'acception qu'il a reçue avec le Christianisme, car *creare* ne voulait tout d'abord dire rien d'autre que « faire », sens qui est toujours demeuré, en sanskrit, celui de la racine verbale *kri*, qui est identique à ce mot ; il y a eu là un changement profond de signification, et ce cas est, comme nous l'avons dit, similaire à celui du terme de « religion ». C'est évidemment du Judaïsme que l'idée dont il s'agit est passée dans le Christianisme et dans l'Islamisme ; et, quant à sa raison d'être essentielle, elle est au fond la même que celle de l'interdiction des symboles anthropomorphes. En effet, la tendance à concevoir Dieu comme « un être » plus ou moins analogue aux êtres individuels et particulièrement aux êtres humains, doit avoir pour corollaire naturel, partout où elle existe, la tendance à lui attribuer un rôle simplement « démiurgique », nous voulons dire une action s'exerçant sur une « matière » supposée extérieure à lui, ce qui est le mode d'action propre aux êtres individuels. Dans ces conditions, il était nécessaire, pour sauvegarder la notion de l'unité et de l'infinité divines, d'affirmer expressément que Dieu a « fait le monde de rien », c'est-à-dire, en somme, de rien qui lui fût extérieur, et dont la supposition aurait pour effet de le limiter en donnant naissance à un dualisme radical. L'hérésie théologique n'est ici que l'expression d'un non-sens métaphysique, ce qui est d'ailleurs le cas habituel ; mais le danger, inexistant quant à la métaphysique pure, devenait très réel au point de vue religieux, parce que l'absurdité, sous cette forme dérivée, n'apparaissait plus immédiatement. La conception théologique de la « création » est une traduction appropriée de la conception métaphysique de la « manifestation universelle », et la mieux adaptée à la mentalité des peuples occidentaux ; mais il n'y a d'ailleurs pas d'équivalence à établir entre ces deux conceptions, dès lors qu'il y a nécessairement entre elles toute la différence des points de vue respectifs auxquels elles se réfèrent : c'est là un nouvel exemple qui vient à l'appui de ce que nous avons exposé dans le chapitre précédent.

Chapitre VIII

PENSÉE MÉTAPHYSIQUE ET PENSÉE PHILOSOPHIQUE

Nous avons dit que la métaphysique, qui est profondément séparée de la science, ne l'est pas moins de tout ce que les Occidentaux, et surtout les modernes, désignent par le nom de philosophie, sous lequel se trouvent d'ailleurs rassemblés des éléments fort hétérogènes, voire même entièrement disparates. Peu importe ici l'intention première que les Grecs ont pu vouloir enfermer dans ce mot de philosophie, qui semble avoir tout d'abord compris pour eux, d'une façon assez indistincte, toute connaissance humaine, dans les limites où ils étaient aptes à la concevoir ; nous n'entendons nous préoccuper que de ce qui, actuellement, existe en fait sous cette dénomination. Cependant, il convient de faire remarquer en premier lieu que, quand il y eut en Occident de la métaphysique vraie, on s'efforça toujours de la joindre à des considérations relevant de points de vue spéciaux et contingents, pour la faire entrer avec elles dans un ensemble portant le nom de philosophie ; ceci montre que les caractères essentiels de la métaphysique, avec les distinctions profondes qu'ils impliquent, n'y furent jamais dégagés avec une netteté suffisante. Nous dirons même plus : le fait de traiter la métaphysique comme une branche de la philosophie, soit en la plaçant ainsi sur le même plan que des relativités quelconques, soit même en la qualifiant de « philosophie première » comme le faisait Aristote, dénote essentiellement une méconnaissance de sa portée véritable et de son caractère d'universalité : le tout absolu ne peut être une partie de quelque chose, et l'universel ne saurait être enfermé ou compris dans quoi que ce soit. Ce fait est donc, à lui seul, une marque évidente du caractère incomplet de la métaphysique occidentale, laquelle se réduite d'ailleurs à la seule doctrine d'Aristote et des scolastiques, car, à l'exception de quelques considérations fragmentaires qui peuvent se trouver éparses çà et là, ou bien de choses qui ne sont pas connues de façon assez certaine, on ne rencontre en Occident, du moins à partir de l'antiquité classique, aucune autre doctrine qui soit vraiment métaphysique, même avec les restrictions qu'exige le mélange d'éléments contingents, scientifiques, théologiques ou de toute autre nature ; nous ne parlons pas des Alexandrins, sur qui des influences orientales se sont exercées directement.

Si nous considérons la philosophie moderne dans son ensemble, nous pouvons dire, d'une façon générale, que son point de vue ne présente aucune différence véritablement essentielle avec le point de vue scientifique : c'est toujours un point de vue rationnel, ou du moins qui prétend l'être, et toute connaissance qui se tient dans le domaine de la raison, qu'on la qualifie ou non de philosophique, est proprement une connaissance d'ordre scientifique ; si elle vise à être autre chose, elle perd par là toute valeur, même relative, en s'attribuant une portée qu'elle ne saurait légitimement avoir : c'est le cas de ce que nous appellerons la pseudo-métaphysique. D'autre part, la distinction du domaine philosophique et du domaine scientifique est d'autant moins justifiée que le premier comprend, parmi ses éléments multiples, certaines sciences qui sont tout aussi spéciales et restreintes que les autres, sans aucun caractère qui puisse les en différencier de façon à leur accorder un rang privilégié ; de telles sciences, comme la psychologie ou la sociologie par exemple, ne sont appelées philosophiques que par l'effet d'un usage qui ne se fonde sur aucune raison logique, et la philosophie n'a en somme qu'une unité purement fictive, historique si l'on veut, sans qu'on puisse trop dire pourquoi on n'a pas pris ou conservé l'habitude d'y faire rentrer tout aussi bien d'autres sciences quelconques. Du reste, des sciences qui ont été regardées comme philosophiques à une certaine époque ne le sont plus aujourd'hui, et il leur a suffi de prendre un plus grand développement pour sortir de cet ensemble mal défini, sans pourtant que leur nature intrinsèque en ait été changée le moins du monde ; dans le fait que certaines y restent encore, il ne faut voir qu'un vestige de l'extension que les Grecs avaient primitivement donnée à la philosophie, et qui comprenait en effet toutes les sciences.

Cela dit, il est évident que la métaphysique véritable ne peut pas avoir plus de rapports, ni des rapports d'une autre nature, avec la psychologie, par exemple, qu'elle n'en a avec la physique ou avec la physiologie : ce sont là, exactement au même titre, des sciences de la nature, c'est-à-dire des sciences physiques au sens primitif et général de ce mot. A plus forte raison la métaphysique ne saurait-elle être à aucun degré dépendante d'une telle science spéciale : prétendre lui donner une base psychologique, comme le voudraient certains philosophes qui n'ont d'autre excuse que d'ignorer totalement ce qu'elle est en réalité, c'est vouloir faire dépendre l'universel de l'individuel, le principe de ses conséquences plus ou moins indirectes et lointaines, et c'est aussi, d'un autre côté, aboutir fatalement à une conception anthropomorphique, donc proprement antimétaphysique. La métaphysique doit nécessairement se suffire à elle-même, étant la seule connaissance vraiment immédiate, et elle ne peut se fonder sur rien d'autre, par là même qu'elle est la connaissance des principes universels dont dérive tout le reste, y compris les objets des différentes sciences, que celles-ci isolent d'ailleurs de ces principes pour les considérer selon leurs points de vue spéciaux ; et cela est assurément légitime de la part de ces sciences, puisqu'elles ne pourraient se comporter autrement et rattacher leurs objets à des principes universels sans sortir des limites de leurs domaines propres. Cette dernière remarque montre qu'il ne faut point songer non plus à fonder directement les sciences sur la métaphysique : c'est la relativité même de leurs points de vue constitutifs qui leur assure à cet égard une certaine autonomie, dont la méconnaissance ne peut tendre qu'à provoquer des conflits là où il ne saurait normalement s'en produire ; cette erreur, qui pèse lourdement sur toute la philosophie moderne, fut initialement celle de Descartes, qui ne fit d'ailleurs que de la pseudo-métaphysique, et qui ne s'y intéressa même qu'à titre de préface à sa physique, à laquelle il croyait donner ainsi des fondements plus solides.

Si maintenant nous envisageons la logique, le cas est quelque peu différent de celui des sciences que nous avons eues en vue jusqu'ici, et qui peuvent toutes être dites expérimentales, comme ayant pour base les données de l'observation. La logique est encore une science spéciale, puisqu'elle est essentiellement l'étude des conditions propres à l'entendement humain ; mais elle a un lien plus direct avec la métaphysique, en ce sens que ce qu'on appelle les principes logiques n'est que l'application et la spécification, dans un domaine déterminé, des véritables principes, qui sont d'ordre universel ; on peut donc opérer à leur égard une transposition du même genre que celle dont nous avons indiqué la possibilité à propos de la théologie. La même remarque peut d'ailleurs être faite également en ce qui concerne les mathématiques : celles-ci, bien que d'une portée restreinte, puisqu'elles sont exclusivement bornées au seul domaine de la quantité, appliquent à leur objet spécial des principes relatifs qui peuvent être regardés comme constituant une détermination immédiate par rapport à certains principes universels. Ainsi, la logique et les mathématiques sont, dans tout le domaine scientifique, ce qui offre le plus de rapports réels avec la métaphysique ; mais, bien entendu, par là même qu'elles rentrent dans la définition générale de la connaissance scientifique, c'est-à-dire dans les limites de la raison et dans l'ordre des conceptions individuelles, elles sont encore très profondément séparées de la métaphysique pure. Cette séparation ne permet pas d'accorder une valeur effective à des points de vue qui se posent comme plus ou moins mixtes entre la logique et la métaphysique, comme celui des « théories de la connaissance », qui ont pris une si grande importance dans la philosophie moderne ; réduites à ce qu'elles peuvent contenir de légitime, ces théories ne sont que de la logique pure et simple, et, par où elles prétendent dépasser la logique, elles ne sont plus que des fantaisies pseudo-métaphysiques sans la moindre consistance. Dans une doctrine traditionnelle, la logique ne peut occuper que la place d'une branche de connaissance secondaire et dépendante, et c'est ce qui a lieu en effet tant en Chine que dans l'Inde ; comme la cosmologie, qu'étudia aussi le moyen âge occidental, mais que la philosophie moderne ignore, elle n'est en somme qu'une application des principes métaphysiques à un point de vue spécial et dans un domaine déterminé ; nous y reviendrons d'ailleurs au sujet des doctrines hindoues.

Ce que nous venons de dire des rapports de la métaphysique et de la logique pourra étonner quelque peu ceux qui sont habitués à considérer la logique comme dominant en un sens toute connaissance possible, parce qu'une spéculation d'un ordre quelconque ne peut être valable qu'à la condition de se conformer rigoureusement à ses lois ; pourtant, il est bien évident que la métaphysique, toujours en raison de son universalité, ne peut pas plus être dépendante de la logique que de n'importe quelle autre science, et on pourrait dire qu'il y a là une erreur qui provient de ce qu'on ne conçoit la connaissance que dans le domaine de la raison. Seulement, il faut faire ici une distinction entre la métaphysique elle-même, en tant que conception intellectuelle pure, et son exposition formulée : tandis que la première échappe totalement aux limitations individuelles, donc à la raison, la seconde, dans la mesure où elle est possible, ne peut consister qu'en une sorte de traduction des vérités métaphysiques en mode discursif et rationnel, parce que la constitution même de tout langage humain ne permet pas qu'il en soit autrement. La logique, comme d'ailleurs les mathématiques, est exclusivement une science de raisonnement ; l'exposition métaphysique peut revêtir un caractère analogue dans sa forme, mais dans sa forme seulement, et si elle doit alors être conforme aux lois de la logique, c'est que ces lois mêmes ont un fondement métaphysique essentiel, à défaut duquel elles seraient sans valeur ; mais en même temps, il faut que cette exposition, pour avoir une portée métaphysique vraie, soit toujours formulée de telle façon que, comme nous l'avons déjà indiqué, elle laisse ouvertes des possibilités de conception illimitées comme le domaine même de la métaphysique.

Quant à la morale, en parlant du point de vue religieux, nous avons dit en partie ce qu'il en est, mais nous avons réservé alors ce qui se rapporte à sa conception proprement philosophique, en tant qu'elle est nettement différente de sa conception religieuse. Il n'y a rien, dans tout le domaine de la philosophie, qui soit plus relatif et plus contingent que la morale ; à vrai dire, ce n'est même plus du tout une connaissance d'un ordre plus ou moins restreint, mais simplement un ensemble de considérations plus ou moins cohérentes dont le but et la portée ne sauraient être que purement pratiques, encore qu'on se fasse trop souvent illusion à cet égard. Il s'agit exclusivement, en effet, de formuler des règles qui soit applicables à l'action humaine, et dont la raison d'être est d'ailleurs tout entière dans l'ordre social, car ces règles n'auraient aucun sens en dehors du fait que les individus humains vivent en société, constituant des collectivités plus ou moins organisées ; et encore les formule-t-on en se plaçant à un point de vue spécial, qui, au lieu de n'être que social comme chez les Orientaux, est le point de vue spécifiquement moral, et qui est étranger à la plus grande partie de l'humanité. Nous avons vu comment ce point de vue pouvait s'introduire dans les conceptions religieuses, par le rattachement de l'ordre social à une doctrine qui a subi l'influence d'éléments sentimentaux ; mais, ce cas mis à part, on ne voit pas trop ce qui peut lui servir de justification. En dehors du point de vue religieux qui donne un sens à la morale, tout ce qui se rapporte à cet ordre devrait logiquement se réduire à un ensemble de conventions pures et simples, établies et observées uniquement en vue de rendre la vie en société possible et supportable ; mais, si l'on reconnaissait franchement ce caractère conventionnel et si l'on en prenait son parti, il n'y aurait plus de morale philosophique. C'est encore la sentimentalité qui intervient ici, et qui, pour trouver matière à satisfaire ses besoins spéciaux, s'efforce de prendre et de faire prendre ces conventions pour ce qu'elles ne sont point : de là un déploiement de considérations diverses, les unes demeurant nettement sentimentales dans leur forme comme dans leur fond, les autres se déguisant sous des apparences plus ou moins rationnelles. D'ailleurs, si la morale, comme tout ce qui est des contingences sociales, varie grandement suivant les temps et les pays, les théories morales qui apparaissent dans un milieu donné, si opposées qu'elles puissent sembler, tendent toutes à la justification des mêmes règles pratiques, qui sont toujours celles que l'on observe communément dans ce même milieu ; cela devrait suffire à montrer que ces théories sont dépourvues de toute valeur réelle, n'étant bâties par chaque philosophe que pour mettre après coup sa conduite et celle de ses semblables, ou du moins de ceux qui sont les plus proches de lui, en accord avec ses propres idées et surtout avec ses propres sentiments. Il est à remarquer que l'éclosion de ces théories morales se produit surtout aux époques de décadence intellectuelle, sans doute parce que cette décadence est corrélative ou consécutive à l'expansion du sentimentalisme, et aussi parce que, se rejetant ainsi dans des spéculations illusoires, on conserve au moins l'apparence de la pensée absente ; ce phénomène eut lieu notamment chez les Grecs, lorsque leur intellectualité eut donné, avec Aristote, tout ce dont elle était susceptible : pour les écoles philosophiques postérieures, telles que les Épicuriens et les Stoïciens, tout se subordonna au point de vue moral, et c'est ce qui fit leur succès auprès des Romains, à qui toute spéculation plus élevée eût été trop difficilement accessible. Le même caractère se retrouve à l'époque actuelle, où le « moralisme » devient étrangement envahissant, mais surtout, cette fois, par une dégénérescence de la pensée religieuse, comme le montre bien le cas du Protestantisme ; il est naturel, d'ailleurs, que des peuples à mentalité purement pratique, dont la civilisation est toute matérielle, cherchent à satisfaire leurs aspirations sentimentales par ce faux mysticisme qui trouve une de ses expressions dans la morale philosophique.

Nous avons passé en revue toutes les branches de la philosophie qui présentent un caractère bien défini ; mais il y a en outre, dans la pensée philosophique, toutes sortes d'éléments assez mal déterminés, qu'on ne peut faire rentrer proprement dans aucune de ces branches, et dont le lien n'est point constitué par quelque trait de leur nature propre, mais seulement par le fait de leur groupement à l'intérieur d'une même conception systématique. C'est pourquoi, après avoir séparé complètement la métaphysique des diverses sciences dites philosophiques, il faut encore la distinguer, non moins profondément, des systèmes philosophiques, dont une des causes les plus communes est, nous l'avons déjà dit, la prétention à l'originalité intellectuelle ; l'individualisme qui s'affirme dans cette prétention est manifestement contraire à tout esprit traditionnel, et aussi incompatible avec toute conception ayant une portée métaphysique véritable. La métaphysique pure est essentiellement exclusive de tout système, parce qu'un système quelconque se présente comme une conception fermée et bornée, comme un ensemble plus ou moins étroitement défini et limité, ce qui n'est aucunement conciliable avec l'universalité de la métaphysique ; et d'ailleurs un système philosophique est toujours le système de quelqu'un, c'est-à-dire une construction dont la valeur ne saurait être que tout individuelle. De plus, tout système est nécessairement établi sur un point de départ spécial et relatif, et l'on peut dire qu'il n'est en somme que le développement d'une hypothèse, tandis que la métaphysique, qui a un caractère d'absolue certitude, ne saurait admettre rien d'hypothétique. Nous ne voulons pas dire que tous les systèmes ne puissent pas renfermer une certaine part de vérité, en ce qui concerne tel ou tel point particulier ; mais c'est en tant que systèmes qu'ils sont illégitimes, et c'est à la forme systématique elle-même qu'est inhérente la fausseté radicale d'une telle conception prise dans son ensemble. Leibnitz disait avec raison que « tout système est vrai en ce qu'il affirme et faux en ce qu'il nie », c'est-à-dire, au fond, qu'il est d'autant plus faux qu'il est plus étroitement limité, ou, ce qui revient au même, plus systématique, car une semblable conception aboutit inévitablement à la négation de tout ce qu'elle est impuissante à contenir ; et cela devrait d'ailleurs, en toute justice, s'appliquer à Leibnitz lui-même aussi bien qu'aux autres philosophes, dans la mesure où sa propre conception se présente aussi comme un système ; tout ce qui s'y trouve de métaphysique vraie est, du reste, emprunté à la scolastique, et encore l'a-t-il souvent dénaturé, parce que mal compris. Pour la vérité de ce qu'affirme un système, il ne faudrait pas voir là l'expression d'un « éclectisme » quelconque ; cela revient seulement à dire qu'un système est vrai dans la mesure où il reste ouvert sur des possibilités moins limitées, ce qui est d'ailleurs évident, mais ce qui implique précisément la condamnation du système comme tel. La métaphysique, étant en dehors et au-delà des relativités, qui appartiennent toutes à l'ordre individuel, échappe par là même à toute systématisation, de même, et pour la même raison, qu'elle ne se laisse enfermer dans aucune formule.

On peut comprendre maintenant ce que nous entendons exactement par pseudo-métaphysique : c'est tout ce qui, dans les systèmes philosophiques, se présente avec des prétentions métaphysiques, totalement injustifiées du fait de la forme systématique elle-même, qui suffit à enlever aux considérations de ce genre toute portée réelle. Certains des problèmes que se pose habituellement la pensée philosophique apparaissent même comme dépourvus, non seulement de toute importance, mais de toute signification ; il y a là une foule de questions qui ne reposent que sur une équivoque, sur une confusion de points de vue, qui n'existent au fond que parce qu'elles sont mal posées, et qui n'auraient aucunement lieu de se poser vraiment ; il suffirait donc, dans bien des cas, d'en mettre l'énoncé au point pour les faire disparaître purement et simplement, si la philosophie n'avait au contraire le plus grand intérêt à les conserver, parce qu'elle vit surtout d'équivoques. Il y a aussi d'autres questions, appartenant d'ailleurs à des ordres d'idées très divers, qui peuvent avoir lieu de se poser, mais pour lesquelles un énoncé précis et exact entraînerait une solution presque immédiate, la difficulté qui s'y trouve étant beaucoup plus verbale que réelle ; mais, si parmi ces questions il en est auxquelles leur nature serait susceptible de donner une certaine portée métaphysique, elles la perdent entièrement par leur inclusion dans un système, car il ne suffit pas qu'une question soit de nature métaphysique, il faut encore que, étant reconnue telle, elle soit envisagée et traitée métaphysiquement. Il est bien évident, en effet, qu'une même question peut être traitée, soit au point de vue métaphysique, soit à un autre point de » vue quelconque ; aussi les considérations auxquelles la plupart des philosophes ont jugé bon de se livrer sur toutes sortes de choses peuvent-elles être plus ou moins intéressantes en elles-mêmes, mais n'ont-elles, en tout cas, rien de métaphysique. Il est au moins regrettable que le défaut de netteté qui est si caractéristique de la pensée occidentale moderne, et qui apparaît tant dans les conceptions elles-mêmes que dans leur expression, en permettant de discuter indéfiniment à tort et à travers sans jamais rien résoudre, laisse le champ libre à une multitude d'hypothèses qu'on a assurément le droit d'appeler philosophiques, mais qui n'ont absolument rien de commun avec la métaphysique véritable.

À ce propos, nous pouvons encore faire remarquer, d'une façon générale, que les questions qui ne se posent en quelque sorte qu'accidentellement, qui n'ont qu'un intérêt particulier et momentané, comme on en trouverait beaucoup dans l'histoire de la philosophie moderne, sont par là même manifestement dépourvues de tout caractère métaphysique, puisque ce caractère n'est pas autre chose que l'universalité ; d'ailleurs, les questions de ce genre appartiennent d'ordinaire à la catégorie des problèmes dont l'existence est tout artificielle. Ne peut être vraiment métaphysique, nous le répétons encore, que ce qui est absolument stable, permanent, indépendant de toutes les contingences, et en particulier des contingences historiques ; ce qui est métaphysique, c'est ce qui ne change pas, et c'est encore l'universalité de la métaphysique qui fait son unité essentielle, exclusive de la multiplicité des systèmes philosophiques comme de celle des groupes religieux, et par suite, sa profonde immutabilité.

De ce qui précède, il résulte encore que la métaphysique est sans aucun rapport avec toutes les conceptions telles que l'idéalisme, le panthéisme, le spiritualisme, le matérialisme, qui portent précisément le caractère systématique de la pensée philosophique occidentale ; et cela est d'autant plus important à noter ici qu'une des manies communes des orientalistes est de vouloir à toute force faire rentrer la pensée orientale dans ces cadres étroits qui ne sont point faits pour elle ; nous aurons à signaler spécialement plus tard l'abus qui est ainsi fait de ces vaines étiquettes, ou tout au moins de quelques-unes d'entre elles. Nous ne voulons pour le moment insister que sur un point : c'est que la querelle du spiritualisme et du matérialisme, autour de laquelle tourne presque toute la pensée philosophique depuis Descartes, n'intéresse en rien la métaphysique pure ; c'est là, du reste, un exemple de ces questions qui n'ont qu'un temps, auxquelles nous faisions allusion tout à l'heure. En effet, la dualité "esprit-matière" n'avait jamais été posée comme absolue et irréductible antérieurement à la conception cartésienne ; les anciens, les Grecs notamment, n'avaient pas même la notion de "matière" au sens moderne de ce mot, pas plus que ne l'ont encore actuellement la plupart des Orientaux : en sanskrit, il n'existe aucun mot qui réponde à cette notion, même de très loin. La conception d'une dualité de ce genre a pour unique mérite de représenter assez bien l'apparence extérieure des choses ; mais, précisément parce qu'elle s'en tient aux apparences, elle est toute superficielle, et se plaçant à un point de vue spécial purement individuel, elle devient négative de toute métaphysique dès qu'on veut lui attribuer une valeur absolue en affirmant l'irréductibilité de ses deux termes, affirmation en laquelle réside le dualisme proprement dit. D'ailleurs, il ne faut voir dans cette opposition de l'esprit et de la matière qu'un cas très particulier du dualisme, car les deux termes de l'opposition pourraient être tout autre que ces deux principes relatifs, et il serait également possible d'envisager de la même façon, suivant d'autres déterminations plus ou moins spéciales, une indéfinité de couples de termes corrélatifs différents de celui-là. D'une façon tout à fait générale, le dualisme a pour caractère distinctif de s'arrêter à une opposition entre deux termes plus ou moins particuliers, opposition qui, sans doute, existe bien réellement à un certain point de vue, et c'est là la part de vérité que renferme le dualisme ; mais, en déclarant cette opposition irréductible et absolue, au lieu qu'elle est toute relative et contingente, il s'interdit d'aller au-delà des deux termes qu'il a posés l'un en face de l'autre, et c'est ainsi qu'il se trouve limité par ce qui fait son caractère de système. Si l'on n'accepte pas cette limitation, et si l'on veut résoudre l'opposition à laquelle le dualisme s'en tient obstinément, il pourra se présenter différentes solutions ; et, tout d'abord, nous en trouvons en effet deux dans les systèmes philosophiques que l'on peut ranger sous la commune dénomination de monisme. On peut dire que le monisme se caractérise essentiellement par ceci, que, n'admettant pas qu'il y ait une irréductibilité absolue, et voulant surmonter l'opposition apparente, il croit y parvenir en réduisant l'un de ses deux termes à l'autre ; s'il s'agit en particulier de l'opposition de l'esprit et de la matière, on aura ainsi, d'une part, le monisme spiritualiste, qui prétend réduire la matière à l'esprit, et, d'autre part, le monisme matérialiste, qui prétend au contraire réduire l'esprit à la matière. Le monisme, quel qu'il soit, a raison d'admettre qu'il n'y a pas d'opposition absolue, car en cela, il est moins étroitement limité que le dualisme, et il constitue au moins un effort pour pénétrer davantage au fond des choses ; mais il lui arrive presque fatalement de tomber dans un autre défaut, et de négliger complètement, sinon de nier, l'opposition qui, même si elle n'est qu'une apparence, n'en mérite pas moins d'être envisagée comme telle : c'est donc, ici encore, l'exclusivité du système qui fait son premier défaut. D'autre part, en voulant réduire directement un des deux termes à l'autre, on ne sort jamais complètement de l'alternative qui a été posée par le dualisme, puisqu'on ne considère rien qui soit en dehors de ces deux mêmes termes dont il avait fait ses principes fondamentaux ; et il y aurait même lieu de se demander si, ces deux termes étant corrélatifs, l'un a encore sa raison d'être sans l'autre, s'il est logique de conserver l'un dès lors qu'on supprime l'autre. De plus, nous nous trouvons alors en présence de deux solutions qui, au fond, sont beaucoup plus équivalentes qu'elles ne le paraissent superficiellement : que le monisme spiritualiste affirme que tout est esprit, et que le monisme matérialiste affirme que tout est matière, cela n'a en somme que fort peu d'importance, d'autant mieux que chacun se trouve obligé d'attribuer au principe qu'il conserve les propriétés les plus essentielles de celui qu'il supprime. On conçoit que, sur ce terrain, la discussion entre spiritualistes et matérialistes doit dégénérer bien vite en une simple querelle de mots ; les deux solutions monistes opposées ne constituent en réalité que les deux faces d'une solution double, d'ailleurs tout à fait insuffisante. C'est ici que doit intervenir une autre solution ; mais, tandis que nous n'avions affaire, avec le dualisme et le monisme, qu'à deux types de conceptions systématiques et d'ordre simplement philosophique, il va s'agir maintenant d'une doctrine se plaçant au contraire au point de vue métaphysique, et qui, par suite, n'a reçu aucune dénomination dans la philosophie occidentale, qui ne peut que l'ignorer. Nous désignerons cette doctrine comme le « non-dualisme », ou mieux encore comme la « doctrine de la non-dualité », si l'on veut traduire aussi exactement que possible le terme sanskrit *adwaita-vâda*, qui n'a d'équivalent usuel dans aucune langue européenne ; la première de ces deux expressions a l'avantage d'être plus brève que la seconde, et c'est pourquoi nous l'adopterons volontiers, mais elle a pourtant un inconvénient en raison de la présence de la détermination « isme », qui, dans le langage philosophique, est d'ordinaire attachée à la désignation des systèmes ; on pourrait, il est vrai, dire qu'il faut faire porter la négation sur le mot « dualisme » tout entier, y compris sa terminaison, entendant par là que cette négation doit s'appliquer précisément au dualisme en tant que conception systématique. Sans plus admettre d'irréductibilité absolue que le monisme, le « non-dualisme » diffère profondément de celui-ci, en ce qu'il ne prétend aucunement pour cela que l'un des deux termes soit purement et simplement réductible à l'autre ; il les envisage l'un et l'autre simultanément dans l'unité d'un principe commun, d'ordre plus universel, et dans lequel ils sont également contenus, non plus comme opposés à proprement parler, mais comme complémentaires, par une sorte de polarisation qui n'affecte en rien l'unité essentielle de ce principe commun. Ainsi, l'intervention du point de vue métaphysique a pour effet de résoudre immédiatement l'opposition apparente, et elle seule permet d'ailleurs de le faire vraiment, là où le point de vue philosophique montrait son impuissance ; et ce qui est vrai pour la distinction de l'esprit et de la matière l'est également pour n'importe quelle autre parmi toutes celles que l'on pourrait établir de même entre des aspects plus ou moins spéciaux de l'être, et qui sont en multitude indéfinie. Si l'on peut d'ailleurs envisager simultanément toute cette indéfinité des distinctions qui sont ainsi possibles, et qui sont toutes également vraies et légitimes à leurs points de vue respectifs, c'est que l'on ne se trouve plus enfermé dans une systématisation bornée à l'une de ces distinctions à l'exclusion de toutes les autres ; et ainsi le « non-dualisme » est le seul type de doctrine qui réponde à l'universalité de la métaphysique. Les divers systèmes philosophiques peuvent en général, sous un rapport ou sous un autre, se rattacher, soit au dualisme, soit au monisme ; mais le « non-dualisme » seul, tel que nous venons d'en indiquer le principe, est susceptible de dépasser immensément la portée de toute philosophie, parce que seul il est proprement et purement métaphysique dans son essence, ou, en d'autres termes, il constitue une expression du caractère le plus essentiel et le plus fondamental de la métaphysique elle-même.

Si nous avons cru nécessaire de nous étendre sur ces considérations aussi longuement que nous l'avons fait, c'est en raison de l'ignorance où l'on est habituellement en Occident pour tout ce qui concerne la métaphysique vraie, et aussi parce qu'elles ont avec notre sujet un rapport tout à fait direct, quoi qu'il puisse en sembler à certains, puisque c'est la métaphysique qui est le centre unique de toutes les doctrines de l'Orient, de sorte que l'on ne peut rien comprendre à celles-ci tant que l'on a pas acquis, de ce qu'est la métaphysique, une notion au moins suffisante pour écarter toute confusion possible. En marquant toute la différence qui sépare une pensée métaphysique d'une pensée philosophique, nous avons t'ait voir comment les problèmes classiques de la philosophie, même ceux qu'elle regarde comme les plus généraux, n'occupent rigoureusement aucune place au regard de la métaphysique pure : la transposition, qui a ailleurs pour effet de faire apparaître le sens profond de certaines vérités, fait ici évanouir ces prétendus problèmes, ce qui montre précisément qu'ils n'ont aucun sens profond. D'autre part, cet exposé nous a fourni l'occasion d'indiquer la signification de la conception de la « non-dualité », dont la compréhension, essentielle à toute métaphysique, ne l'est pas moins à l'interprétation plus particulière des doctrines hindoues ; cela va de soi, du reste, dès lors que ces doctrines sont d'essence purement métaphysique.

Nous ajouterons encore une remarque dont l'importance est capitale : non seulement la métaphysique ne peut pas être bornée par la considération d'une dualité quelconque d'aspects complémentaires de l'être, qu'il s'agisse d'ailleurs d'aspects très spéciaux comme l'esprit et la matière, ou au contraire d'aspects aussi universels que possible, comme ceux que l'on peut désigner par les termes d'« essence » et de « substance », mais elle ne saurait pas même être bornée par la conception de l'être pur dans toute son universalité, car elle ne doit l'être par rien absolument. La métaphysique ne peut pas se définir comme « connaissance de l'être » d'une façon exclusive, ainsi que le faisait Aristote : ce n'est là proprement que l'ontologie, qui est sans doute du ressort de la métaphysique, mais qui ne constitue pas pour cela toute la métaphysique ; et c'est en cela que ce qu'il y a eu de métaphysique en Occident est toujours resté incomplet et insuffisant, ainsi d'ailleurs que sous un autre rapport que nous indiquerons plus loin. L'être n'est pas vraiment le plus universel de tous les principes, ce qui serait nécessaire pour que la métaphysique se réduisît à l'ontologie, et cela parce que, même s'il est la plus primordiale de toutes les déterminations possibles, il n'en est pas moins déjà une détermination, et toute détermination est une limitation, à laquelle le point de vue métaphysique ne saurait s'arrêter. Un principe est d'ailleurs évidemment d'autant moins universel qu'il est plus déterminé, et par là plus relatif ; nous pouvons dire que, d'une façon en quelque sorte mathématique, un « plus » déterminatif équivaut à un « moins » métaphysique. Cette indétermination absolue des principes les plus universels, donc de ceux qui doivent être considérés avant tous les autres, est une cause d'assez grandes difficultés, non dans la conception, sauf peut-être pour ceux qui n'y sont point habitués, mais du moins dans l'exposition des doctrines métaphysiques, et elle oblige souvent à ne se servir que d'expressions qui, dans leur forme extérieure, sont purement négatives. C'est ainsi que, par exemple, l'idée de l'Infini, qui est en réalité la plus positive de toutes, puisque l'Infini ne peut être que le tout absolu, ce qui, n'étant limité par rien, ne laisse rien en dehors de soi, cette idée, disons-nous, ne peut s'exprimer que par un terme de forme négative, parce que, dans le langage, toute affirmation directe est forcément l'affirmation de quelque chose, c'est-à-dire une affirmation particulière et déterminée ; mais la négation d'une détermination ou d'une limitation est proprement la négation d'une négation, donc une affirmation réelle, de sorte que la négation de toute détermination équivaut au fond à l'affirmation absolue et totale. Ce que nous disons pour l'idée de l'Infini pourrait s'appliquer également à bien d'autres notions métaphysiques extrêmement importantes, mais cet exemple suffit pour ce que nous proposons de faire comprendre ici ; et d'ailleurs il ne faut jamais perdre de vue que la métaphysique pure est, en soi, absolument indépendante de toutes les terminologies plus ou moins imparfaites dont nous essayons de la revêtir pour la rendre plus accessible à notre compréhension.

Chapitre IX

ÉSOTÉRISME ET EXOTÉRISME

Nous avons signalé occasionnellement, au cours de nos considérations préliminaires, la distinction, d'ailleurs assez généralement connue, qui existait, dans certaines écoles philosophiques de la Grèce antique, sinon dans toutes, c'est-à-dire entre deux aspects d'une même doctrine, l'un plus intérieur et l'autre plus extérieur : c'est là toute la signification littérale de ces deux termes. L'exotérisme, comprenant ce qui était plus élémentaire, plus facilement compréhensible, et par conséquent susceptible d'être mis plus largement à la portée de tous, s'exprime seul dans l'enseignement écrit, tel qu'il nous est parvenu plus ou moins complètement ; l'ésotérisme, plus approfondi et d'un ordre plus élevé, et s'adressant comme tel aux seuls disciples réguliers de l'école, préparés tout spécialement à le comprendre, n'était l'objet que d'un enseignement purement oral, sur la nature duquel il n'a évidemment pas pu être conservé de données bien précises. D'ailleurs, il doit être bien entendu que, puisqu'il ne s'agissait là que de la même doctrine sous deux aspects différents, et comme à deux degrés d'enseignement, ces aspects ne pouvaient aucunement être opposés ou contradictoires, mais devaient bien plutôt être complémentaires : l'ésotérisme développait et complétait, en lui donnant un sens plus profond qui n'y était contenu que comme virtuellement, ce que l'exotérisme exposait sous une forme trop vague, trop simplifiée, et parfois plus ou moins symbolique, encore que le symbole eût trop souvent, chez les Grecs, cette allure toute littéraire et poétique qui le fait dégénérer en simple allégorie. Il va de soi, d'autre part, que l'ésotérisme pouvait, dans l'école même, se subdiviser à son tour en plusieurs degrés d'enseignement plus ou moins profonds, les disciples passant successivement de l'un à l'autre suivant leur état de préparation, et pouvant d'ailleurs aller plus ou moins loin selon l'étendue de leurs aptitudes intellectuelles ; mais c'est là à peu près tout ce que l'on peut en dire sûrement.

Cette distinction de l'ésotérisme et de l'exotérisme ne s'est aucunement maintenue dans la philosophie moderne, qui n'est véritablement rien de plus au fond que ce qu'elle est extérieurement, et qui, pour ce qu'elle a à enseigner, n'a certes pas besoin d'un ésotérisme quelconque, puisque tout ce qui est vraiment profond échappe totalement à son point de vue borné. Maintenant, la question se pose de savoir si cette conception de deux aspects complémentaires d'une doctrine fut particulière à la Grèce ; à vrai dire, il y aurait quelque chose d'étonnant à ce qu'une division qui peut sembler assez naturelle dans son principe fût demeurée si exceptionnelle, et, en fait, il n'en est rien. Tout d'abord, on pourrait trouver dans l'Occident, depuis l'antiquité, certaines écoles généralement très fermées, plus ou moins mal connues pour ce motif, et qui n'étaient d'ailleurs point des écoles philosophiques, dont les doctrines ne s'exprimaient au dehors que sous le voile de certains symboles qui devaient sembler fort obscurs à ceux qui n'en avaient pas la clef ; et cette clef n'était donnée qu'aux adhérents qui avaient pris certains engagements, et dont la discrétion avait été suffisamment éprouvée, en même temps qu'on s'était assuré de leur capacité intellectuelle. Ce cas, qui implique manifestement qu'il doit s'agir de doctrines assez profondes pour être tout à fait étrangères à la mentalité commune, semble avoir été surtout fréquent au moyen âge, et c'est une des raisons pour lesquelles, quand on parle de l'intellectualité de cette époque, il faut toujours faire des réserves sur ce qui a pu y exister en dehors de ce qui nous est connu d'une façon certaine ; il est évident en effet que, là comme pour l'ésotérisme grec, bien des choses ont dû se perdre pour n'avoir jamais été enseignées qu'oralement, ce qui est aussi, comme nous l'avons indiqué, l'explication de la perte à peu près totale de la doctrine druidique. Parmi ces écoles auxquelles nous venons de faire allusion, nous pouvons mentionner comme exemple les alchimistes, dont la doctrine était surtout d'ordre cosmologique ; mais, d'ailleurs, la cosmologie doit toujours avoir pour fondement un certain ensemble plus ou moins étendu de conceptions métaphysiques. On pourrait dire que les symboles contenus dans les écrits alchimiques constituent ici l'exotérisme, tandis que leur interprétation réservée constituait l'ésotérisme ; mais la part de l'exotérisme est alors bien réduite, et même, comme il n'a en somme de raison d'être véritable que par rapport à l'ésotérisme et en vue de celui-ci, on peut se demander s'il convient encore d'appliquer ces deux termes. En effet, ésotérisme et exotérisme sont essentiellement corrélatifs, puisque ces mots sont de forme comparative, de sorte que, là où il n'y a pas d'exotérisme, il n'y a plus du tout lieu de parler non plus d'ésotérisme ; cette dernière dénomination ne peut donc, si l'on tient à lui garder son sens propre, servir à désigner indistinctement toute doctrine fermée, à l'usage exclusif d'une élite intellectuelle.

On pourrait sans doute, mais dans une acception beaucoup plus large, envisager un ésotérisme et un exotérisme dans une doctrine quelconque, en tant qu'on y distingue la conception et l'expression, la première étant tout intérieure, tandis que la seconde n'en est que l'extériorisation ; on peut ainsi, à la rigueur, mais en s'écartant du sens habituel, dire que la conception représente l'ésotérisme, et l'expression l'exotérisme, et cela d'une façon nécessaire, qui résulte de la nature même des choses. A l'entendre de cette manière, il y a particulièrement dans toute doctrine métaphysique quelque chose qui sera toujours ésotérique, et c'est la part d'inexprimable que comporte essentiellement, comme nous l'avons expliqué, toute conception vraiment métaphysique ; c'est là quelque chose que chacun ne peut concevoir que par lui-même, avec l'aide des mots et des symboles qui servent simplement de point d'appui à sa conception, et sa compréhension de la doctrine sera plus ou moins complète et profonde suivant la mesure où il le concevra effectivement. Même dans des doctrines d'un autre ordre, dont la portée ne s'étend pas jusqu'à ce qui est vraiment et absolument inexprimable, et qui est le « mystère » au sens étymologique du mot, il n'en est pas moins certain que l'expression n'est jamais complètement adéquate à la conception, de sorte que, dans une proportion bien moindre, il s'y produit encore quelque chose d'analogue : celui qui comprend véritablement est toujours celui qui sait voir plus loin que les mots, et l'on pourrait dire que l' « esprit » d'une doctrine quelconque est de nature ésotérique, tandis que sa « lettre » est de nature exotérique. Ceci serait notamment applicable à tous les textes traditionnels, qui offrent d'ailleurs le plus souvent une pluralité de sens plus ou moins profonds, correspondant à autant de points de vue différents ; mais, au lieu de chercher à pénétrer ces sens, on préfère communément se livrer à de futiles recherches d'exégèse et de « critique des textes », suivant les méthodes laborieusement instituées par l'érudition la plus moderne ; et ce travail, si fastidieux qu'il soit et quelque patience qu'il exige, est beaucoup plus facile que l'autre, car il est du moins à la portée de toutes les intelligences.

Un exemple remarquable de la pluralité des sens nous est fourni par l'interprétation des caractères idéographiques qui constituent l'écriture chinoise : toutes les significations dont ces caractères sont susceptibles peuvent se grouper autour de trois principales, qui correspondent aux trois degrés fondamentaux de la connaissance, et dont la première est d'ordre sensible, la seconde d'ordre rationnel, et la troisième d'ordre intellectuel pur ou métaphysique, ainsi, pour nous borner à un cas très simple, un même caractère pourra être employé analogiquement pour désigner à la fois le soleil, la lumière et la vérité, la nature du contexte permettant seule de reconnaître, pour chaque application, quelle est celle de ces acceptions qu'il convient d'adopter, d'où les multiples erreurs des traducteurs occidentaux. On doit comprendre par là comment l'étude des idéogrammes, dont la portée échappe complètement aux Européens, peut servir de base à un véritable enseignement intégral, en permettant de développer et de coordonner toutes les conceptions possibles dans tous les ordres ; cette étude pourra donc, à des points de vue différents, être reprise à tous les degrés d'enseignement, du plus élémentaire au plus élevé, en donnant lieu chaque fois à de nouvelles possibilités de conception, et c'est là un instrument merveilleusement approprié à l'exposition d'une doctrine traditionnelle.

Revenons maintenant à la question de savoir si la distinction de l'ésotérisme et de l'exotérisme, entendue cette fois dans son sens précis, peut s'appliquer aux doctrines orientales. Tout d'abord, dans l'Islamisme, la tradition est d'essence double, religieuse et métaphysique, comme nous l'avons déjà dit ; on peut ici qualifier très exactement d'exotérique le côté religieux de la doctrine, qui est en effet le plus extérieur et celui qui est à la portée de tous, et d'ésotérisme son côté métaphysique, qui en constitue le sens profond, et qui est d'ailleurs regardé comme la doctrine de l'élite ; et cette distinction conserve bien son sens propre, puisque ce sont là les deux faces d'une seule et même doctrine. Il faut noter, à cette occasion, qu'il y a quelque chose d'analogue dans le Judaïsme, où l'ésotérisme est représenté par ce qu'on nomme *Qabbalah*, mot dont le sens primitif n'est autre que celui de « tradition », et qui s'applique à l'étude des significations plus profondes des textes sacrés, tandis que la doctrine exotérique ou vulgaire s'en tient à leur signification la plus extérieure et la plus littérale ; seulement, cette *Qabbalah* est, d'une façon générale, moins purement métaphysique que l'ésotérisme musulman, et elle subit encore, dans une certaine mesure, l'influence du point de vue proprement religieux, en quoi elle est comparable à la partie métaphysique de la doctrine scolastique, insuffisamment dégagée des considérations théologiques. Dans l'Islamisme, au contraire, la distinction des deux points de vue est presque toujours très nette ; cette distinction permet de voir là mieux encore que partout ailleurs, par les rapports de l'exotérisme et de l'ésotérisme, comment, par la transposition métaphysique, les conceptions théologiques reçoivent un sens profond.

Si nous passons aux doctrines plus orientales, la distinction de l'ésotérisme et de l'exotérisme ne peut plus s'y appliquer de la même façon, et même il en est auxquelles elle n'est plus du tout applicable. Sans doute, pour ce qui est de la Chine, on pourrait dire que la tradition sociale, qui est commune à tous, apparaît comme exotérique, tandis que la tradition métaphysique, doctrine de l'élite, est ésotérique comme telle. Cependant, cela ne serait rigoureusement exact qu'à la condition de considérer ces deux doctrines par rapport à la tradition primordiale dont elles sont dérivées l'une et l'autre ; mais, à vrai dire, elles sont trop nettement séparées, malgré cette source commune, pour qu'on puisse les regarder comme n'étant que les deux faces d'une même doctrine, ce qui est nécessaire pour qu'on puisse parler proprement d'ésotérisme et d'exotérisme. Une des raisons de cette séparation est dans l'absence de cette sorte de domaine mixte auquel donne lieu le point de vue religieux, où s'unissent, dans la mesure où ils en sont susceptibles, le point de vue intellectuel et le point de vue social, d'ailleurs au détriment de la pureté du premier ; mais cette absence n'a pas toujours des conséquences aussi marquées à cet égard, comme le montre l'exemple de l'Inde, où il n'y a rien non plus de proprement religieux, et où toutes les branches de la tradition forment cependant un ensemble unique et indivisible.

C'est précisément de l'Inde qu'il nous reste à parler ici, et c'est là qu'il est le moins possible d'envisager une distinction comme celle de l'ésotérisme et de l'exotérisme, parce que la tradition y a en effet trop d'unité pour se présenter, non seulement en deux corps de doctrine séparés, mais même sous deux aspects complémentaires de ce genre. Tout ce qu'on peut y distinguer réellement, c'est la doctrine essentielle, qui est toute métaphysique, et ses applications de divers ordres, qui constituent comme autant de branches secondaires par rapport à elle ; mais il est bien évident que cela n'équivaut nullement à la distinction dont il s'agit. La doctrine métaphysique elle-même n'offre point d'autre ésotérisme que celui que l'on peut y trouver dans le sens très large que nous avons mentionné, et qui est naturel et inévitable en toute doctrine de cet ordre : tous peuvent être admis à recevoir l'enseignement à tous ses degrés, sous la seule réserve d'être intellectuellement qualifiés pour en retirer un bénéfice effectif ; nous parlons seulement ici, bien entendu, de l'admission à tous les degrés de l'enseignement, mais non à toutes les fonctions, pour lesquelles d'autres qualifications peuvent en outre être requises ; mais, nécessairement, parmi ceux qui reçoivent ce même enseignement doctrinal, de même qu'il arrive parmi ceux qui lisent un même texte, chacun le comprend et se l'assimile plus ou moins complètement, plus ou moins profondément, suivant l'étendue de ses propres possibilités intellectuelles. C'est pourquoi il est tout à fait impropre de parler de

« Brâhmanisme ésotérique », comme ont voulu le faire certains, qui ont surtout appliqué cette dénomination à l'enseignement contenu dans les *Upanishads* ; il est vrai que d'autres, parlant de leur côté de « Bouddhisme ésotérique », ont fait pire encore, car ils n'ont présenté sous cette étiquette que des conceptions éminemment fantaisistes, qui ne relèvent ni du Bouddhisme authentique ni d'aucun ésotérisme véritable.

Dans un manuel d'histoire des religions auquel nous avons déjà fait allusion, et où se retrouvent d'ailleurs, bien qu'il se distingue par l'esprit dans lequel il est rédigé, beaucoup des confusions communes en ce genre d'ouvrages, surtout celle qui consiste à traiter comme religieuses des choses qui ne le sont nullement en réalité, nous avons relevé à ce propos l'observation que voici : « Une pensée indienne trouve rarement son équivalent exact en dehors de l'Inde ; ou, pour parler moins ambitieusement, des manières d'envisager les choses qui sont ailleurs ésotériques, individuelles, extraordinaires, sont, dans le Brahmanisme et dans l'Inde, vulgaires, générales, normales »[7]. Cela est juste au fond, mais appelle pourtant quelques réserves, car on ne saurait qualifier d'individuelles, pas plus ailleurs que dans l'Inde, des conceptions qui, étant d'ordre métaphysique, sont au contraire essentiellement supra-individuelles ; d'autre part, ces conceptions trouvent leur équivalent, bien que sous des formes différentes, partout où il existe une doctrine vraiment métaphysique, c'est-à-dire dans tout l'Orient, et ce n'est qu'en Occident qu'il n'y a en effet rien qui leur corresponde, même de très loin. Ce qui est vrai, c'est que les conceptions de cet ordre ne sont nulle part aussi généralement répandues que dans l'Inde, parce qu'on ne rencontre pas ailleurs de

---

[7] *Christus*, ch. VII, p. 359, note.

peuple ayant aussi généralement au même degré les aptitudes voulues, bien que celles-ci soient pourtant fréquentes chez tous les Orientaux, et notamment chez les Chinois, parmi lesquels la tradition métaphysique a gardé malgré cela un caractère beaucoup plus fermé. Ce qui, dans l'Inde, a dû contribuer surtout au développement d'une telle mentalité, c'est le caractère purement traditionnel de l'unité hindoue : on ne peut participer réellement à cette unité qu'autant qu'on s'assimile la tradition, et, comme cette tradition est d'essence métaphysique, on pourrait dire que, si tout Hindou est naturellement métaphysicien, c'est qu'il doit l'être en quelque sorte par définition.

René Guénon

Chapitre X

LA RÉALISATION MÉTAPHYSIQUE

En indiquant les caractères essentiels de la métaphysique, nous avons dit qu'elle constitue une connaissance intuitive, c'est-à-dire immédiate, s'opposant en cela à la connaissance discursive et médiate de l'ordre rationnel. L'intuition intellectuelle est même plus immédiate encore que l'intuition sensible, car elle est au-delà de la distinction du sujet et de l'objet que cette dernière laisse subsister ; elle est à la fois le moyen de la connaissance et la connaissance elle-même, et, en elle, le sujet et l'objet sont unifiés et identifiés. D'ailleurs, toute connaissance ne mérite vraiment ce nom que dans la mesure où elle a pour effet de produire une telle identification, mais qui, partout ailleurs, reste toujours incomplète et imparfaite ; en d'autres termes, il n'y a de connaissance vraie que celle qui participe plus ou moins à la nature de la connaissance intellectuelle pure, qui est la connaissance par excellence. Toute autre connaissance, étant plus ou moins indirecte, n'a en somme qu'une valeur surtout symbolique ou représentative ; il n'y a de connaissance véritable et effective que celle qui nous permet de pénétrer dans la nature même des choses, et, si une telle pénétration peut déjà avoir lieu jusqu'à un certain point dans les degrés inférieurs de la connaissance, ce n'est que dans la connaissance métaphysique qu'elle est pleinement et totalement réalisable.

La conséquence immédiate de ceci, c'est que connaître et être ne sont au fond qu'une seule et même chose ; ce sont, si l'on veut, deux aspects inséparables d'une réalité unique, aspects qui ne sauraient même plus être distingués vraiment là où tout est « sans dualité ». Cela suffit à rendre complètement vaines toutes les « théories de la connaissance » à prétentions pseudo-métaphysiques qui tiennent une si grande place dans la philosophie occidentale moderne, et qui tendent même parfois, comme chez Kant par exemple, à absorber tout le reste, ou tout au moins à se le subordonner ; la seule raison d'être de ce genre de théories est dans une attitude commune à presque tous les philosophes modernes, et d'ailleurs issue du dualisme cartésien, attitude qui consiste à opposer artificiellement le connaître à l'être, ce qui est la négation de toute métaphysique vraie. Cette philosophie en arrive ainsi à vouloir substituer la « théorie de la connaissance » à la connaissance elle-même, et c'est là, de sa part, un véritable aveu d'impuissance ; rien n'est plus caractéristique à cet égard que cette déclaration de Kant : « La plus grande et peut-être la seule utilité de toute philosophie de la raison pure est, après tout, exclusivement négative, puisqu'elle est, non un instrument pour étendre la connaissance, mais une discipline pour la limiter »[8]. De telles paroles ne reviennent-elles pas tout simplement à dire que l'unique prétention des philosophes doit être d'imposer à tous les bornes étroites de leur propre entendement ? C'est là, du reste, l'inévitable résultat de l'esprit de système, qui est, nous le répétons, antimétaphysique au plus haut point.

---

[8] *Kritik der reinen Vernunft, éd Hartenstein p. 256.*

La métaphysique affirme l'identité foncière du connaître et de l'être, qui ne peut être mise en doute que par ceux qui ignorent ses principes les plus élémentaires ; et comme cette identité est essentiellement inhérente à la nature même de l'intuition intellectuelle, elle ne l'affirme pas seulement, elle la réalise. Tout au moins ceci est-il vrai de la métaphysique intégrale ; mais il faut ajouter que ce qu'il y a eu de métaphysique en Occident semble être toujours demeuré incomplet sous ce rapport. Cependant Aristote a posé nettement en principe l'identification par la connaissance, en déclarant expressément que « l'âme est tout ce qu'elle connaît »[9] ; mais ni lui ni ses continuateurs ne semblent avoir jamais donné à cette affirmation sa portée véritable, en en tirant toutes les conséquences qu'elle comporte, de sorte qu'elle est demeurée pour eux quelque chose de purement théorique. Cela est mieux que rien, assurément, mais c'est néanmoins fort insuffisant, et cette métaphysique occidentale nous apparaît comme doublement incomplète : elle l'est déjà théoriquement, en ce qu'elle ne va pas au-delà de l'être, comme nous l'avons expliqué précédemment, et, d'autre part, elle n'envisage les choses, dans la mesure même où elle les envisage, que d'une façon simplement théorique ; la théorie y est présentée en quelque sorte comme se suffisant à elle-même et comme étant sa propre fin, alors qu'elle ne devrait normalement constituer qu'une préparation, d'ailleurs indispensable, en vue d'une réalisation correspondante.

Il faut ici faire une remarque au sujet de la façon dont nous employons ce mot de « théorie » : étymologiquement, son sens premier est celui de « contemplation », et, si on le prenait ainsi, on pourrait dire que la métaphysique toute entière, avec la réalisation

---

[9] *De anima.*

qu'elle implique, est la « théorie » par excellence ; seulement, l'usage a donné à ce mot une acception quelque peu différente, et surtout beaucoup plus restreinte. Tout d'abord, on a pris l'habitude d'opposer « théorie » et « pratique », et, dans sa signification primitive, cette opposition, étant celle de la contemplation et de l'action, serait encore justifiée ici, puisque la métaphysique est essentiellement au-delà du domaine de l'action, qui est celui des contingences individuelles ; mais l'esprit occidental, étant tourné presque exclusivement du côté de l'action, et ne concevant point de réalisation en dehors de celle-ci, en est venu à opposer généralement théorie et réalisation. C'est donc cette dernière opposition que nous acceptons en fait, pour ne pas nous écarter de l'usage reçu, et pour éviter les confusions qui pourraient provenir de la difficulté que l'on a à séparer les termes du sens qu'on est habitué à leur attribuer à tort ou à raison ; cependant, nous n'irons pas jusqu'à qualifier de « pratique » la réalisation métaphysique, car ce mot est resté inséparable, dans le langage courant, de l'idée d'action qu'il exprimait primitivement, et qui ne saurait aucunement s'appliquer ici.

Dans toute doctrine qui est métaphysiquement complète, comme le sont les doctrines orientales, la théorie est toujours accompagnée ou suivie d'une réalisation effective, dont elle est seulement la base nécessaire : aucune réalisation ne peut être abordée sans une préparation théorique suffisante, mais la théorie tout entière est ordonnée en vue de la réalisation, comme le moyen en vue de la fin, et ce point de vue est supposé, au moins implicitement, jusque dans l'expression extérieure de la doctrine. D'autre part, la réalisation effective peut avoir, en outre de la préparation théorique et après elle, d'autres moyens d'un ordre très différent, mais qui ne sont, eux aussi, destinés qu'à lui fournir un support ou un point de départ, qui n'ont en somme qu'un rôle d'« adjuvants », quelle que soit d'ailleurs leur importance de fait : c'est là, notamment, la raison d'être des rites de caractère et de portée proprement métaphysiques dont nous avons signalé l'existence. Toutefois, à la différence de la préparation théorique, ces rites ne sont jamais regardés comme des moyens indispensables, ils ne sont qu'accessoires et non essentiels, et la tradition hindoue, où ils ont cependant une place importante, est tout à fait explicite à cet égard ; mais ils n'en peuvent pas moins, par leur efficacité propre, faciliter grandement la réalisation métaphysique, c'est-à-dire la transformation de cette connaissance virtuelle qu'est la simple théorie en une connaissance effective.

Ces considérations peuvent assurément sembler fort étranges à des Occidentaux, qui n'ont jamais envisagé même la simple possibilité de quelque chose de ce genre ; et pourtant, à vrai dire, on pourrait trouver en Occident une analogie partielle, bien qu'assez lointaine, avec la réalisation métaphysique, dans ce que nous appellerons la réalisation mystique. Nous voulons dire qu'il y a dans les états mystiques, au sens théologique de ce mot, quelque chose d'effectif qui en fait plus qu'une connaissance simplement théorique, encore qu'une réalisation de cet ordre soit toujours forcément limitée. Par là même qu'on ne sort pas du mode proprement religieux, on ne sort pas non plus du domaine individuel ; les états mystiques n'ont rien de supra-individuel, ils n'impliquent qu'une extension plus ou moins indéfinie des seules possibilités individuelles, qui, du reste, vont incomparablement plus loin qu'on ne le suppose d'ordinaire, et surtout que les psychologues ne sont capables de le concevoir, même avec tout ce qu'ils s'efforcent de faire rentrer dans leur « subconscient ». Cette réalisation ne peut avoir une portée universelle ou métaphysique, et elle demeure toujours soumise à l'influence d'éléments individuels, principalement d'ordre sentimental ; c'est là le caractère même du point de vue religieux, mais encore plus accentué que partout ailleurs, comme nous l'avons déjà signalé, et c'est aussi, en même temps, ce qui donne aux états mystiques l'aspect de « passivité » qu'on leur reconnaît assez généralement, sans compter que la confusion des deux ordres intellectuel et sentimental peut y être fréquemment une source d'illusions. Enfin, il faut noter que cette réalisation, toujours fragmentaire et rarement ordonnée, ne suppose point de préparation théorique : les rites religieux y jouent bien ce rôle d'« adjuvants » que jouent ailleurs les rites métaphysiques, mais elle est indépendante, en elle-même, de la théorie religieuse qu'est la théologie ; cela n'empêche pas, du reste, que les mystiques qui possèdent certaines données théologiques s'évitent bien des erreurs que commettent ceux qui en sont dépourvus, et sont plus capables de contrôler dans une certaine mesure leur imagination et leur sentimentalité. Telle qu'elle est, la réalisation mystique, ou en mode religieux, avec ses limitations essentielles, est la seule qui soit connue dans le monde occidental ; nous pouvons dire ici encore, comme tout à l'heure, que cela est mieux que rien, encore que ce soit fort loin de la réalisation métaphysique véritable.

Nous avons tenu à préciser ce point de vue de la réalisation métaphysique, parce qu'il est essentiel à la pensée orientale, et d'ailleurs commun aux trois grandes civilisations dont nous avons parlé. Cependant, nous ne voulons pas y insister outre mesure dans cet exposé, qui doit forcément rester plutôt élémentaire ; nous ne l'envisagerons donc, en ce qui concerne spécialement l'Inde, qu'autant qu'il sera strictement inévitable de le faire, car ce point de vue est peut-être encore plus difficile à comprendre que tout autre pour la généralité des Occidentaux. De plus, il faut dire que, si la théorie peut toujours être exposée sans réserve, ou du moins sous la seule réserve de ce qui est véritablement inexprimable, il n'en est pas de même de ce qui touche à la réalisation.

TROISIÈME PARTIE

LES DOCTRINES HINDOUES

Chapitre I

SIGNIFICATION PRÉCISE DU MOT « HINDOU »

Tout ce qui a été dit jusqu'ici pourrait servir d'introduction, d'une façon absolument générale, à l'étude de toutes les doctrines orientales ; ce que nous dirons maintenant concernera plus particulièrement les doctrines hindoues, adaptées spécialement à des modes de pensée qui, tout en ayant les caractères communs à la pensée orientale dans son ensemble, présentent en outre certains traits distinctifs auxquels correspondent des différences dans la forme, même là où le fond est rigoureusement identique à celui des autres traditions, ce qui est toujours le cas, pour les raisons que nous avons indiquées, quand il s'agit de métaphysique pure. Dans cette partie de notre exposé, il importe de préciser, avant toutes choses, la signification exacte du mot « hindou », dont l'emploi plus ou moins vague donne lieu, en Occident, à de fréquentes méprises.

Pour déterminer nettement ce qui est hindou et ce qui ne l'est pas, nous ne pouvons nous dispenser de rappeler brièvement quelques-unes des considérations que nous avons déjà développées : ce mot ne peut désigner une race, puisqu'il s'applique également à des éléments appartenant à des races diverses, ni encore moins une nationalité, puisque rien de tel n'existe en Orient. A envisager l'Inde dans sa totalité, elle serait plutôt comparable à l'ensemble de l'Europe qu'à tel ou tel État européen, et cela non seulement par son étendue ou par l'importance numérique de sa population, mais aussi par les variétés ethniques que présente celle-ci ; du Nord au Sud de l'Inde, les différences sont au moins aussi grandes, sous ce rapport, que d'une extrémité à l'autre de l'Europe. Il n'y a d'ailleurs, entre les diverses régions, aucun lien gouvernemental ou administratif, si ce n'est celui que les Européens y ont établi récemment d'une façon tout artificielle ; cette unité administrative, il est vrai, avait déjà été réalisée avant eux par les empereurs mongols, et peut-être antérieurement encore par d'autres, mais elle n'eut jamais qu'une existence passagère par rapport à la permanence de la civilisation hindoue, et il est à remarquer qu'elle fut presque toujours due à la domination d'éléments étrangers, ou en tout cas non hindous ; de plus, elle n'alla jamais jusqu'à supprimer complètement l'autonomie des États particuliers, mais s'efforça plutôt de les faire entrer dans une organisation fédérative. D'autre part, on ne trouve nullement dans l'Inde quelque chose qui puisse se comparer au genre d'unité que réalise ailleurs le reconnaissance d'une autorité religieuse commune, que cette autorité soit représentée par une individualité unique, comme dans le Catholicisme, ou par une pluralité de fonctions distinctes, comme dans l'Islamisme ; la tradition hindoue, sans être aucunement de nature religieuse, pourrait cependant impliquer une organisation plus ou moins analogue, mais il n'en est rien, en dépit des suppositions gratuites que certains ont pu faire à cet égard, parce qu'ils ne comprenaient pas comment l'unité pouvait être réalisée effectivement par la seule puissance inhérente à la doctrine traditionnelle elle-même. Cela est bien différent, en effet, de tout ce qui existe en Occident, et pourtant c'est ainsi : l'unité hindoue, nous y avons déjà insisté, est une unité d'ordre purement et exclusivement traditionnel, qui n'a besoin, pour se maintenir, d'aucune forme d'organisation plus ou moins extérieure, ni de l'appui d'aucune autorité autre que celle de la doctrine même.

La conclusion de tout cela peut être formulée de la manière suivante : sont hindous tous ceux qui adhèrent à une même tradition, à la condition, bien entendu, qu'ils soient dûment qualifiés pour pouvoir y adhérer réellement et effectivement, et non pas d'une façon simplement extérieure et illusoire ; au contraire, ne sont pas Hindous ceux qui, pour quelque raison que ce soit, ne participent pas à cette même tradition. Ce cas est notamment celui des Jaïnas et des Bouddhistes ; il est aussi, dans les temps modernes, celui des Sikhs, sur lesquels s'exercèrent d'ailleurs des influences musulmanes dont la marque est très visible dans leur doctrine spéciale. Telle est la véritable distinction, et il ne saurait y en avoir d'autre, encore que celle-là soit assez difficilement saisissable, il faut bien le reconnaître, pour la mentalité occidentale, habituée à se baser sur de tout autres éléments d'appréciation, qui font ici entièrement défaut. Dans ces conditions, c'est un véritable non-sens de parler, par exemple, de « Bouddhisme hindou », comme on le fait pourtant trop souvent en Europe et notamment en France ; lorsqu'on veut désigner le Bouddhisme tel qu'il exista jadis dans l'Inde, il n'y a pas d'autre appellation qui puisse convenir que celle de « Bouddhisme indien », de même que l'on peut parfaitement parler des « Musulmans indiens », c'est-à-dire des Musulmans de l'Inde, qui ne sont aucunement « hindous ». On voit ce qui fait la gravité réelle d'une erreur du genre de celle que nous signalons, et pourquoi elle constitue à nos yeux beaucoup plus qu'une simple inexactitude de détail : c'est qu'elle témoigne d'une profonde méconnaissance du caractère le plus essentiel de la civilisation hindoue ; et le plus étonnant n'est pas que cette ignorance soit commune en Occident, mais qu'elle soit partagée par des orientalistes professionnels.

La tradition dont il s'agit fut apportée dans la contrée qui est l'Inde actuelle, à une époque plus ou moins reculée, et qu'il serait fort difficile de préciser, par des hommes venus du Nord, d'après certaines indications que nous avons déjà rapportées ; il n'est d'ailleurs pas prouvé que ces migrateurs, qui durent s'arrêter successivement en des régions diverses, aient constitué un peuple à proprement parler, du moins à l'origine, ni qu'ils aient primitivement appartenu à une race unique. Quoi qu'il en soit, la tradition hindoue, ou du moins celle qui porte maintenant cette désignation, et qui alors pouvait en avoir une autre ou même n'en avoir aucune, cette tradition, disons-nous, lorsqu'elle se fut établie dans l'Inde, fut adoptée tôt ou tard par la plupart des descendants des populations indigènes ; ceux-ci, les Dravidiens par exemple, devinrent donc hindous en quelque sorte « par adoption », mais alors ils le furent tout aussi véritablement que ceux qui l'avaient toujours été, dès lors qu'ils avaient été admis dans la grande unité de la civilisation traditionnelle, et quand bien même il dût subsister chez eux quelques traces de leur origine, sous la forme de modalités particulières dans la façon de penser et d'agir, pourvu seulement qu'elles fussent compatibles avec l'esprit de la tradition.

Avant son établissement dans l'Inde, cette même tradition était celle d'une civilisation que nous n'appellerons point « âryanisme », ayant déjà expliqué pourquoi ce mot est dépourvu de sens, mais pour laquelle nous pouvons accepter, à défaut d'autre, la dénomination d'« indo-iranienne », bien que son lieu de développement n'ait été vraisemblablement pas plus l'Iran que l'Inde, et simplement pour marquer qu'elle devait par la suite donner naissance aux deux civilisations hindoue et perse, distinctes et même opposées par quelques traits. Il dut donc, à une certaine époque, se produire une scission assez analogue à ce que fut plus tard, dans l'Inde, celle du Bouddhisme ; et la branche séparée, déviée par rapport à la tradition primordiale, fut alors ce qu'on nomme l'« iranisme », c'est-à-dire ce qui devait devenir la tradition perse, appelée encore « Mazdéisme ». Nous avons déjà signalé cette tendance, générale en Orient, des doctrines qui furent d'abord antitraditionnelles à se poser à leur tour en traditions indépendantes ; celle dont il s'agit avait sans doute pris ce caractère longtemps avant d'être codifiée dans l'*Avesta* sous le nom de Zarathustra ou Zoroastre, dans lequel il faut voir d'ailleurs, non pas la désignation d'un homme, mais plutôt celle d'une collectivité, ainsi qu'il arrive souvent en pareil cas : les exemples de Fo-hi pour la Chine, de Vyâsa pour l'Inde, de Thoth ou Hermès pour l'Egypte, le montrent suffisamment. D'un autre côté, une trace très nette de la déviation est demeurée dans la langue même des Perses, où certains mots eurent un sens directement opposé à celui qu'ils avaient primitivement et qu'ils conservèrent en sanskrit ; le cas du mot *dêva* est ici le plus connu, mais on pourrait en citer d'autres, celui du nom d'*Indra* par exemple, et cela ne peut être accidentel. Le caractère dualiste qu'on attribue d'ordinaire à la tradition perse, s'il était réel, serait aussi une preuve manifeste d'altération de la doctrine ; mais il faut dire pourtant que ce caractère semble bien n'être que le fait d'une interprétation fausse ou incomplète, tandis qu'il y a une autre preuve plus sérieuse, constituée par la présence de certains éléments sentimentaux ; du reste, nous n'avons pas à insister ici sur cette question.

À partir du moment où se fut produite la séparation dont nous venons de parler, la tradition régulière peut être dite proprement « hindoue », quelle que soit la région où elle se conserva tout d'abord, et qu'elle ait ou non reçu dès lors en fait cette désignation, dont l'emploi, d'ailleurs, ne doit aucunement donner à penser qu'il y ait eu dans la tradition quelque changement profond et essentiel ; il n'a pu y avoir alors, aussi bien que dans la suite, qu'un développement naturel et normal de ce qui avait été la tradition primordiale. Ceci nous amène directement à signaler encore une erreur des orientalistes, qui, ne comprenant rien à l'immutabilité essentielle de la doctrine, ont cru pouvoir envisager, postérieurement à l'époque « indo-iranienne », trois doctrines successives supposées différentes, auxquelles ils ont donné les noms respectifs de « Vêdisme », de « Brahmanisme » et d'« Hindouisme ». Si l'on ne voulait entendre par là que trois périodes de l'histoire de la civilisation hindoue, cela serait sans doute acceptable, encore que les dénominations soient fort impropres, et que de telles périodes soient extrêmement difficiles à délimiter et à situer chronologiquement. Si même on voulait dire que la doctrine traditionnelle, tout en demeurant la même au fond, a pu recevoir successivement plusieurs expressions plus ou moins différentes pour s'adapter aux conditions particulières, mentales et sociales, de telle ou telle époque, cela pourrait encore être admis, avec des réserves analogues aux précédentes. Mais ce n'est pas là simplement ce que soutiennent les orientalistes : en employant une pluralité de dénominations, ils supposent expressément qu'il s'agit d'une suite de déviations ou d'altérations, qui sont incompatibles avec la régularité traditionnelle, et qui n'ont jamais existé que dans leur imagination. En réalité, la tradition hindoue tout entière est essentiellement fondée sur le *Vêda*, elle l'a toujours été et n'a jamais cessé de l'être ; on pourrait donc l'appeler « Vêdisme », et le nom de « Brâhmanisme » aussi lui convient également à toutes les époques ; peu importe au fond la désignation qu'on préférera lui donner, mais pourvu qu'on se rende bien compte que, sous un ou plusieurs noms, c'est toujours de la même chose qu'il s'agit ; ce n'est que le développement de la doctrine contenue en principe dans le *Vêda*, mot qui signifie d'ailleurs proprement la connaissance traditionnelle par excellence. Il n'y a donc pas d'« Hindouisme » au sens d'une déviation de la pensée traditionnelle, puisque ce qui est vraiment et purement hindou, c'est justement ce qui, par définition, n'admet aucune déviation de cette sorte ; et, si malgré cela il s'est produit parfois certaines anomalies plus ou moins graves, le sens de la tradition les a toujours maintenues dans certaines limites, ou bien les a rejetées entièrement en dehors de l'unité hindoue, et, en tout cas, les a empêchées d'acquérir jamais une autorité réelle ; mais ceci, pour être bien compris, exige encore quelque autres considérations.

Chapitre II

LA PERPÉTUITÉ DU VÊDA

Le nom de *Vêda*, dont nous venons d'indiquer le sens propre, est appliqué d'une façon générale à tous les écrits fondamentaux de la tradition hindoue ; on sait d'ailleurs que ces écrits sont répartis en quatre recueils qui portent les noms respectifs de *Rig-Vêdar Yajur-Vêda, Sâma-Vêda* et *Atharva-Vêda*. La question de la date à laquelle ces recueils ont été composés est une de celles qui préoccupent le plus les orientalistes, et ceux-ci ne sont jamais parvenus à s'entendre sur sa solution, même en se bornant à une estimation très approximative de leur antiquité. Là comme partout ailleurs, on constate surtout, comme nous l'avons déjà indiqué, la tendance à tout rapporter à une époque aussi peu reculée que possible, et aussi à contester l'authenticité de telle ou telle partie des écrits traditionnels, le tout en se basant sur des analyses minutieuses de textes, accompagnées de dissertations aussi interminables que superflues sur l'emploi d'un mot ou d'une forme grammaticale. Ce sont là, en effet, les occupations les plus habituelles des orientalistes, et leur destination ordinaire est, dans l'intention de ceux qui s'y livrent, de montrer que le texte étudié n'est pas si ancien qu'on le pensait, qu'il ne doit pas être de Fauteur auquel il avait toujours été attribué, si toutefois il y en a un, ou, tout au moins, qu'il a été « interpolé » ou a subi une altération quelconque à une époque relativement récente ; ceux qui sont seulement quelque peu au courant des travaux de la « critique biblique » peuvent se faire une idée suffisante de ce qu'est la mise en œuvre de ces procédés. Il n'y a pas lieu de s'étonner que des recherches entreprises dans un pareil esprit n'aboutissent qu'à entasser des volumes de discussions oiseuses, ni que les pitoyables résultats de cette « critique » dissolvante, lorsqu'ils viennent à être connus des Orientaux, contribuent grandement à leur inspirer le mépris de l'Occident. En somme, ce qui échappe totalement aux orientalistes, ce sont toujours les questions de principe, et, comme ce sont précisément celles sans lesquelles on ne peut rien comprendre, puisque tout le reste en dérive et devrait logiquement s'en déduire, ils négligent tout l'essentiel, parce qu'ils sont incapables de le voir, et se perdent irrémédiablement dans les détails les plus insignifiants ou dans les fantaisies les plus arbitraires.

La question de la date à laquelle ont pu être écrites les différentes parties du *Vêda* semble véritablement insoluble, et elle est d'ailleurs sans importance réelle, parce que, avant l'époque plus ou moins lointaine où le texte a été écrit pour la première fois, il faut envisager, comme nous avons eu l'occasion de le faire remarquer précédemment, une période de transmission orale d'une longueur indéterminée. Il est probable que l'origine de l'écriture dans l'Inde est notablement plus ancienne qu'on ne le prétend communément, et que les caractères sanskrits, d'ailleurs, ne sont point dérivés d'un alphabet phénicien, dont ils ne se rapprochent ni par leur forme ni par leur arrangement. Quoi qu'il en soit, ce qu'il y a de certain, c'est qu'il ne faut voir rien de plus qu'une mise en ordre et une fixation définitive de textes traditionnels préexistants dans le travail attribué à Vyâsa, nom qui ne désigne véritablement ni un personnage historique, ni encore moins un « mythe », mais bien, ainsi que nous le notions plus haut, une collectivité intellectuelle. Dans ces conditions, la détermination de l'époque de Vyâsa, en admettant même qu'elle soit possible, n'a que l'intérêt d'un simple fait d'histoire, sans aucune portée doctrinale ; et il est évident, d'autre part, que cette époque peut comprendre une période d'un certain nombre de siècles ; elle pourrait même n'être jamais achevée, de sorte que la question de son point de départ serait seule à se poser réellement, ce qui ne veut pas dire qu'il soit possible de la résoudre, surtout par les procédés spéciaux de l'érudition occidentale.

La transmission orale antécédente est souvent indiquée dans un texte, mais sans aucune donnée chronologique, par ce qu'on appelle le *vansha* ou filiation traditionnelle ; c'est ce qui a lieu notamment pour la plupart des *Upanishads*. Seulement, à l'origine, il faut toujours recourir à une inspiration directe, d'ailleurs indiquée également dans le *vansha*, car il ne s'agit point là d'une œuvre individuelle ; peu importe que la tradition ait été exprimée ou formulée par tel ou tel individu, celui-ci n'en est point l'auteur pour cela, dès lors que cette tradition est essentiellement d'ordre supra-individuel. C'est pourquoi l'origine du *Vêda* est dite *apaurushêya*, c'est-à-dire « non-humaine » : les circonstances historiques, non plus que d'autres contingences, n'exercent aucune influence sur le fond de la doctrine, qui a un caractère immuable et purement intemporel, et il est d'ailleurs évident que l'inspiration dont nous venons de parler peut se produire à n'importe quelle époque. La seule difficulté, ici, est peut-être de faire accepter par les Occidentaux une théorie de l'inspiration, et surtout de leur faire comprendre que cette théorie ne doit être ni mystique ni psychologique, qu'elle doit être purement métaphysique ; cela supposerait, du reste, des développements qui ne rentrent point dans notre dessein présent. Ces quelques indications doivent suffire à faire au moins entrevoir ce que les Hindous veulent dire quand ils parlent de la perpétuité du *Vêda*, qui est aussi en corrélation, d'autre part, avec la théorie cosmologique de la primordialité du son parmi les qualités sensibles, que nous ne pouvons songer à exposer ici ; ce dernier point peut fournir une explication du fait que, même postérieurement à l'usage de l'écriture, l'enseignement oral de la doctrine a toujours conservé dans l'Inde un rôle prépondérant.

Le *Vêda*, étant la connaissance traditionnelle par excellence, est le principe et le fondement commun de toutes les branches plus ou moins secondaires et dérivées de la doctrine ; et, pour celles-ci encore, la question du développement chronologique a fort peu d'importance. Il faut envisager la tradition dans son intégralité, et il n'y a pas à se demander ce qui, dans cette tradition, est primitif ou ne l'est pas, puisqu'il s'agit d'un ensemble parfaitement cohérent, ce qui ne veut point dire systématique, que tous les points de vue qu'il comporte peuvent être envisagés simultanément aussi bien que successivement, et que, par suite, il est peu intéressant de connaître l'ordre historique dans lequel ils ont été développés en fait. C'est même d'autant moins intéressant qu'il ne s'agirait jamais là, en réalité, que du développement de ces points de vue tel qu'il a été formulé par écrit dans les ouvrages que nous pouvons connaître, car, quand on sait voir au-delà des textes et qu'on pénètre davantage au fond des choses, on est forcé de reconnaître qu'ils ont toujours été conçus simultanément dans leur principe même ; c'est pourquoi un texte traditionnel peut être susceptible d'une pluralité d'interprétations ou d'applications, en correspondance avec ces différents points de vue. On ne peut pas assigner à telle ou telle partie de la doctrine un auteur déterminé, pas plus qu'on ne peut le faire pour les textes védiques eux-mêmes, dans lesquels la doctrine tout entière est renfermée synthétiquement, pour autant du moins qu'elle est exprimable ; et, si tel auteur ou commentateur connu a exposé tel point plus ou moins particulier, cela ne veut évidemment pas dire qu'aucun autre ne l'avait fait avant lui, et encore moins que personne n'y avait songé jusque là, même si nul ne l'avait encore formulé dans un texte défini. L'exposition peut sans doute se modifier dans sa forme extérieure pour s'adapter aux circonstances ; mais, nous n'y insisterons jamais trop, le fond reste toujours rigoureusement le même, et ces modifications extérieures n'atteignent et n'affectent en rien l'essence de la doctrine. Ces considérations, en portant la question sur le terrain des principes, font comprendre les principales raisons de l'embarras des chronologistes, en même temps que l'inanité de leurs recherches ; comme ces raisons, dont malheureusement ils ne se rendent point compte, tiennent à la nature même des choses, le mieux serait assurément d'en prendre son parti et de renoncer à soulever des questions insolubles, et, du reste, on s'y résignerait sans peine si l'on s'apercevait seulement que ces questions n'ont aucune portée sérieuse : c'est là ce que nous avons surtout voulu expliquer dans ce chapitre, dont il ne nous était pas possible de traiter complètement le sujet jusque dans ses aspects les plus profonds.

René Guénon

Chapitre III

ORTHODOXIE ET HÉRÉRODOXIE

L'orthodoxie et l'hétérodoxie peuvent être envisagées, non pas seulement au point de vue religieux, bien que ce soit le cas le plus habituel en Occident, mais aussi au point de vue beaucoup plus général de la tradition sous tous ses modes ; en ce qui concerne l'Inde, c'est seulement de cette dernière façon qu'on peut les comprendre, puisqu'il n'y a rien qui y soit proprement religieux, tandis que, pour l'Occident, il n'y a au contraire rien de vraiment traditionnel en dehors de la religion. Pour ce qui est de la métaphysique et de tout ce qui en procède plus ou moins directement, l'hétérodoxie d'une conception n'est pas autre chose, au fond, que sa fausseté, résultant de son désaccord avec les principes fondamentaux ; et cette fausseté est même, le plus souvent, une absurdité manifeste, pour peu qu'on veuille ramener la question à la simplicité de ses données essentielles : il ne saurait en être autrement, dès lors que la métaphysique, comme nous l'avons dit, exclut tout ce qui présente un caractère hypothétique, pour n'admettre que ce dont la compréhension implique immédiatement la véritable certitude. Dans ces conditions, l'orthodoxie ne fait qu'un avec la connaissance véritable, puisqu'elle réside dans un accord constant avec les principes ; et, comme ces principes, pour la tradition hindoue, sont essentiellement contenus dans le *Vêda*, c'est évidemment l'accord avec le *Vêda* qui est ici le critérium de l'orthodoxie. Seulement, ce qu'il faut bien comprendre, c'est qu'il s'agit là bien moins de recourir à l'autorité des textes écrits que d'observer la parfaite cohérence de l'enseignement traditionnel dans son ensemble ; l'accord ou le désaccord avec les textes védiques n'est en somme qu'un signe extérieur de la vérité ou de la fausseté intrinsèque d'une conception, et c'est celle-ci qui constitue réellement son orthodoxie ou son hétérodoxie. S'il en est ainsi, objectera-t-on peut-être, pourquoi donc ne pas parler simplement de vérité ou de fausseté ? C'est que l'unité de la doctrine traditionnelle, avec toute la puissance qui lui est inhérente, fournit le guide le plus sûr pour empêcher les divagations individuelles de se donner libre cours ; il suffit d'ailleurs pour cela de la puissance qu'a la tradition en elle-même, sans qu'il soit besoin de la contrainte exercée par une autorité plus ou moins analogue à une autorité religieuse : ceci résulte de ce que nous avons dit sur la vraie nature de l'unité hindoue. Là où cette puissance de la tradition est absente, et où il n'y a pas même une autorité extérieure pouvant y suppléer dans une certaine mesure, on ne voit que trop, par l'exemple de la philosophie occidentale moderne, à quelle confusion aboutit le développement et l'expansion sans frein des opinions les plus hasardeuses et les plus contradictoires ; si les conceptions fausses prennent alors naissance si facilement et parviennent même à s'imposer à la mentalité commune, c'est qu'il n'est plus possible de se référer à un accord avec les principes, parce qu'il n'y a plus de principes au vrai sens de ce mot. Au contraire, dans une civilisation essentiellement traditionnelle, les principes ne sont jamais perdus de vue, et il n'y a qu'à les appliquer, directement ou indirectement, dans un ordre ou dans un autre ; les conceptions qui s'en écartent se produiront donc beaucoup plus rarement, elles seront même exceptionnelles, et, s'il s'en produit cependant parfois, leur crédit ne sera jamais bien grand : ces déviations resteront toujours des anomalies comme elles l'ont été à leur origine, et, si leur gravité est telle qu'elles deviennent incompatibles avec les principes les plus essentiels de la tradition, elles se trouveront par là même rejetées en dehors de la civilisation où elles avaient pris naissance.

Pour donner un exemple qui éclairera ce que nous venons de dire, nous prendrons le cas de l'atomisme, sur lequel nous aurons encore à revenir par la suite : cette conception est nettement hétérodoxe, car elle est en désaccord formel avec le *Vêda*, et d'ailleurs sa fausseté est facilement démontrable, car elle implique en elle-même des éléments contradictoires ; hétérodoxie et absurdité sont donc bien véritablement synonymes au fond. Dans l'Inde, l'atomisme apparut tout d'abord dans l'école cosmologique de Kanâda ; il est à remarquer, du reste, que les conceptions hétérodoxes ne pouvaient guère se former dans les écoles adonnées à la spéculation purement métaphysique, parce que, sur le terrain des principes, l'absurdité ressort beaucoup plus immédiatement que dans les applications secondaires. Cette théorie atomiste ne fut jamais, chez les Hindous, qu'une simple anomalie sans grande importance, du moins tant qu'il ne vint pas s'y ajouter quelque chose de plus grave ; elle n'eut donc qu'une extension fort restreinte, surtout si on la compare à celle qu'elle devait acquérir plus tard chez les Grecs, où elle fut couramment acceptée par diverses écoles de « philosophie physique », parce que les principes traditionnels faisaient déjà défaut, et où l'Épicurisme surtout lui donna une diffusion considérable, dont l'influence s'exerce encore sur les Occidentaux modernes. Pour en revenir à l'Inde, l'atomisme ne se présenta tout d'abord que comme une théorie cosmologique spéciale, dont la portée, comme telle, était assez limitée ; mais, pour ceux qui admettaient cette théorie, l'hétérodoxie sur ce point particulier devait logiquement entraîner l'hétérodoxie sur beaucoup d'autres points, car tout se tient étroitement dans la doctrine traditionnelle. Ainsi, la conception des atomes comme éléments constitutifs des choses a pour corollaire celle du vide dans lequel ces atomes doivent se mouvoir ; de là devait sortir tôt ou tard une théorie du « vide universel », entendu non point dans un sens métaphysique se rapportant au « non-manifesté », mais au contraire dans un sens physique ou cosmologique, et c'est ce qui eut lieu en effet avec certaines écoles bouddhiques qui, identifiant ce vide avec l'*âkâsha* ou éther, furent naturellement amenées par là à nier l'existence de celui-ci comme élément corporel, et à n'admettre plus que quatre éléments au lieu de cinq. Il faut encore noter, à ce propos, que la plupart des philosophes grecs n'ont admis aussi que quatre éléments, comme les écoles bouddhiques dont il s'agit, et que, si quelques-uns ont cependant parlé de l'éther, ils ne l'ont jamais fait que d'une façon assez restreinte, en lui donnant une acception beaucoup plus spéciale que les Hindous, et d'ailleurs beaucoup moins nette. Nous avons déjà dit suffisamment de quel côté doivent être les emprunts quand on constate des concordances de ce genre, et surtout quand ces emprunts sont faits d'une façon incomplète qui est peut-être leur marque la plus visible ; et qu'on n'aille pas objecter que les Hindous auraient « inventé » l'éther après coup, pour des raisons plus ou moins plausibles, analogues à celles qui le font accepter assez généralement par les physiciens modernes ; leurs raisons sont d'un tout autre ordre et ne sont point tirées de l'expérience ; il n'y a aucune « évolution » des conceptions traditionnelles, ainsi que nous l'avons déjà expliqué, et d'ailleurs le témoignage des textes védiques est formel aussi bien pour l'éther que pour les quatre autres éléments corporels. Il semble donc que les Grecs, lorsqu'ils ont été en contact avec la pensée hindoue, n'aient, dans bien des cas, recueilli cette pensée que déformée et mutilée, et encore ne l'ont-ils pas toujours exposée fidèlement telle qu'ils l'avaient recueillie ; du reste, il est possible, comme nous l'avons indiqué, qu'ils se soient trouvés, au cours de leur histoire, en rapports plus directs et plus suivis avec les Bouddhistes, ou du moins, avec certains Bouddhistes, qu'avec les Hindous. Quoi qu'il en soit, ajoutons encore, en ce qui concerne l'atomisme, que ce qui en fait surtout la gravité, c'est que ses caractères le prédisposent à servir de fondement à ce « naturalisme » qui est aussi généralement contraire à la pensée orientale qu'il est fréquent, sous des formes plus ou moins accentuées, dans les conceptions occidentales ; on peut dire en effet que, si tout « naturalisme » n'est pas forcément atomiste, l'atomisme est toujours plus ou moins « naturaliste », en tendance tout au moins ; quand il s'incorpore à un système philosophique, comme ce fut le cas chez les Grecs, il devient même « mécaniste », ce qui ne veut pas toujours dire « matérialiste », car le matérialisme est chose toute moderne. Peu importe d'ailleurs ici, puisque, dans l'Inde, ce n'est point de systèmes philosophiques qu'il s'agit, non plus que de dogmes religieux ; les déviations mêmes de la pensée hindoue n'ont jamais été ni religieuses ni philosophiques, et cela est vrai même pour le Bouddhisme, qui est pourtant, dans tout l'Orient, ce qui paraît se rapprocher le plus, à certains égards, des points de vue occidentaux, et ce qui, par là même, se prête le plus facilement aux fausses assimilations dont les orientalistes sont coutumiers ; à ce propos, et bien que l'étude du Bouddhisme ne rentre pas proprement dans notre sujet, il nous faut cependant en dire ici tout au moins quelques mots, ne serait-ce que pour dissiper certaines confusions courantes en Occident.

Introduction générale à l'étude des doctrines hindoues

Chapitre IV

À PROPOS DU BOUDDHISME [10]

Le Bouddhisme, venons-nous de dire, semble plus rapproché, ou plutôt moins éloigné des conceptions occidentales que les autres doctrines de l'Orient, et, par

---

[10] À l'intention des lecteurs qui auraient eu connaissance de la première édition de ce livre, nous estimons opportun d'indiquer brièvement les raisons qui nous ont amené à modifier le présent chapitre : lorsqu'a paru cette première édition, nous n'avions aucun motif de mettre en doute que, comme on le prétend habituellement les formes les plus restreintes et les plus nettement antimétaphysiques du *Hinayâna* représentaient l'enseignement même de Shâkya-Muni ; nous n'avions pas le temps d'entreprendre les longues recherches qui auraient été nécessaires pour approfondir davantage cette question, et d'ailleurs, ce que nous connaissions alors du Bouddhisme n'était nullement de nature à nous y engager. Mais, depuis lors, les choses ont pris un tout autre aspect par suite des travaux d'A.K. Coomaraswamy (qui lui-même n'était pas bouddhiste, mais hindou, ce qui garantit suffisamment son impartialité) et de sa réinterprétation du Bouddhisme originel, dont il est si difficile de dégager le véritable sens de toutes les hérésies qui sont venues s'y greffer ultérieurement et que nous avions naturellement eues surtout en vue lors de notre première rédaction ; il va de soi que, en ce qui concerne ces formes déviées, ce que nous avions écrit d'abord reste entièrement valable. Ajoutons à cette occasion que nous sommes toujours disposé à reconnaître la valeur traditionnelle de toute doctrine, où qu'elle se trouve, dès que nous en avons des preuves suffisantes ; mais malheureusement, si les nouvelles informations que nous avons eues ont été entièrement à l'avantage de la doctrine de Shâkya-Muni (ce qui ne veut pas dire de toutes les écoles bouddhiques indistinctement), il en est tout autrement pour toutes les autres choses dont nous avons dénoncé le caractère antitraditionnel.

conséquent, plus facile à étudier pour les Occidentaux ; c'est sans doute là ce qui explique la prédilection marquée que lui témoignent les orientalistes. Ceux-ci, en effet, pensent trouver là quelque chose qui rentre dans les cadres de leur mentalité, ou qui du moins n'y échappe pas complètement ; en tout cas, ils ne s'y trouvent pas, comme dans les autres doctrines, gênés par une totale impossibilité de compréhension que, sans se l'avouer à eux-mêmes, ils doivent pourtant sentir plus ou moins confusément. Telle est du moins l'impression qu'ils éprouvent en présence de certaines formes du Bouddhisme, car, comme nous le dirons tout à l'heure, il y a bien des distinctions à faire à cet égard ; et, tout naturellement, ils veulent voir dans ces formes qui leur sont le plus accessibles le Bouddhisme véritable et en quelque sorte primitif, tandis que les autres n'en seraient, suivant eux, que des altérations plus ou moins tardives. Mais le Bouddhisme, quel qu'il soit, et même dans les aspects les plus « simplistes » qu'il ait pu revêtir dans quelques-unes de ses branches, est tout de même encore oriental malgré tout ; aussi les orientalistes poussent-ils beaucoup trop loin l'assimilation avec les points de vue occidentaux, par exemple quand ils veulent en faire l'équivalent d'une religion au sens européen du mot, ce qui, du reste, les jette parfois dans un singulier embarras : certains, ne reculant pas devant une contradiction dans les termes, n'ont-ils pas déclaré que c'était une « religion athée » ? En réalité, d'ailleurs, le Bouddhisme n'est pas plus « athée » qu'il n'est « théiste » ou « panthéiste » ; ce qu'il faut dire simplement, c'est qu'il ne se place pas au point de vue par rapport auquel ces divers termes ont un sens ; mais, s'il ne s'y place pas, c'est précisément qu'il n'est point une religion. Ainsi, cela même qui pourrait paraître le moins étranger à leur propre mentalité, les orientalistes trouvent encore moyen de le dénaturer par leurs interprétations, et même de plusieurs façons car, quand ils veulent y voir une philosophie, ils ne le dénaturent guère moins qu'en voulant en faire une religion : si par exemple on parle de « pessimisme » comme on le fait si souvent, ce n'est pas le Bouddhisme que l'on caractérise, ou du moins ce n'est que le Bouddhisme vu à travers la philosophie de Schopenhauer ; le bouddhisme authentique n'est ni « pessimiste » ni « optimale », car, pour lui, les questions ne se posent pas précisément de cette façon ; mais il faut croire qu'il est bien gênant pour certains de ne pouvoir appliquer à une doctrine les étiquettes occidentales.

La vérité est que le Bouddhisme n'est ni une religion ni une philosophie, bien que, surtout dans celles de ses formes qui ont la préférence des orientalistes, il soit plus rapproché de l'une et de l'autre à quelques égards que ne le sont les doctrines traditionnelles hindoues. En effet, il s'agit là d'écoles qui, s'étant mises en dehors de la tradition régulière, et ayant par là même perdu de vue la métaphysique véritable, devaient inévitablement être amenées à substituer à celle-ci quelque chose qui ressemble au point de vue philosophique dans une certaine mesure, mais dans une certaine mesure seulement. On y trouve même parfois des spéculations qui, si on ne les envisage que superficiellement, peuvent faire penser à la psychologie, mais, évidemment, ce n'est point là proprement de la psychologie, chose toute occidentale et, même en Occident, toute récente, puisqu'elle ne date réellement que de Locke ; il ne faudrait pas attribuer aux Bouddhistes une mentalité qui procède tout spécialement du moderne empirisme anglo-saxon. Le rapprochement, pour être légitime, ne doit point aller jusqu'à une assimilation et, semblablement, pour ce qui est de la religion, le Bouddhisme ne lui est effectivement comparable que sur un point, important sans doute, mais insuffisant pour faire conclure à une identité de pensée : c'est l'introduction d'un élément sentimental, qui du reste peut s'expliquer dans tous les cas par une adaptation aux conditions particulières de la période dans laquelle ont pris naissance les doctrines qui en sont affectées, et qui, par conséquent, est loin d'impliquer nécessairement que celles-ci soient toutes d'une même espèce. La différence réelle des points de vue peut être beaucoup plus essentielle qu'une ressemblance qui, en somme, porte surtout sur la forme d'expression des doctrines ; c'est là ce que méconnaissent notamment ceux qui parlent de « morale bouddhique » : ce qu'ils prennent pour de la morale, d'autant plus facilement que son côté sentimental peut en effet prêter à cette confusion, est en réalité envisagé sous un tout autre aspect et a une raison d'être bien différente, qui n'est pas même d'un ordre équivalent. Un exemple suffira pour permettre de s'en rendre compte : la formule bien connue : « Que les êtres soient heureux », concerne l'universalité des êtres, sans aucune restriction, et non les seuls êtres humains ; c'est là une extension dont le point de vue moral, par définition même, n'est aucunement susceptible. La « compassion » bouddhique n'est point la « pitié » de Schoppenhauer ; elle serait bien plutôt comparable à la « charité cosmique » des Musulmans, qui est d'ailleurs parfaitement transposable en dehors de tout sentimentalisme. Il n'en reste pas moins que le Bouddhisme est incontestablement revêtu d'une forme sentimentale qui, sans aller jusqu'au « moralisme », constitue pourtant un élément caractéristique dont il y a lieu de tenir compte, d'autant plus que c'est un de ceux qui le différencient très nettement des doctrines hindoues, et qui le font apparaître comme certainement plus éloigné que celles-ci de la « primordialité » traditionnelle.

Un autre point qu'il est bon de noter à ce propos c'est qu'il existe un lien assez étroit entre la forme sentimentale d'une doctrine et sa tendance à la diffusion, tendance qui existe dans le Bouddhisme comme dans les religions, ainsi que le prouve son expansion dans la plus grande partie de l'Asie ; mais, là encore, il ne faut pas exagérer la ressemblance, et il n'est peut-être pas très juste de parler des « missionnaires » bouddhiques qui se répandirent hors de l'Inde à certaines époques, car, outre qu'il ne s'agit jamais là en fait que de quelques personnages isolés, le mot fait trop inévitablement songer aux méthodes de propagande et de prosélytisme qui sont le propre des Occidentaux. Ce qui est très remarquable d'autre part, c'est que, à mesure que cette diffusion se produisait, le Bouddhisme déclinait dans l'Inde même et finissait par s'y éteindre entièrement, après y avoir produit en dernier lieu des écoles dégénérées et nettement hétérodoxes, qui sont celles que visent les ouvrages hindous contemporains de cette dernière phase du Bouddhisme indien, notamment ceux de Shankarâ-chârya, qui ne s'en occupent jamais que pour réfuter les théories de ces écoles au nom de la doctrine traditionnelle, sans d'ailleurs les imputer aucunement au fondateur même du Bouddhisme, ce qui indique bien qu'il ne s'agissait là que d'une dégénérescence ; et le plus curieux est que ce sont précisément ces formes amoindries et déviées qui, aux yeux de la plupart des orientalistes, passent pour représenter avec la plus grande approximation possible le véritable Bouddhisme originel. Nous y reviendrons tout à l'heure ; mais, avant d'aller plus loin, il importe de bien préciser que, en réalité, l'Inde ne fut jamais bouddhiste, contrairement à ce que prétendent généralement les orientalistes, qui veulent en quelque sorte faire du Bouddhisme le centre même de tout ce qui concerne l'Inde et son histoire : l'Inde avant le Bouddhisme, l'Inde après le Bouddhisme, telle est la coupure la plus nette qu'ils croient pouvoir y établir, entendant d'ailleurs par là que le Bouddhisme laissa, même après son extinction totale, une empreinte profonde dans son pays d'origine, ce qui est complètement faux pour la raison même que nous venons d'indiquer. Il est vrai que ces orientalistes, qui s'imaginent que les Hindous ont dû faire des emprunts à la philosophie grecque, pourraient tout aussi bien soutenir, sans beaucoup plus d'invraisemblance, qu'ils en ont fait aussi au Bouddhisme ; et nous ne sommes pas bien sûr que ce ne soit pas là le fond de la pensée de quelques-uns d'entre eux. Il faut reconnaître qu'il y a, à cet égard, quelques exceptions honorables, et c'est ainsi que Barth a dit que « le Bouddhisme a seulement eu l'importance d'un épisode », ce qui, en ce qui concerne l'Inde, est la stricte vérité ; mais, malgré cela, l'opinion contraire n'a pas cessé de prévaloir, sans parler, bien entendu, de la grossière ignorance du vulgaire qui, en Europe, se figure volontiers que le Bouddhisme règne encore actuellement dans l'Inde ! Ce qu'il faudrait dire, c'est seulement que, vers l'époque du roi Ashoka, c'est-à-dire vers le IIIe siècle avant l'ère chrétienne, le Bouddhisme eut dans l'Inde une période de grande extension, en même temps qu'il commençait à se répandre hors de l'Inde, et que cette période fut d'ailleurs promptement suivie de son déclin ; mais, même pour cette époque, si l'on voulait trouver une similitude dans le monde occidental, on devrait dire que cette extension fut bien plutôt comparable à celle d'un ordre monastique qu'à celle d'une religion s'adressant à tout l'ensemble de la population ; cette comparaison, sans être parfaite, serait assurément la moins inexacte de toutes.

Ce n'est pas encore tout en ce qui concerne les fantaisies des orientalistes : nous en voyons certains, comme Max Müller, s'efforcer de découvrir « les germes du Bouddhisme », c'est-à-dire, tout au moins suivant la façon dont ils le conçoivent, les germes de l'hétérodoxie, jusque dans les *Upanishads*[11] qui, faisant partie intégrante du *Vêda*, sont un des fondements essentiels de l'orthodoxie hindoue ; il serait assurément difficile de pousser plus loin l'absurdité

---

[11] *The Upanishads*, T. II, Introduction, pp. XXVI-XXVII et L-III.

et de faire preuve d'une incompréhension plus complète. Quelque idée qu'on se fasse du Bouddhisme, il est pourtant bien facile de comprendre que, né dans un milieu hindou et issu en quelque sorte de l'Hindouisme, il devait toujours, même en se détachant de celui-ci, garder quelque chose de commun avec lui, et que ce qu'on trouve de semblable de part et d'autre ne s'explique pas autrement ; M. Roussel a sans doute exagéré en sens contraire en insistant sur le manque absolu d'originalité de cette doctrine, mais cette opinion est du moins plus plausible que celle de Max Müller et n'implique en tout cas aucune contradiction, et nous ajouterons qu'elle exprimerait plutôt un éloge qu'une critique pour ceux qui, comme nous, s'en tiennent au point de vue traditionnel, puisque les différences entre les doctrines, pour être légitimes, ne peuvent être qu'une simple affaire d'adaptation, ne portant toujours que sur des formes d'expression plus ou moins extérieures et n'affectant aucunement les principes mêmes ; l'introduction de la forme sentimentale elle-même est dans ce cas, du moins tant qu'elle laisse subsister la métaphysique intacte au centre de la doctrine.

Cela dit, il faudrait maintenant se demander jusqu'à quel point on peut parler du Bouddhisme en général, comme on a l'habitude de le faire, sans s'exposer à commettre de multiples confusions ; pour éviter celles-ci, il l'a faudrait au contraire avoir soin de préciser toujours de quel Bouddhisme il s'agit, car, en fait, le Bouddhisme a compris et comprend encore un grand nombre de branches ou d'écoles différentes, et l'on ne saurait attribuer à toutes indistinctement ce qui n'appartient en propre qu'à l'une ou à l'autre d'entre elles. Ces écoles peuvent, dans leur ensemble, se ranger dans les deux grandes divisions qui portent les noms de *Mahâyâna* et de *Hînayâna*, qu'on traduit ordinairement par « Grand véhicule » et « Petit véhicule », mais qu'il serait peut-être plus exact et plus clair

tout à la fois de rendre par « Grande Voie » et « Petite Voie » ; il vaut beaucoup mieux garder ces noms, qui sont ceux qui les désignent authentiquement, que de leur substituer des dénominations comme celles de « Bouddhisme du Nord » et de « Bouddhisme du Sud », qui n'ont qu'une valeur purement géographique, d'ailleurs assez vague, et qui ne caractérisent aucunement les doctrines dont il s'agit. C'est le *Mahâyâna* seul qui peut être regardé comme représentant vraiment une doctrine complète, y compris le côté proprement métaphysique qui en constitue la partie supérieure et centrale ; au contraire, le *Hînayâna* apparaît comme une doctrine réduite en quelque sorte à son aspect le plus extérieur et n'allant pas plus loin que ce qui est accessible à la généralité des hommes, ce qui justifie sa dénomination et, naturellement, c'est dans cette branche amoindrie du Bouddhisme, dont le Bouddhisme de Ceylan est actuellement le représentant le plus typique, que se sont produites les déviations auxquelles nous avons fait allusion plus haut. C'est ici que les orientalistes renversent véritablement les rapports normaux, ils veulent que les écoles les plus déviées, celles qui poussent le plus loin l'hétérodoxie, soient l'expression la plus authentique du *Hînayâna*, et que le *Hînayâna* lui-même soit proprement le Bouddhisme primitif, ou tout au moins sa continuation régulière, à l'exclusion du *Mahâyâna* qui ne serait, suivant eux, que le produit d'une série d'altérations et d'adjonctions plus ou moins tardives. En cela, il ne font en somme que suivre les tendances antitraditionnelles de leur propre mentalité, qui les portent naturellement à sympathiser avec tout ce qui est hétérodoxe, et ils se conforment aussi plus particulièrement à cette fausse conception, à peu près générale chez les Occidentaux modernes, suivant laquelle ce qui est le plus simple, nous dirions volontiers le plus rudimentaire, doit être par là même le plus ancien ; avec de tels préjugés, il ne leur vient même pas à l'idée que ce pourrait bien être tout
le contraire qui serait vrai. Dans ces conditions, il est permis de se

demander quelle étrange caricature a bien pu être présentée aux Occidentaux comme étant le véritable Bouddhisme, tel que son fondateur l'aurait formulé, et l'on ne peut s'empêcher de sourire en pensant que c'est cette caricature qui est devenue un objet d'admiration pour tant d'entre eux, et qui les a séduits à tel point qu'il en est qui n'ont pas hésité à proclamer leur adhésion, d'ailleurs toute théorique et « idéale », à ce bouddhisme qui se trouve être si extraordinairement conforme à leur tournure d'esprit « rationaliste » et « positiviste ».

Bien entendu, quand nous disons que le *Mahâyâna* devrait être inclus dans le Bouddhisme dès son origine, cela doit se comprendre de ce que nous pourrions appeler son essence, indépendamment des formes plus ou moins spéciales qui sont propres à ses différentes écoles ; ces formes ne sont que secondaires, mais elles sont tout ce que permet d'y voir la « méthode historique », et c'est là ce qui donne une apparence de justification aux affirmations des orientalistes lorsqu'ils disent que le *Mahâyâna* est « tardif » ou qu'il n'est qu'un Bouddhisme « altéré ». Ce qui complique encore les choses, c'est que le Bouddhisme, en sortant de l'Inde, s'est modifié dans une certaine mesure et de façons diverses, et que d'ailleurs il devait forcément se modifier ainsi pour s'adapter à des milieux très différents ; mais toute la question serait de savoir jusqu'où vont ces modifications, et elle ne semble pas très facile à résoudre, surtout pour ceux qui n'ont à peu près aucune idée des doctrines traditionnelles avec lesquelles il s'est trouvé en contact. Il en est ainsi notamment pour l'Extrême-Orient, où le taoïsme a manifestement influencé, tout au moins quant à leurs modalités d'expression, certaines branches du *Mahâyâna* ; l'école *Zen*, en particulier, a adopté des méthodes dont l'inspiration taoïste est tout-à-fait évidente. Ce fait peut s'expliquer par le caractère particulier de la tradition extrême-orientale, et par la séparation profonde qui existe entre ses deux parties intérieure et extérieure, c'est-à-dire entre le Taoïsme et le Confucianisme ; dans ces conditions, le Bouddhisme pouvait en quelque sorte prendre place dans un domaine intermédiaire entre l'un et l'autre, et l'on peut même dire que, dans certains cas, il a véritablement servi de « couverture extérieure » au Taoïsme, ce qui a permis à celui-ci de rester toujours très fermé, beaucoup plus facilement qu'il ne l'aurait pu sans cela. C'est ce qui explique aussi que le Bouddhisme extrême-oriental se soit assimilé certains symboles d'origine taoïste, et que, par exemple, il ait parfois identifié *Kouan-yin* à un *Bodhisattwa* ou plus précisément à un aspect féminin d'*Avalokiteshvara*, en raison de la fonction « providentielle » qui leur est commune ; et ceci, notons-le en passant, a encore causé une méprise des orientalistes qui, pour la plupart, ne connaissent guère le Taoïsme que de nom ; ils se sont imaginé que *Kouan-yin* appartenait en propre au Bouddhisme, et ils semblent ignorer complètement sa provenance essentiellement taoïste. Du reste, c'est assez leur habitude, quand ils se trouvent en présence de quelque chose dont ils ne savent pas déterminer exactement le caractère ou l'origine, de se tirer d'affaire en lui appliquant l'étiquette « bouddhique » ; c'est là un moyen assez commode de dissimuler leur embarras plus ou moins conscient, et ils y ont recours d'autant plus volontiers que, en vertu du monopole de fait qu'ils sont parvenus à établir à leur profit, ils sont à peu près sûrs que personne ne viendra les contredire ; que peuvent craindre à cet égard des gens qui posent en principe qu'il n'y a de compétence vraie, dans l'ordre d'études dont il s'agit, que celle qui s'acquiert à leur école ? Il va sans dire, du reste, que tout ce qu'ils déclarent ainsi « bouddhique » au gré de leur fantaisie, aussi bien que ce qui l'est réellement, n'est en tout cas pour eux que du « Bouddhisme altéré » ; dans un manuel d'histoire des religions que nous avons déjà mentionné, et où le chapitre relatif à la Chine témoigne d'ailleurs dans son ensemble d'une incompréhension fort regrettable, on déclare que, « du Bouddhisme primitif, il ne reste plus trace en Chine », et que les doctrines qui y existent actuellement « n'ont de Bouddhisme que le nom »[12] ; si l'on entend par « Bouddhisme primitif » ce que les orientalistes présentent comme tel, cela est tout à fait exact, mais il faudrait tout d'abord savoir si l'on doit accepter la conception qu'ils s'en font, ou si ce n'est pas plutôt celle-ci qui, au contraire, ne représente effectivement qu'un Bouddhisme dégénéré.

La question des rapports du Bouddhisme avec le Taoïsme est encore relativement facile à élucider, à la condition, bien entendu, de savoir ce qu'est le Taoïsme ; mais il faut reconnaître qu'il en est de plus complexes ; c'est surtout le cas lorsqu'il s'agit, non plus d'éléments appartenant à des traditions étrangères à l'Inde, mais bien d'éléments hindous, au sujet desquels il peut être difficile de dire s'ils ont toujours été plus ou moins étroitement associés au Bouddhisme, du fait même de l'origine indienne de celui-ci, ou s'ils ne se sont intégrés qu'il près coup à certaines de ses formes. Il en est ainsi, par exemple, pour les éléments shivaïstes qui tiennent une si grande place dans le Bouddhisme thibétain, désigné communément sous le nom assez peu correct de « Lamaïsme » ; cela n'est d'ailleurs pas exclusivement particulier au Thibet, car on rencontre aussi à Java un *Shiva-Buddha* qui témoigne d'une semblable association poussée aussi loin qu'il est possible. En fait, la solution de cette question pourrait se trouver dans l'étude des relations du Bouddhisme, même originel, avec le Tantrisme ; mais ce dernier est si mal connu en Occident qu'il serait à peu près inutile d'en parler sans entrer dans de

---

[12] *Christus*, ch. IV, p. 187.

trop longues considérations qui ne sauraient trouver place ici ; aussi nous bornerons-nous à cette simple indication, pour la même raison qui nous a déterminé à ne faire qu'une brève mention de la civilisation thibétaine, en dépit de son importance, lorsque nous avons énuméré les grandes divisions de l'Orient.

Maintenant il nous reste encore un dernier point à traiter au moins sommairement : pourquoi le Bouddhisme s'est-il tellement répandu hors de son pays d'origine et y a-t-il eu un si grand succès, alors que, dans ce pays même, il a dégénéré assez rapidement et a fini par s'éteindre, et n'est-ce pas précisément dans cette diffusion au dehors que résiderait la véritable raison d'être du Bouddhisme lui-même ? Ce que nous voulons dire, c'est que le Bouddhisme apparaît comme ayant été réellement destiné à des peuples non indiens ; il fallait cependant qu'il prît son origine de l'Hindouïsme même, afin qu'il en reçût les éléments qui devaient être transmis ailleurs après une adaptation nécessaire ; mais cette tâche étant accomplie, il était en somme normal qu'il disparût de l'Inde où il n'avait pas sa vraie place. On pourrait, à cet égard, faire assez justement une comparaison entre la situation du Bouddhisme par rapport à l'Hindouïsme et celle du Christianisme par rapport au Judaïsme, à la condition, bien entendu, de tenir toujours compte des différences de points de vue sur lesquelles nous avons insisté. En tout cas, cette considération est la seule qui permette de reconnaître au Bouddhisme, sans commettre d'illogisme, le caractère de doctrine traditionnelle qu'il est impossible de refuser tout au moins au *Mahâyâna*, en même temps que l'hétérodoxie non moins évidente des formes ultimes et déviées du *Hînayâna* ; et c'est elle aussi qui explique ce qu'a pu être réellement la mission du Bouddha. Si celui-ci avait enseigné la doctrine hétérodoxe que lui attribuent les orientalistes, il serait tout à fait inconcevable que nombre d'Hindous orthodoxes n'hésitent pas à le regarder comme un

Avatâra, c'est-à-dire comme une « manifestation divine », dont ce qui est rapporté de lui présente d'ailleurs en effet tous les caractères ; il est vrai que les orientalistes, qui entendent écarter de parti-pris tout ce « lui est d'ordre « non humain » prétendent que ce n'est lu que la « légende », c'est-à-dire quelque chose de dénué de toute valeur historique, et que cela encore est étranger au « Bouddhisme primitif », mais, si l'on écarte ces traits « légendaires », que reste-t-il du fondateur du bouddhisme en tant qu'individualité purement humaine ? Cela serait assurément bien difficile à dire, mais la « critique » occidentale ne s'embarrasse pas pour si peu et, pour écrire une vie du Bouddha accommodée à ses vues, elle va jusqu'à poser en principe, avec Oldenberg, que les « Indo-Germains n'admettent pas le miracle » ; comment garder son sérieux devant de pareilles affirmations ? Cette soi-disant « reconstitution historique » de la vie de Bouddha vaut tout juste autant que celle de sa doctrine « primitive », et elle procède tout entière des mêmes préjugés ; dans l'une comme dans l'autre, il s'agit avant tout de supprimer tout ce qui gêne la mentalité moderne, et c'est au moyen de ce procédé éminemment « simpliste » que ces gens s'imaginent atteindre la vérité.

Nous n'en dirons pas davantage là-dessus, puisque ce n'est pas le Bouddhisme que nous nous proposons d'étudier ici, et qu'il nous suffisait en somme de le « situer », d'une part, par rapport aux doctrines hindoues et, d'autre part, par rapport aux points de vue occidentaux auxquels on cherche à l'assimiler plus ou moins indûment. Nous pouvons donc, après cette digression, revenir aux conceptions proprement hindoues, mais nous ne le ferons pas sans formuler encore une dernière réflexion qui pourra servir en quelque sorte de conclusion à tout ce qui vient d'être dit : si les orientalistes, qui se sont pour ainsi dire « spécialisés » dans le Bouddhisme, commettent à son sujet tant de graves erreurs, que peut bien valoir ce qu'ils disent des autres doctrines, qui n'ont jamais été pour eux qu'un objet d'études secondaires et presque « accidentel » par rapport à celui-là ?

Chapitre V

LA LOI DE MANU

Parmi les notions qui sont susceptibles de causer un grand embarras aux Occidentaux, parce qu'elles n'ont points d'équivalent chez eux, on peut citer celle qui est exprimée en sanskrit par le mot *dharma* ; assurément, il ne manque pas de traductions proposées par les orientalistes, mais dont la plupart sont grossièrement approximatives ou même tout à fait erronées, toujours en raison des confusions de points de vue que nous avons signalées. Ainsi, on veut parfois rendre *dharma* par « religion », alors que le point de vue religieux ne s'applique point ; mais, en même temps, on doit reconnaître que ce n'est pas la conception de la doctrine, supposée à tort religieuse, que ce mot désigne proprement. D'autre part, s'il s'agit de l'accomplissement des rites, qui n'ont pas davantage le caractère religieux, ils sont désignés, dans leur ensemble, par un autre mot, celui de *karma*, qui est pris alors dans une acception spéciale, technique en quelque sorte, son sens général étant celui d'« action ». Pour ceux qui veulent à toute force voir une religion dans la tradition hindoue, il resterait alors ce qu'ils croient être la morale, et c'est celle-ci qui serait appelée plus précisément *dharma* ; de là, suivant les cas, des interprétations diverses et plus ou moins secondaires comme celles de « vertu », de « justice », de « mérite », de « devoir », toutes notions exclusivement morales en effet, mais qui, par cela même, ne rendent à aucun degré la conception dont il s'agit.

Le point de vue moral, sans lequel ces notions sont dépourvues de sens, n'existe point dans l'Inde ; nous y avons déjà suffisamment insisté, et nous avons même indiqué que le Bouddhisme, qui seul pourrait paraître propre à l'introduire, n'avait pas été jusque là dans la voie du sentimentalisme. D'ailleurs, ces mêmes notions, remarquons-le en passant, ne sont pas toutes également essentielles au point de vue moral lui-même ; nous voulons dire qu'il en est certaines qui ne sont pas communes à toute conception morale : ainsi, l'idée de devoir ou d'obligation est absente de la plupart des morales antiques, de celle des Stoïciens notamment ; ce n'est que chez les modernes, et surtout depuis Kant, qu'elle est arrivée à jouer un rôle prépondérant. Ce qu'il importe de noter à ce propos, parce que c'est là une des sources d'erreur les plus fréquentes, c'est que des idées ou des points de vue qui sont devenus habituels tendent par là même à paraître essentiels ; c'est pourquoi on s'efforce de les transporter dans l'interprétation de toutes les conceptions, même les plus éloignées dans le temps ou dans l'espace, et pourtant il n'y aurait souvent pas besoin de remonter bien loin pour en découvrir l'origine et le point de départ.

Cela dit pour écarter les fausses interprétations, qui sont les plus courantes, nous essaierons d'indiquer, aussi nettement qu'il est possible, ce qu'il faut entendre réellement par *dharma*. Comme le montre le sens de la racine verbale *dhri* dont il est dérivé, ce mot, dans sa signification la plus générale, ne désigne rien d'autre qu'une « manière d'être » ; c'est, si l'on veut, la nature essentielle d'un être, comprenant tout l'ensemble de ses qualités ou propriétés caractéristiques, et déterminant, par les tendances ou les dispositions qu'elle implique, la façon dont cet être se comporte, soit en totalité, soit par rapport à chaque circonstance particulière. La même notion peut être appliquée, non pas seulement à un être unique, mais à une collectivité organisée, à une espèce, à tout l'ensemble des êtres d'un cycle cosmique ou d'un existence, ou même à l'ordre total de l'Univers ; c'est alors, à un degré ou à un autre, la conformité à la nature essentielle des êtres, réalisée dans la constitution hiérarchiquement ordonnée de leur ensemble ; c'est aussi, par conséquent, l'équilibre fondamental, l'harmonie intégrale résultant de cette hiérarchisation, à quoi se réduit d'ailleurs la notion même de « justice » quand on la dépouille de son caractère spécifiquement moral. Envisagé ainsi en tant que principe d'ordre, donc comme une organisation et disposition intérieure, pour un être ou pour un ensemble d'êtres *dharma* peut, en un sens, s'opposer à *karma*, qui n'est que l'action par laquelle cette disposition sera manifestée extérieurement, pourvu que l'action soit normale, c'est-à-dire conforme à la nature des êtres et de leurs états et aux rapports qui en dérivent. Dans ces conditions, ce qui est *adharma*, ce n'est point le « péché » au sens théologique, non plus que le « mal » au sens moral, notions qui sont aussi étrangères l'une que l'autre à l'esprit hindou ; c'est simplement la « non-conformité » avec la nature des êtres, le déséquilibre, la rupture de l'harmonie, la destruction ou le renversement des rapports hiérarchiques. Sans doute, dans l'ordre universel, la somme de tous les déséquilibres particuliers concourt toujours à l'équilibre total, que rien ne saurait rompre ; mais, en chaque point pris à part et en lui-même, le déséquilibre est possible et concevable, el, que ce soit dans l'application sociale ou ailleurs, il n'est point besoin de lui attribuer le moindre caractère moral pour le définir comme contraire, selon sa portée propre, à la « loi d'harmonie » qui régit à la fois l'ordre cosmique et l'ordre humain. Le sens de la « loi » étant ainsi précisé, et d'ailleurs dégagé de toutes les applications particulières et dérivées auxquelles il peut donner lieu, nous pouvons accepter ce mot de « loi » pour traduire *dharma*, d'une façon encore imparfaite sans doute, mais moins inexacte que les autres termes empruntés aux langues occidentales ; seulement, encore une fois, ce n'est nullement de loi morale qu'il s'agit, et les notions mêmes de loi scientifique et de loi sociale ou juridique ne se réfèrent ici qu'à des cas spéciaux.

La « loi » peut être envisagée en principe comme un « vouloir universel », par une transposition analogique qui ne laisse d'ailleurs subsister dans une telle conception rien de personnel, ni, à plus forte raison, rien d'anthropomorphique. L'expression de ce vouloir dans chaque état de l'existence manifestée est désignée comme *Prajâpati* ou le « Seigneur des êtres produits » ; et, dans chaque cycle cosmique spécial, ce même vouloir se manifeste comme le *Manu* qui donne à ce cycle sa propre loi. Ce nom de *Manu* ne doit donc pas être pris pour celui d'un personnage mythique, légendaire ou historique ; il est proprement la désignation d'un principe, qu'on pourrait définir, suivant la signification de la racine verbale *man*, comme « intelligence cosmique » ou « pensée réfléchie de l'ordre universel ». Ce principe est regardé, d'autre part, comme le prototype de l'homme, qui est appelé *mânava* en tant qu'on le considère essentiellement comme « être pensant », caractérisé par la possession du *manas*, élément mental ou rationnel ; la conception du *Manu* est donc équivalente, au moins sous certains rapports, à celle que d'autres traditions, notamment la *Qabbalah* hébraïque et l'ésotérisme musulman, désignent comme l'« Homme universel », et à ce que le Taoïsme appelle le « Roi ». Nous avons vu précédemment que le nom de Vyâsa désigne, non pas un homme, mais une fonction ; seulement, c'est une fonction historique en quelque sorte, tandis qu'ici il s'agit d'une fonction cosmique, qui ne pourra devenir historique que dans son application spéciale à l'ordre social, et sans d'ailleurs que cela même suppose aucune « personnification ». En somme, la loi du Manu, pour un cycle ou pour une collectivité quelconque, ce n'est pas autre chose que l'observation des rapports hiérarchiques naturels qui existent entre les êtres soumis aux conditions spéciales de ce cycle ou de cette collectivité, avec l'ensemble des prescriptions qui en résultent normalement. Pour ce qui est de la conception des cycles cosmiques, nous n'y insisterons pas ici, d'autant plus que, pour la rendre facilement intelligible, il faudrait entrer dans d'assez longs développements ; nous dirons seulement qu'il y a entre eux, non une succession chronologique, mais un enchaînement logique et causal, chaque cycle étant déterminé dam son ensemble par l'antécédent et déterminant à son tour le conséquent, par une production continue, soumise à la « loi d'harmonie » qui établit l'analogie constitutive de tous les modes de la manifestation universelle.

Quand on en arrive à l'application sociale, la « loi » prenant son acception spécifiquement juridique, pourra être formulée dans un *shâstra* ou code, qui, en tant qu'il exprimera le « vouloir cosmique » à son degré particulier, sera rapporté à *Manu*, ou, plus précisément, au *Manu* du cycle actuel ; mais, naturellement, cette attribution ne fait point du *Manu* l'auteur du *shâstra*, du moins dans le sens ordinaire où l'on dit qu'un ouvrage purement humain est de tel ou tel auteur. Ici encore, comme pour les textes védiques, il n'y a donc pas d'origine historique rigoureusement assignable, et d'ailleurs, comme nous l'avons expliqué, la question de cette origine est d'importance nulle au point de vue doctrinal ; mais il y a une grande différence à signaler entre les deux cas : tandis que les textes védiques sont désignés par le terme *shruti*, comme étant le fruit d'une inspiration directe, le *dliarma-shâstra* appartient seulement à la classe d'écrits traditionnels appelée *smriti*, dont l'autorité est moins fondamentale, et qui comprend également les *Purânas* et les *Itihâsas*, que l'érudition occidentale ne regarde que comme des poèmes « mythiques » et « épiques », faute de saisir le sens symbolique profond qui en fait tout autre chose que de la « littérature ». La distinction entre *shruti* et *smriti* équivaut, au fond, à celle de l'intuition intellectuelle pure et immédiate, qui s'applique exclusivement au domaine des principes métaphysiques, et de la conscience réfléchie, de nature rationnelle, qui s'exerce sur les objets de connaissance appartenant à l'ordre individuel, ce qui est bien le cas quand il s'agit d'applications sociales ou autres. Malgré cela, l'autorité traditionnelle du *dharma-shâstra* ne vient point des auteurs humains qui ont pu le formuler, oralement d'abord sans doute, par écrit ensuite, et c'est pourquoi ces auteurs sont demeurés inconnus et indéterminés ; elle vient exclusivement de ce qui en fait vraiment l'expression de la loi de Manu, c'est-à-dire de sa conformité avec l'ordre naturel des existences qu'il est destiné à régir.

Chapitre VI

PRINCIPE DE L'INSTITUTION DES CASTES

À l'appui de ce que nous avons exposé dans le chapitre précédent, nous ajouterons quelques précisions en ce qui concerne l'institution des castes, d'importance primordiale dans la loi de Manu, et si profondément incomprise de la généralité des Européens. Nous poserons tout d'abord cette définition : la caste, que les Hindous désignent indifféremment par l'un ou l'autre des deux mots *jâti* et *varna*, est une fonction sociale déterminée par la nature propre de chaque être humain. Le mot *varna*, dans son sens primitif, signifie « couleur », et certains ont voulu trouver là une preuve ou tout au moins un indice du fait supposé que la distinction des castes aurait été fondée à l'origine sur des différences de race ; mais il n'en est rien, car le même mot a, par extension, le sens de « qualité » en général, d'où son emploi analogique pour désigner la nature particulière d'un être, ce qu'on peut appeler son « essence individuelle », et c'est bien là ce qui détermine la caste, sans que la considération de la race ait à intervenir autrement que comme un des éléments qui peuvent influer sur la constitution de la nature individuelle. Quant au mot *jâti*, son sens propre est celui de « naissance », et l'on prétend en conclure que la caste est essentiellement héréditaire, ce qui est encore une erreur : si elle est le plus souvent héréditaire en fait, elle ne l'est point strictement en principe, le rôle de l'hérédité dans la formation de la nature individuelle pouvant être prépondérant dans la majorité des cas, mais n'étant pourtant nullement exclusif ; ceci appelle d'ailleurs quelques explications complémentaires.

L'être individuel est regardé, dans son ensemble, comme un composé de deux éléments, qui sont appelés respectivement *nâma*, le nom, est *rûpa*, la forme ; ces deux éléments sont en somme l' « essence » et la « substance » de l'individualité, ou ce que l'école aristotélicienne appelle « forme » et « matière », ces termes ayant d'ailleurs un sens technique bien « différent de leur acception courante ; il faut même remarquer que celui de « forme », au lieu de désigner l'élément que nous nommons ainsi pour traduire le sanskrit *rûpa*, désigne alors au contraire l'autre élément, celui qui est proprement l' « essence individuelle ». Nous devons ajouter que la distinction que nous venons d'indiquer, bien qu'analogue à celle de l'âme et du corps chez les Occidentaux, est loin de lui être rigoureusement équivalente : la forme n'est pas exclusivement la forme corporelle, encore qu'il ne nous soit pas possible d'insister ici sur ce point ; quant au nom, ce qu'il représente est l'ensemble de toutes les qualités ou attributions caractéristiques de l'être considéré. Il y a lieu ensuite de faire une autre distinction à l'intérieur de l' « essence individuelle » : *nâmika*, ce qui se rapporte au nom, dans un sens plus restreint, ou ce que doit exprimer le nom particulier de chaque individu, est l'ensemble des qualités qui appartiennent en propre à celui-ci, sans qu'il les tienne d'autre chose que de lui-même ; *gotrika*, ce qui appartient à la race ou à la famille, est l'ensemble des qualités que l'être tient de son hérédité. On pourrait trouver une représentation analogique de cette seconde distinction dans l'attribution à un individu d'un « prénom », qui lui est spécial, et d'un « nom de famille » ; il y aurait d'ailleurs beaucoup à coup à dire sur la signification originelle des noms et sur ce qu'ils devraient être normalement destinés à exprimer, mais, ces considérations ne rentrant pas dans notre dessein actuel, nous nous bornerons à indiquer que la détermination du nom véritable se confond en principe avec celle de la nature individuelle elle-même. La « naissance », au sens du sanskrit *jâti*, est proprement la résultante des deux éléments *nâmika* et *gotrika* : il faut donc y faire la part de l'hérédité, et elle peut être considérable, mais aussi la part de ce par quoi l'indien se distingue de ses parents et des autres membres de sa famille. Il est évident, en effet, qu'il n'y a pas deux êtres qui présentent exactement le même ensemble de qualités, soit physiques, soit psychiques : à côté de ce qui leur est commun, il y a aussi ce qui les différencie ; ceux-là mêmes qui voudraient tout expliquer dans l'individu par l'influence de l'hérédité seraient sans doute fort embarrassés pour appliquer leur théorie à un cas particulier quelconque ; cette influence n'est pas niable, mais il y a d'autres éléments dont il faut tenir compte, comme le fait précisément la théorie que nous venons d'exposer.

La nature propre de chaque individu comporte nécessairement, dès l'origine, tout l'ensemble des tendances et des dispositions qui se développeront et se manifesteront au cours de son existence, et qui détermineront notamment, puisque c'est ce dont il s'agit plus spécialement ici, son aptitude à telle ou telle fonction sociale. La connaissance de la nature individuelle doit donc permettre d'assigner à chaque être humain la fonction qui lui convient en raison de cette nature même, ou, en d'autres termes, la place qu'il doit normalement occuper dans l'organisation sociale. On peut concevoir facilement que c'est là le fondement d'une organisation vraiment hiérarchique, c'est-à-dire strictement conforme à la nature des êtres, suivant l'interprétation que nous avons donnée de la notion de *dharma* ; les erreurs d'application, toujours possibles sans doute, et surtout dans les périodes d'obscuration de la tradition, ne diminuent d'ailleurs en rien la valeur du principe, et l'on peut dire que la négation de celui-ci implique, théoriquement tout au moins, sinon toujours pratiquement, la destruction de toute hiérarchie légitime. On voit en même temps combien est absurde l'attitude des Européens qui s'indignent qu'un homme ne puisse passer de sa caste dans une caste supérieure : cela n'impliquerait, en réalité, ni plus ni moins qu'un changement de nature individu-elle, c'est-à-dire que cet homme devrait cesser d'être lui-même pour devenir un autre homme, ce qui est une impossibilité manifeste ; ce qu'un être est potentiellement dès sa naissance, il le sera pendant son existence individuelle tout entière. La question de savoir pourquoi un être est ce qu'il est et n'est pas un autre être est d'ailleurs de celles qui n'ont pas à se poser ; la vérité est que chacun, selon sa nature propre, est un élément nécessaire de l'harmonie totale et universelle. Seulement, il est bien certain que des considérations de ce genre sont complètement étrangères à ceux qui vivent dans des sociétés dont la constitution manque de principe et ne repose sur aucune hiérarchie, comme les sociétés occidentales modernes, où tout homme peut remplir presque indifféremment les fonctions les plus diverses, y compris celles auxquelles il est le moins adapté, et où, de plus, la richesse matérielle tient lieu à peu près exclusivement de toute supériorité effective.

De ce que nous avons dit sur la signification du *dharma*, il résulte que la hiérarchie sociale doit reproduire analogiquement, selon ses conditions propres, la constitution de l'« Homme universel » ; nous entendons par là qu'il y a correspondance entre l'ordre cosmique et l'ordre humain, et que cette correspondance, qui se retrouve naturellement dans l'organisation de l'individu, qu'on l'envisage d'ailleurs dans son intégralité ou même simplement dans sa partie corporelle, doit être également réalisée, sous le mode qui lui convient spécialement, dans l'organisation de la société. La conception du « corps social », avec des organes et des fonctions comparables à ceux d'un être vivant, est d'ailleurs, familière aux sociologues modernes ; mais ceux-ci sont allés beaucoup trop loin en ce sens, oubliant que correspondance et analogie ne veulent point dire assimilation et identité, et que la comparaison légitime entre les deux cas doit laisser subsister une diversité nécessaire dans les modalités d'application respectives ; de plus, ignorant les raisons profondes de l'analogie, ils n'ont jamais pu en tirer aucune conclusion valable quant à l'établissement d'une véritable hiérarchie. Ces réserves étant faites, il est évident que les expressions qui pourraient faire croire à une assimilation ne devront être prises que dans un sens purement symbolique, comme le sont aussi les désignations empruntées aux diverses parties de l'individu humain lorsqu'on les applique analogiquement à l'« Homme universel ». Ces remarques suffisent pour permettre de comprendre sans difficulté la description symbolique de l'origine des castes, telle qu'elle se rencontre en de nombreux textes, et tout d'abord dans le *Purusha-sûkta* du *Rig-Vêda* : « De *Purusha*, le *Brâhmana* fut la bouche, le *Kshatriya* les bras, le *Vaishya* les hanches ; le *Shûdra* naquit sous ses pieds »[13]. On trouve ici l'énumération des quatre castes dont la distinction est le fondement de l'ordre social, et qui sont d'ailleurs susceptibles de subdivisions secondaires plus ou moins nombreuses : les *Brâhmanas* représentent essentiellement l'autorité spirituelle et intellectuelle ; les *Kshatriyas*, le pouvoir administratif, comportant à la fois les attributions judiciaires et militaires, et dont la fonction royale n'est que le degré le plus élevé ;

---

[13] Rig-Vêda, X, 90.

les *Vaishyas*, l'ensemble des diverses fonctions économiques au sens le plus étendu de ce mot, comprenant les fonctions agricoles, industrielles, commerciales et financières ; quant aux *Shûdras*, ils accomplissent tous les travaux nécessaires pour assurer la subsistance purement matérielle de la collectivité. Il importe d'ajouter que les *Brâhmanas* ne sont aucunement des « prêtres » au sens occidental et religieux de ce mot : sans doute, leurs fonctions comportent l'accomplissement des rites de différents ordres, parce qu'ils doivent posséder les connaissances nécessaires pour donner à ces rites toute leur efficacité ; mais elles comportent aussi, et avant tout, la conservation et la transmission régulière de la doctrine traditionnelle ; d'ailleurs, chez la plupart des peuples antiques, la fonction d'enseignement, que figure la bouche dans le symbolisme précédent, était également regardée comme la fonction sacerdotale par excellence, par là même que la civilisation tout entière reposait sur un principe doctrinal. Pour la même raison, les déviations de la doctrine apparaissent généralement comme liées à une subversion de la hiérarchie sociale, comme on pourrait le voir notamment dans le cas des tentatives faites à diverses reprises par les *Kshatriyas* pour rejeter la suprématie des *Brâhmanas*, suprématie dont la raison d'être apparaît nettement par tout ce que nous avons dit sur la vraie nature de la civilisation hindoue. D'autre part, pour compléter les considérations que nous venons d'exposer sommairement, il y aurait lieu de signaler les traces que ces conceptions traditionnelles et primordiales avaient pu laisser dans les institutions anciennes de l'Europe, notamment en ce qui concerne l'investiture du « droit divin » conférée aux rois, dont le rôle était regardé à l'origine, ainsi que l'indique la racine même du mot *rex*, comme essentiellement régulateur de l'ordre social ; mais nous ne pouvons que noter ces choses en passant, sans y insister autant qu'il conviendrait peut-être pour en faire ressortir tout l'intérêt.

La participation à la tradition n'est pleinement effective que pour les membres des trois premières castes ; c'est ce qu'expriment les diverses désignations qui leur sont exclusivement réservées, comme celle d'*ârya*, que nous avons déjà mentionnée, et de *dwija* ou « deux fois né » ; la conception de la « seconde naissance », entendue dans un sens purement spirituel, est d'ailleurs de celles qui sont communes à toutes les doctrines traditionnelles, et le Christianisme lui-même en présente dans le rite du baptême, l'équivalent en mode religieux. Pour les *Shûdras*, leur participation est surtout indirecte et comme virtuelle, car elle ne résulte généralement que de leurs rapports avec les castes supérieures ; du reste, pour reprendre l'analogie du « corps social », leur rôle ne constitue pas proprement une fonction vitale, mais une activité mécanique en quelque sorte, et c'est pourquoi ils sont représentés comme naissant, non pas d'une partie du corps de *Purasha* ou de l' « Homme universelle », mais de la terre qui est sous ses pieds, et qui est l'élément dans lequel s'élabore la nourriture corporelle. Il existe cependant une autre version suivant laquelle le *Shûdra* est né des pieds mêmes du *Purusha* [14] (1) ; mais la contradiction n'est qu'apparente, et il s'agit seulement là en somme de deux points de vue différents, dont le premier fait surtout ressortir la différence importante qui existe entre les trois premières castes et les *Shûdras*, tandis que le second se rapporte au fait que, malgré cette différence, les *Shûdras* participent cependant aussi à la tradition. A propos de cette même représentation, nous devons encore faire remarquer que la distinction des castes est parfois appliquée, par transposition analogique, non seulement à l'ensemble des êtres humains, mais celui de tous les êtres animés et inanimés que

---

14
 Mânava-Dharma-Shâstra (Loi de Manu), 1er adhayâya, shloka 31 ; *Vishnu-Purâna* (I, 6).

comprend la nature entière, de même qu'il est dit que ces êtres naquirent tous de *Purusha* : c'est ainsi que le *Brâhmana* est regardé comme le type des êtres immuables, c'est-à-dire supérieurs au changement, et le *Kshatriya* comme celui des êtres mobiles ou soumis au changement, parce que leurs fonctions se rapportent respectivement à l'ordre de la contemplation et à celui de l'action. Cela fait voir assez quelles sont les questions de principe impliquées en tout ceci, et dont la portée dépasse de beaucoup les limites du domaine social, auquel leur application a été envisagée plus particulièrement ici ; ayant ainsi montré ce qu'est cette application dans l'organisation traditionnelle de la civilisation hindoue, nous ne nous arrêterons pas davantage sur l'étude des institutions sociales, qui ne fait pas l'objet principal du présent exposé.

Chapitre VII

SHIVAÏSME ET VISHNUÏSME

Le Principe suprême, total et universel, que les doctrines religieuses de l'Occident appellent « Dieu », doit-il être conçu comme impersonnel ou comme personnel ? Cette question peut donner lieu à des discussions interminables, et d'ailleurs sans objet, parce qu'elle ne procède que de conceptions partielles et incomplètes, qu'il nuit vain de chercher à concilier sans s'élever au-dessus du domaine spécial, théologique ou philosophique, qui est proprement le leur. Au point de vue métaphysique, il faut dire que ce Principe est à la fois impersonnel et personnel, suivant l'aspect sous lequel on l'envisage : impersonnel ou, si l'on veut, « supra-personnel » en soi ; personnel par rapport à la manifestation universelle, mais, bien entendu, sans que cette « personnalité divine » présente le moindre caractère anthropomorphique, car il faut se garder de confondre « personnalité » et « individualité ». La distinction fondamentale que nous venons « le formuler, et par laquelle les contradictions apparentes des points de vue secondaires et multiples se résolvent en l'unité d'une synthèse supérieure, est exprimée par la métaphysique extrême-orientale comme la distinction du « Non-Etre » et de l'« Être » ; elle n'est pas moins nette dans la doctrine hindoue, comme le veut d'ailleurs l'identité essentielle de la métaphysique pure sous la diversité des formes dont elle peut être revêtue. Le Principe impersonnel, donc absolument universel, est désigné comme *Brahma* ; la « personnalité divine », qui en est une détermination ou une spécification, impliquant un moindre degré d'universalité, a pour appellation la plus générale celle *d'Ishwara*. *Brahma*, dans son Infinité, ne peut être caractérisé par aucune attribution positive, ce qu'on exprime en disant qu'il est *nirguna* ou « au-delà de toute qualification », et encore *nirvishêsha* ou « au-delà de toute distinction » ; par contre, *Ishwara* est dit *saguna* ou « qualifié », et *savishêsha* ou « conçu directement » parce qu'il peut recevoir de telles attributions, qui s'obtiennent par une transposition analogique, dans l'universel, des diverses qualités ou propriétés des êtres dont il est le principe. Il est évident qu'on peut, concevoir ainsi une indéfinité d'« attributs divins », et que, d'ailleurs, on pourrait transposer, en l'envisageant dans son principe n'importe quelle qualité ayant une existence positive ; du reste, chacun de ces attributs ne doit être considéré en réalité que comme une base ou un support pour la méditation d'un certain aspect de l'Etre universel. Ce que nous avons dit au sujet du symbolisme permet de se rendre compte de la façon dont l'incompréhension qui donne naissance à l'anthropomorphisme peut avoir pour résultat de faire des « attributs divins » autant de « dieux », c'est-à-dire d'entités conçues sur le type des êtres individuels, et auxquelles est prêtée une existence propre et indépendante. C'est là un des cas les plus, évidents de l'« idolâtrie »,, qui prend le symbole pour ce qui est symbolisé, et qui revêt ici la forme du « polythéisme » ; mais il est clair qu'aucune doctrine ne fut jamais polythéiste en elle-même et dans son essence, puisqu'elle ne pouvait le devenir que par l'effet d'une déformation profonde, qui ne se généralise d'ailleurs que bien, plus rarement qu'on ne le croit vulgairement ; à vrai dire nous ne connaissons même qu'un seul exemple certain de la généralisation de cette erreur, celui de la civilisation gréco-romaine, et encore y eut-il au moins quelques exceptions dans son élite intellectuelle. En Orient, où la tendance à l'anthropomorphisme n'existe point, à part des aberrations individuelles toujours possibles, mais rares et anormales, rien de semblable n'a jamais pu se produire ; cela étonnera sans doute bien des Occidentaux, que la connaissance exclusive de l'antiquité classique porte à vouloir découvrir partout des « mythes » et du « paganisme », mais c'est pourtant ainsi. Dans l'Inde, en particulier, une image symbolique représentant l'un ou l'autre des « attributs divins », et qui est appelée *pratîka*, n'est point une « idole », car elle n'a jamais été prise pour autre chose que ce qu'elle est réellement, un support de méditation et un moyen auxiliaire de réalisation, chacun pouvant d'ailleurs s'attacher de préférence aux symboles qui sont le plus en conformité avec ses dispositions personnelles.

Ishwara est envisagé sous une triplicité d'aspects principaux, qui constituent la *Trimûrti* ou « triple manifestation », et desquels dérivent d'autres aspects plus particuliers, secondaires par rapport à ceux-là. *Brahmâ* est *Ishwara* en tant que principe producteur des êtres manifestés ; il est ainsi appelé parce qu'il est considéré comme le reflet direct, dans l'ordre de la manifestation, de *Brahma*, le Principe suprême. Il faut remarquer, pour éviter toute confusion, que le mot Brahma est neutre, tandis que *Brahmâ* est masculin ; l'emploi, courant chez les orientalistes, de la forme *Brahman*, qui est commune aux deux genres, a le grave inconvénient de dissimuler cette distinction essentielle, qui est encore marquée parfois par des expressions comme *Para-Brahma* ou le « suprême Brahma » et *Apara-Brahma* ou le « non-suprême Brahma ». Les deux autres aspects constitutifs de la *Trimûrti*, qui sont complémentaires l'un de l'autre, sont *Vishnu*, qui est *Ishwara* en tant que principe animateur et conservateur des êtres, et Shiva, qui est *Ishwara* en tant que principe, non pas destructeur comme on le dit communément, mais plus exactement transformateur ; ce sont donc bien là des « fonctions universelles », et non des entités séparées et plus ou moins individualisées. Chacun, pour se placer, comme nous l'avons indiqué, au point de vue qui s'adapte le mieux à ses propres possibilités, pourra naturellement accorder la prépondérance à l'une ou à l'autre de ces fonctions, et surtout, en raison de leur symétrie au moins apparente, des deux fonctions complémentaires de *Vishnu* et de *Shiva* : de là, la distinction du « Vishnuïsme » et du « Shivaïsme », qui ne sont point des « sectes » comme l'entendent les Occidentaux, mais seulement des voies de réalisation différentes, d'ailleurs également légitimes et orthodoxes. Cependant, il convient d'ajouter que le Shivaïsme, qui est moins répandu que le Vishnuïsme et donne moins d'importance aux rites extérieurs, est en même temps plus élevé en un sens et conduit plus directement à la réalisation métaphysique pure : ceci se comprend sans peine, par la nature même du principe auquel il donne la prépondérance, car la « transformation », qui doit être entendue ici au sens rigoureusement étymologique, est le passage « au-delà de la forme », qui n'apparaît comme une destruction que du point de vue spécial et contingent de la manifestation ; c'est le passage du manifesté au non-manifesté, par lequel s'opère le retour à l'immutabilité éternelle du Principe suprême, hors de laquelle rien ne saurait d'ailleurs exister qu'en mode illusoire.

Chacun des « aspects divins » est regardé comme doué d'une puissance ou énergie propre, qui est appelée *shakti*, et qui est représentée symboliquement sous une forme féminine : la *shakti* de *Brahmâ* est *Saraswatî*, celle de *Vishnu* est *Lakshmî*, celle de *Shiva* est *Pârvatî*. Soit parmi les *Shaïvas*, soit parmi les *Vaïshnavas*, certains s'attachent plus particulièrement à la considération des *shaktis*, et sont pour cette raison appelés *shâktas*. De plus, chacun des principes dont nous venons de parler peut être encore envisagé sous une pluralité d'aspects plus particularisés, et de chacun d'eux dérivent aussi d'autres aspects secondaires, dérivation qui est le plus souvent décrite comme une filiation symbolique. Nous ne pouvons évidemment développer ici toutes ces conceptions, d'autant plus que notre but n'est pas précisément d'exposer les doctrines elles-mêmes, mais seulement d'indiquer dans quel esprit on doit les étudier si l'on veut arriver à les comprendre.

Les *Shaïvas* et les *Vaïshnavas* ont les uns et les autres, dans l'ensemble d'écrits traditionnels qui est désigné collectivement sous le nom de *smriti*, leurs livres propres, *Purânas* et *Tantras*, qui correspondent plus particulièrement à leurs tendances respectives. Ces tendances s'y affirment notamment dans l'interprétation de la doctrine des *Avatâras* ou « manifestations divines » ; cette doctrine, qui est étroitement liée à la conception des cycles cosmiques, mériterait toute une étude spéciale, que nous ne pouvons songer à aborder présentement. Nous ajouterons simplement, pour conclure sur la question du Shivaïsme et du Vishnuïsme, que, quelle que soit la voie que chacun choisit comme la plus conforme à sa propre nature, le but final auquel elle tend, pourvu qu'elle soit strictement orthodoxe, est toujours le même : c'est une réalisation effective d'ordre métaphysique, qui pourra seulement être plus ou moins immédiate, et aussi plus ou moins complète, suivant les conditions particulières et l'étendue des possibilités intellectuelles de chaque être humain.

René Guénon

Chapitre VIII

LES POINTS DE VUE
DE LA DOCTRINE

Les indications qui précèdent permettent de comprendre la coexistence, dans l'unité essentielle d'une même doctrine traditionnelle, d'une multiplicité de point de vue qui n'affecte en rien cette unité. D'ailleurs, en toutes choses, chacun apporte évidemment dans sa compréhension une sorte de perspective qui lui est propre, et, par suite, on pourrait dire qu'il y a autant de façons de comprendre plus ou moins différentes qu'il y a d'individus ; mais cela n'est vrai qu'au point de départ, car, dès lors qu'on s'élève au-dessus du domaine individuel, toutes ces différences, qui n'entraînent aucune incompatibilité, disparaissent nécessairement. En outre de la différence qui est ainsi inhérente à la nature particulière des divers êtres humains, chacun peut encore, d'autre part, se placer à plusieurs points de vue pour étudier la doctrine sous tel ou tel aspect plus ou moins nettement défini, et qui pourra d'ailleurs l'être d'autant plus nettement qu'il sera plus particularisé, c'est-à-dire plus éloigné, dans l'ordre descendant des applications, de l'universalité principielle. La totalité des points de vue possibles et légitimes est toujours contenue, en principe et synthétiquement, dans la doctrine elle-même, et ce que nous avons déjà dit sur la pluralité des sens qu'offre un texte traditionnel suffit à montrer de quelle façon elle peut s'y trouver ; il n'y aura donc jamais qu'à développer rigoureusement, suivant ces divers points de vue, l'interprétation de la doctrine fondamentale.

C'est là, très exactement, ce qui a lieu dans l'Inde, et c'est ce qu'exprime le mot sanskrit *darshana*, qui ne signifie proprement rien d'autre que « vue » ou « point de vue », car la racine verbale *drish*, dont il est dérivé, a comme sens principal celui de « voir ». Les *darshanas* sont donc bien les points de vue de la doctrine, et ce ne sont point, comme se l'imaginent la plupart des orientalistes, des « systèmes philosophiques » se faisant concurrence et s'opposant les uns aux autres ; dans toute la mesure où ces « vues » sont strictement orthodoxes, elles ne sauraient naturellement entrer en conflit ou en contradiction. Nous avons montré que toute conception systématique, fruit de l'individualisme intellectuel cher aux Occidentaux modernes, est la négation de la métaphysique, qui constitue l'essence même de la doctrine ; nous avons dit aussi quelle est la distinction profonde de la pensée métaphysique et de la pensée philosophique, cette dernière n'étant qu'un mode spécial, propre à l'Occident, et qui ne saurait valablement s'appliquer à la connaissance d'une doctrine traditionnelle qui s'est maintenue dans sa pureté et son intégralité. Il n'y a donc pas de « philosophie hindoue », non plus que de « philosophie chinoise » pour peu qu'on veuille garder à ce mot de « philosophie » une signification un peu nette, signification qui se trouve déterminée par la ligne de pensée qui procède des Grecs ; et du reste, à considérer surtout ce qu'est devenue la philosophie dans les temps modernes, il faut avouer que l'absence de ce mode de pensée dans une civilisation n'a rien de particulièrement regrettable. Mais les orientalistes ne veulent voir dans les *darshanas* que de la philosophie et des systèmes, auxquels ils prétendent d'ailleurs imposer les étiquettes occidentales : tout cela parce qu'ils sont incapables de sortir des cadres « classiques », et parce qu'ils ignorent entièrement les différences les plus caractéristiques de la mentalité orientale et de la mentalité occidentale. Leur attitude, sous le rapport dont il s'agit, est tout à fait comparable à celle d'un homme qui, ne connaissant rien de la civilisation européenne actuelle, et ayant eu par hasard entre les mains les programmes d'enseignement d'une Université, en tirerait cette singulière conclusion, que les savants de l'Europe sont partagés en plusieurs écoles rivales, dont chacune a son système philosophique particulier, et dont les principales sont celles des mathématiciens, des physiciens, des chimistes, des biologistes, des logiciens et des psychologues ; cette méprise serait assurément fort ridicule, mais elle ne le serait pourtant guère plus que la conception courante des orientalistes, et ceux-ci ne devraient pas même avoir l'excuse de l'ignorance, ou plutôt c'est leur ignorance même qui est inexcusable. Si invraisemblable que cela paraisse, il n'est que trop certain que les questions de principe, qu'ils semblent écarter de parti pris, ne se sont jamais présentées à leur esprit, trop étroitement spécialisé d'ailleurs pour pouvoir encore les comprendre et en apprécier la portée ; c'est là un cas étrange de « myopie intellectuelle » au dernier degré, et l'on peut être bien sûr que, avec de pareilles dispositions, ils ne parviendront jamais à pénétrer le sens véritable du moindre fragment de l'une quelconque de ces doctrines orientales qu'ils se sont donné la mission d'interpréter à leur façon, en conformité avec leurs points de vue tout occidentaux.

Pour en revenir à la vraie compréhension des choses, les points de vue sous lesquels la doctrine peut être envisagée sont évidemment susceptibles d'être plus ou moins multipliés ; mais, d'autre part, tous ne sont pas également irréductibles, et il en est qui sont en quelque sorte plus fondamentaux, auxquels les autres peuvent être subordonnés. On pourra donc toujours grouper les points de vue secondaires autour des points de vue principaux, et ce sont alors ces derniers seuls que l'on se bornera à considérer séparément, comme autant de branches de l'étude de la doctrine, les autres n'y donnant lien qu'à de simples subdivisions, qu'il n'est d'ailleurs pas même nécessaire de préciser dans la plupart des cas. Ce sont les grandes divisions, les branches principales, qui sont proprement les *darshanas*, dans le sens que ce mot a pris habituellement, et, suivant la classification qui est généralement admise dans l'Inde, on en distingue six, qu'il faut avoir soin de ne pas confondre, parce que leur nombre est le même, avec ce qu'on appelle les six *Vêdângas*.

Le mot *Vêdânga* signifie littéralement « membre du *Vêda* » ; cette désignation est appliquée à certaines sciences auxiliaires du *Vêda*, parce qu'on les compare aux membres corporels au moyen desquels un être agit extérieurement ; les traités fondamentaux qui se rapportent à ces sciences, dont nous allons donner rémunération, font partie de la *smriti*, et, en raison de leur rapport direct avec le *Vêda*, ils y occupent même la première place. La *Shiksâ* est la science de l'articulation correcte et de la prononciation exacte, impliquant, avec les lois de l'euphonie qui sont plus importantes et plus développées en sanskrit qu'en aucune autre langue, la connaissance de la valeur symbolique des lettres ; dans les langues traditionnelles, en effet, l'usage de l'écriture phonétique n'est nullement exclusif du maintien d'une signification idéographique, dont l'hébreu et l'arabe offrent également l'exemple. Le *Chhandas* est la science de la prosodie, qui détermine l'application des différents mètres en correspondance avec les modalités vibratoires de l'ordre cosmique qu'ils doivent exprimer, et qui en fait ainsi tout autre chose que des formes « poétiques » au sens simplement littéraire de ce mot ; d'ailleurs, la connaissance profonde du rythme et de ses rapports cosmiques, d'où dérive son emploi pour certains modes préparatoires de la réalisation métaphysique, est commune à toutes les civilisations orientales, mais, par contre, totalement étrangère aux Occidentaux. Le *vyâkarana* est la grammaire, mais qui, au lieu de se présenter comme un simple ensemble de règles paraissant plus ou moins arbitraires parce qu'on en ignore les raisons, ainsi que cela ne produit d'ordinaire dans les langues occidentales, se base au contraire sur des conceptions et des classifications qui sont toujours en rapport étroit avec la signification logique du langage. Le *nirukta* est l'explication des termes importants ou difficiles qui se rencontrent dans les textes védiques ; cette explication ne repose pas seulement sur l'étymologie, mais aussi, le plus souvent, sur la valeur symbolique des lettres et des syllabes qui entrent dans la composition des mots ; de là proviennent d'innombrables erreurs de la part des orientalistes, qui ne peuvent comprendre ni même concevoir ce dernier mode d'explication, absolument propre aux langues traditionnelles, et très analogue à celui qui se rencontre dans la *Qabbalah* hébraïque, et qui, par suite, ne veulent et ne peuvent voir que des étymologistes fantaisistes, ou même de vulgaires « jeux de mots », dans ce qui est naturellement tout autre chose en réalité. Le *jvotisha* est l'astronomie, ou, plus exactement, il est à la fois l'astronomie et l'astrologie, qui ne sont jamais séparées dans l'Inde, pas plus qu'elles ne le furent chez aucun peuple ancien, même chez les Grecs, qui se servaient indifféremment de ces deux mots pour désigner une seule et même chose ; la distinction de l'astronomie et de l'astrologie est toute moderne, et il faut d'ailleurs ajouter que la véritable astrologie traditionnelle, telle qu'elle s'est conservée en Orient, n'a presque rien de commun avec les spéculations « divinatoires » que certains cherchent à constituer sous le même nom dans l'Europe contemporaine. Enfin, le *kalpa*, mot qui a du reste beaucoup d'autres sens, est ici l'ensemble des prescriptions qui se rapportent à l'accomplissement des rites, et dont la connaissance est indispensable pour que ceux-ci aient leur pleine efficacité ; dans les sûtras qui les expriment, ces prescriptions sont condensées en des formules d'apparence assez semblable à celle de formules algébriques, au moyen d'une notation symbolique particulière.

En outre des *Vêdangas*, il faut encore mentionner les *Upavêdas*, mot qui désigne des connaissances d'ordre inférieur, mais reposant néanmoins sur une base strictement traditionnelle ; l'ordre auquel ses connaissances se réfèrent est celui des applications pratiques. Il y a quatre *Upavêdas*, qui sont rattachés aux quatre *Vêdas* comme y trouvant leurs principes respectifs : *Ayur-Vêda* est la médecine, rapportée ainsi au *Rig-Vêda* ; *Dhanur-Vêda*, la science militaire rapportée au *Yajur-Vêda* ; *Gândhar-va-Vêda*, la musique, rapportée au *Sâma-Vêda* ; *Sthâpa-tya-Vêda*, la mécanique et l'architecture, rapportées à l'*Atharva-Vêda*. Ce sont là, suivant les conceptions occidentales, des arts plutôt que des sciences proprement dites ; mais le principe traditionnel qui leur est donné ici leur confère un caractère quelque peu différent. Bien entendu, ces énumérations des *Vêdângas* et des *Upavêdas* n'excluent aucunement les autres sciences, qui n'y sont pas comprises, mais dont certaines tout au moins furent également cultivées dans l'Inde dès les temps anciens ; on sait que les mathématiques notamment, comprenant, sous le nom général de « ganita », *pâtî-ganita* ou *vyakta-ganita*, l'arithmétique, *bîja-ganita*, l'algèbre, et *rêkhâ-ganita*, la géométrie, y reçurent, surtout dans les deux premières de ces trois branches, un remarquable développement, dont l'Europe, par l'intermédiaire des Arabes, devait bénéficier plus tard.

Ayant ainsi donné une idée succincte de l'ensemble des connaissances traditionnelles de l'Inde, qui, d'ailleurs, constituent toutes comme des aspects secondaires de la doctrine, nous reviendrons maintenant aux *darshanas*, qui doivent être regardés aussi comme faisant partie intégrante de ce même ensemble, faute de quoi on n'y comprendra jamais rien. En effet, il ne faut pas oublier que, dans l'Inde aussi bien qu'en Chine, une des plus graves injures que l'on puisse faire à un penseur serait de vanter la nouveauté et l'originalité de ses conceptions, caractère qui, dans des civilisations essentiellement traditionnelles, suffirait à leur enlever toute portée effective. Sans doute, il a pu se former, parmi ceux qui se sont attachés spécialement à l'étude de l'un ou de l'autre des *darshanas*, des écoles se distinguant entre elles par quelques interprétations particulières, mais ces divergences n'ont jamais pu aller bien loin sans sortir des limites de l'orthodoxie ; ne portant le plus souvent que sur des points secondaires, elles sont plus apparentes que réelles au fond, et sont plutôt des différences d'expression, d'ailleurs utiles pour s'adapter à des compréhensions diverses. De plus, il est bien évident qu'un « point de vue » n'a jamais été la propriété exclusive d'une école quelconque, encore que, si l'on se contente de l'envisager superficiellement au lieu de chercher à en saisir l'essence, il puisse quelquefois paraître s'identifier avec la conception de l'école qui l'a principalement développé ; la confusion sur ce point est encore de celles qui sont naturelles aux Occidentaux, habitués à rapports à des individualités, comme de véritables « inventions », toutes les conceptions qui leur sont familières : c'est là un des postulats au moins implicites de leur « méthode historique », et, de nos jours, le point de vue religieux lui-même n'échappe pas aux conséquences de cette tournure d'esprit spéciale, qui déploie à son égard toutes les ressources de cette exégèse antitraditionnelle à laquelle nous avons déjà fait allusion.

Les six darshanas sont le *Nyâya* et le *Vaishêshika*, le *Sânkya* et le *Yoga*, la *Mimânsâ* et le *Vêdânta* ; on les énumère habituellement dans cet ordre et par couples, afin de marquer leurs affinités ; quant à vouloir assigner un ordre de succession chronologique à leur développement, c'est là une question vaine et sans intérêt réel, pour les raisons que nous avons déjà exposées, dès lors qu'il s'agit de points de vue qui, dès l'origine, étaient implicitement contenus en parfaite simultanéité dans la doctrine primordiale. On peut dire, pour les caractériser sommairement, que les deux premiers de ces points de vue sont analytiques, tandis que les quatre autres sont synthétiques ; d'autre part, les deux derniers se distinguent des autres en ce qu'ils sont, d'une façon directe et immédiate, des interprétations du *Vêda* lui-même, dont tout le reste n'est dérivé que plus lointainement ; aussi les opinions hétérodoxes, même partiellement, n'y ont elles aucune prise, tandis qu'il a pu s'en produire quelques-unes dans les écoles consacrées à l'étude des quatre premiers *darshanas*. Comme des définitions trop brèves seraient forcément incomplètes, peu intelligibles, et par suite peu utiles, nous avons jugé préférable de réserver un chapitre particulier aux indications générales concernant chaque *darshana*, d'autant plus que le sujet est assez important, à l'égard du but que nous nous proposons ici, pour mériter d'être traité avec quelque étendue.

Chapitre IX

LE NYÂYA

Le mot *nyâya* a pour sens propre celui de « logique », et même de « méthode » ; dire, comme le font certains, qu'il a commencé par désigner une école, et qu'il est ensuite devenu synonyme de logique, c'est renverser tout ordre naturel, car, pour peu qu'on admette qu'une école doit se caractériser par un nom qui ait une signification préalable, c'est exactement le contraire qui aurait pu se produire, si toutefois un *darshana* pouvait être monopolisé par une école quelconque. En fait, c'est bien de logique qu'il s'agit et qu'il s'est toujours agi pour ce qui est du *darshana* en question, dont le développement est attribué à Gautama, mais sans que ce nom, qui fut commun à nombre de personnages et même de familles de l'Inde antique, et qui n'est d'ailleurs accompagné ici d'aucune indication biographique, si vague qu'elle soit, puisse être rapporté à une individualité précise. Il s'est produit là ce qui, en Orient, se produit toujours en pareil cas : les individualités ne comptent pas au regard de la doctrine ; il est parfaitement possible qu'il y ait eu, à une époque lointaine et indéterminée, un homme nommé Gautama, qui se soit consacré à l'étude et à l'enseignement de cette branche de connaissance qui constitue la logique ; mais ce fait très vraisemblable est sans intérêt en lui-même, et le nom de cet homme ne s'est conservé qu'avec une valeur toute symbolique, pour désigner en quelque sorte l'« agrégat intellectuel » formé par tous ceux qui, pendant une période dont la durée n'est pas moins indéterminée que l'origine, se livrèrent à la même étude. Ce genre d'« entité collective », dont nous avons déjà eu un exemple en *Vyâsa*, n'est d'ailleurs pas une école, du moins au sens ordinaire de ce mot, mais bien une véritable fonction intellectuelle ; et l'on pourrait en dire autant à propos des noms propres qui se présentent comme liés de la même manière à chacun des autres *darshanas* ; ces remarques, faites une fois pour toutes, nous dispenseront d'y revenir par la suite.

Nous avons dit que le *Nyâya* est essentiellement la logique ; mais nous devons ajouter que ce terme a ici une acception moins restreinte que chez les Occidentaux » et cela parce que ce qu'il désigne, au lieu d'être conçu comme une partie de la philosophie, l'est comme un point de vue de la doctrine totale. Echappant à l'étroite spécialisation qui est inévitable pour la logique envisagée en mode philosophique, et n'ayant d'ailleurs à s'intégrer à aucun système, la logique hindoue a par là une portée beaucoup plus grande ; et, pour le comprendre, qu'on se rappelle ici ce que nous disions à propos des caractères de la métaphysique : ce qui constitue l'objet propre d'une spéculation, ce ne sont pas précisément les choses mêmes qu'elle étudie, mais c'est le point de vue sous lequel elle étudie les choses. La logique, avons-nous dit encore précédemment, concerne les conditions de l'entendement humain ; ce qui peut être envisagé logiquement, c'est donc tout ce qui est objet de l'entendement humain, en tant qu'on le considère effectivement sous ce rapport. Par suite, la logique comprend dans son point de vue les choses considérées comme « objets de preuve », c'est-à-dire de connaissance raisonnée ou discursive : c'est là, dans le *Nyâya*, le sens du terme *padârtha*, et, malgré certaines différences, c'est aussi, dans l'ancienne logique occidentale, la véritable signification des « catégories » ou « prédicaments ». Si les divisions et classifications établies par la logique ont en même temps une valeur ontologique réelle, c'est qu'il y a nécessairement correspondance entre les deux points de vue, dès lors qu'on n'établit pas, comme le fait la philosophie moderne une opposition radicale et artificielle entre le sujet et l'objet. D'ailleurs, le point de vue logique est analytique, parce qu'il est individuel et rationnel ; ce n'est qu'à titre de simple application à l'ordre individuel que les principes logiques, même les plus généraux, sont dérivés des principes métaphysiques ou universels.

Le *Nyâya* distingue seize *padârthas*, dont le premier est appelé *pramâna*, mot qui a le sens habituel de « preuve », et qu'on traduit même souvent par « évidence » ; mais cette dernière traduction est impropre en bien des cas, et elle a, en outre, l'inconvénient de faire penser à la conception de l'évidence cartésienne, qui n'est réellement valable que dans le seul domaine mathématique. Pour fixer la vraie signification du mot *pramâna*, il faut remarquer que son premier sens est celui de « mesure » ; ce qu'il désigne ici, ce sont les moyens légitimes de connaissance dans l'ordre rationnel, moyens dont chacun n'est en effet applicable que dans une certaine mesure et sous certaines conditions, ou, en d'autres termes, à l'intérieur d'un certain domaine particulier dont l'étendue définit sa portée propre ; et l'énumération de ces moyens de connaissance ou de preuve fournit les subdivisions du premier *padârtha*. Le second est *pramêya* ou « ce qui est à prouver », c'est-à-dire ce qui est susceptible d'être connu par l'un ou l'autre des moyens dont il vient d'être parlé ; il comprend, comme subdivisions, une classification de toutes les choses que peut atteindre l'entendement humain dans sa condition individuelle. Les autres *padârthas* sont moins importants, et se rapportent surtout aux diverses modalités du raisonnement ou de la démonstration ; nous n'entreprendrons pas d'en donner ici l'énumération complète, mais nous nous contenterons de signaler spécialement celui qui est constitué par les membres d'un argument régulier.

L'argument dont il s'agit, qui est appelé *nyâya* dans une acception secondaire et restreinte de ce terme, et qui est en somme le type de la démonstration méthodique, comporte, sous sa forme entièrement développée, cinq *avayavas*, membres ou parties constitutives : *pratijnâ*, la proposition ou l'assertion qu'il s'agit de prouver ; *hêtu*, la raison justificative de cette assertion ; *udâharana*, l'exemple venant à l'appui de cette raison, et lui servant d'illustration en quelque sorte, en rappelant un cas ordinairement connu ; *upanaya*, l'application au cas spécial qui est en question, celui de la proposition énoncée tout d'abord ; enfin, *nigamana*, le résultat ou la conclusion, qui est l'affirmation définitive de cette même proposition comme démontrée. Telle est la forme complète de l'argument démonstratif, mais on lui donne aussi parfois des formes simplifiées et abrégées, comportant seulement, soit les trois premiers membres, soit les trois derniers ; sous cette dernière forme en particulier, il présente une ressemblance très nette avec le syllogisme tel qu'Aristote en a établi la théorie. D'ailleurs, on retrouve ici l'équivalent du grand terme et du petit terme, désignés respectivement par les noms de *vyâpaka* ou contenant et *vyâpya* ou contenu, qui se réfèrent au même point de vue de l'extension logique ; quant au moyen terme, son rôle est rempli par la raison, *hêtu*, qui est appelée aussi *linga* ou signe permettant de reconnaître la *vyâpti*, c'est-à-dire la liaison invariable qui existe entre le contenant et le contenu. Toutefois, ces analogies incontestables, qui donnent à penser, comme une hypothèse au moins vraisemblable, qu'Aristote a pu avoir quelque connaissance du *Nyâya*, ne doivent pas faire oublier que, comme nous l'avons déjà indiqué, il subsiste des différences essentielles entre les deux points de vue : tandis que le syllogisme grec ne porte en somme que sur les concepts ou sur les notions des choses, l'argument hindou porte plus directement sur les choses elles-mêmes.

Cette dernière observation appelle quelques explications ; et, tout d'abord, il est évident qu'elle concerne, non la forme extérieure du raisonnement, qui peut être à près identique dans les deux cas, mais le fond même de ce qui y est impliqué. Nous avons dit que la séparation et l'opposition du sujet et de l'objet sont toutes spéciales à la philosophie moderne ; mais, chez les Grecs, la distinction entre la chose et sa notion allait un peu trop loin, en ce sens que la logique envisageait exclusivement les rapports entre les notions, comme si les choses ne nous étaient connues qu'à travers celles-ci. Sans doute, la connaissance rationnelle est bien une connaissance indirecte, et c'est pourquoi elle est susceptible d'erreur ; mais pourtant, si elle n'atteignait pas les choses mêmes dans une certaine mesure, elle serait entièrement illusoire et ne serait vraiment une connaissance a aucun degré ; si donc, sous le mode rationnel, on peut dire que nous connaissons un objet par l'intermédiaire de sa notion, c'est que cette notion est encore quelque chose de l'objet, qu'elle participe de sa nature en l'exprimant par rapport à nous. C'est pourquoi la logique hindoue envisage, non pas seulement la façon dont nous concevons les choses, mais bien les choses en tant qu'elles sont conçues par nous, notre conception étant véritablement inséparable de son objet, sans quoi elle ne serait rien de réel ; et, à cet égard, la définition scolastique de la vérité comme *adæquatio rei* et intellectus, à tous les degrés de la connaissance, est, en Occident ce qui se rapproche le plus de la position des doctrines traditionnelles de l'Orient, parce qu'elle est ce qu'il y a de plus conforme aux données de la métaphysique pure. D'ailleurs, la doctrine scolastique, tout en continuant celle d'Aristote dans ses grandes lignes, l'a corrigée et complétée sur bien des points ; il est regrettable qu'elle ne soit pas parvenue à s'affranchir entièrement des limitations qui étaient l'héritage de la mentalité hellénique, et aussi qu'elle ne semble pas avoir pénétré les conséquences profondes du principe, déjà posé par Aristote, de l'identification par la connaissance. C'est précisément en vertu de ce principe que, dès lors que le sujet connaît un objet, si partielle et si superficielle même que soit cette connaissance, quelque chose de l'objet est dans le sujet et est devenu partie de son être ; quel que soit l'aspect sous lequel nous envisageons les choses, ce sont bien toujours les choses mêmes que nous atteignons, au moins sous un certain rapport, qui forme en tout cas un de leurs attributs, c'est-à-dire un des éléments constitutifs de leur essence. Admettons, si l'on y tient, que ce soit là du « réalisme » ; la vérité est que les choses sont ainsi, et le mot n'y fait rien ; mais, en toute rigueur, les points de vue spéciaux du « réalisme » et de l'« idéalisme », avec l'opposition systématique que dénote leur corrélation, ne s'appliquent point ici, où nous sommes bien au-delà du domaine borné de la pensée philosophique. Du reste, il ne faut pas perdre de vue que l'acte de la connaissance présente deux faces inséparables : s'il est identification du sujet à l'objet, il est aussi, et par là même, assimilation de l'objet par le sujet : en atteignant les choses dans leur essence, nous les « réalisons », dans toute la force de ce mot, comme des états ou des modalités de notre être propre ; et, si l'idée, selon la mesure où elle est vraie et adéquate, participe de la nature de la chose, c'est que, inversement, la chose elle-même participe aussi de la nature de l'idée. Au fond, il n'y a pas deux mondes séparés et radicalement hétérogènes, tels que les suppose la philosophie moderne en les qualifiant de « subjectif » et d'« objectif », ou même superposés à la façon du « monde intelligible » et du « monde sensible » de Platon ; mais, comme le disent les Arabes, « l'existence est unique », et tout ce qu'elle contient n'est que la manifestation, sous des modes multiples, d'un seul et même principe, qui est l'Etre universel.

René Guénon

Chapitre X

LE VAISHÊSHIKA

Le nom du *Vaishêshika* est dérivé du mot *vishêsha*, qui signifie « caractère distinctif » et, par suite, « chose individuelle » ; ce *darshana* est donc constitué par la connaissance des choses individuelles comme telles, envisagée en mode distinctif, dans leur existence contingente. Tandis que le *Nyâya* considère ces choses dans leur rapport avec l'entendement humain, le *Vaishêshika* les considère plus directement dans ce qu'elles sont en elles-mêmes ; on voit immédiatement la différence de ces deux points de vue, mais aussi leur relation, puisque ce que les choses sont dans la connaissance est, au fond, identique à ce qu'elles sont en elles-mêmes ; mais, d'ailleurs, la différence des deux points de vue ne disparaît que quand ils sont dépassés l'un et l'autre, de sorte que leur distinction a toujours lieu d'être maintenue dans les limites du domaine auquel ils s'appliquent proprement. Ce domaine est évidemment celui de la nature manifestée, hors duquel le point de vue individuel lui-même, dont ces deux *darshanas* représentent des modalités, n'a plus aucun sens possible ; mais la manifestation universelle peut être envisagée de deux façons différentes : soit synthétiquement, à partir des principes dont elle procède et qui la déterminent dans tous ses modes, et c'est ce que fait le *Sânkhya*, ainsi que nous le verrons plus loin ; soit analytiquement, dans la distinction de ses éléments constitutifs multiples, et c'est ce que fini le *Vaishêshika*. Ce dernier point de vue peut même se borner à la considération spéciale d'un des modes de la manifestation universelle, tel que celui qui constitue l'ensemble du monde sensible ; et, en fait, il est obligé de s'y borner presque exclusivement, car les conditions des autres modes échappent nécessairement aux facultés individuelles de l'être humain : on ne peut y atteindre que par en haut, en quelque sorte, c'est-à-dire par ce qui, dans l'homme, dépasse les limitations et les relativités inhérentes à l'individu. Ceci sort manifestement du point de vue distinctif et analytique que nous avons à caractériser présentement ; mais on ne peut comprendre complètement un point de vue spécial qu'à la condition de le dépasser, dès lors que ce point de vue se présente, non comme indépendant et ayant toute sa raison d'être en lui-même, mais comme rattaché à certains principes dont il dérive, comme une application à un ordre contingent, de quelque chose qui est d'un ordre différent et supérieur.

Nous avons vu que ce rattachement aux principes, assurant l'unité essentielle de la doctrine dans toutes ses branches, est un caractère commun à tout l'ensemble des connaissances traditionnelles de l'Inde ; il marque la différence profonde qui existe entre le *Vaishêshika* et le point de vue scientifique tel que l'entendent les Occidentaux, point de vue dont le *Vaishêshika* est pourtant, dans cet ensemble, ce qu'il y a de moins éloigné. En réalité, le *Vaishêshika* est notablement plus rapproché du point de vue qui constituait, chez les Grecs, la « philosophie physique » ; tout en étant analytique, il l'est moins que la science moderne, et, par là même, il n'est pas soumis à l'étroite spécialisation qui pousse cette dernière à se perdre dans le détail indéfini des faits expérimentaux. Il s'agit ici de quelque chose qui est, au fond, plus rationnel, et même, dans une certaine mesure, plus intellectuel au sens strict du mot : plus rationnel, parce que, tout en se tenant dans le domaine individuel, il est dégagé de tout empirisme ;

plus intellectuel, parce qu'il ne perd jamais de vue que l'ordre individuel tout entier est rattaché aux principes universels, desquels il tire toute la réalité dont il est susceptible. Nous avons dit que, par « physique », les anciens entendaient la science de la nature dans toute sa généralité ; ce mot conviendrait donc bien ici, mais il faut tenir compte, d'autre part, de la restriction que son acception a subie chez les modernes, et qui est bien caractéristique du changement de point de vue auquel elle correspond. C'est pourquoi, s'il faut appliquer une désignation occidentale un point de vue hindou, nous préférons pour le *Vaishêshika* celle de « cosmologie » ; et, d'ailleurs, la « cosmologie » du moyen âge, se présentant nettement comme une application de la métaphysique aux contingences de l'ordre sensible, en est encore plus près que ne l'était lu « philosophie physique » des Grecs, qui, presque toujours, ne prend ses principes que dans l'ordre contingent, et tout au plus à l'intérieur des limites du point de vue immédiatement supérieur, et encore particulier, auquel se réfère le *Sânkhya*.

Malgré cela, l'objet même du *Vaishêshika* a pu déterminer, chez une partie de ceux qui se sont consacrés spécialement à son étude, une certaine tendance plutôt « naturaliste », mais qui, étant généralement étrangère à l'esprit oriental, n'a jamais pu prendre dans l'Inde le développement qu'elle a eu en Grèce parmi les « philosophes physiciens » ; du moins, quelques écoles appartenant aux formes les plus dégénérées du Bouddhisme devaient seules la pousser jusqu'aux conséquences où elle aboutissait logiquement, et cela ne leur fut possible que parce qu'elles étaient ouvertement en dehors de l'unité traditionnelle hindoue. Il n'en est pas moins vrai que cette tendance, qui s'affirme dans la conception atomiste, existait déjà dans l'exposition habituelle du *Vaishêshika*, puisque l'origine de l'atomisme, malgré ce qu'il a d'hétérodoxe, est rapportée à Kanâda, simultanément avec le développement même du *Vaishêshiku* qui n'en est pourtant pas nécessairement solidaire. Le nom de Kanâda semble d'ailleurs contenir une allusion à cette conception, et, s'il a été appliqué primitivement à un individu, il n'a pu être qu'un simple surnom ; le fait qu'il s'est seul conservé montre encore le peu d'importance que les Hindous accordent aux individualités En tout cas, dans ce que désigne actuellement ce nom, on peut voir quelque chose qui, en raison de la déviation qui s'y exprime, ressemble plus aux « écoles » de l'antiquité occidentale que ce que nous trouvons d'ana logue à l'égard des autres *darshanas*.

Comme le Nyâya, le *Vaishêshika* distingue un certain nombre de *padârthas*, mais, bien entendu, en les déterminant d'un point de vue différent ; ces *padârthas* ne coïncident donc point avec ceux du *Nyâya*, et ils peuvent même rentrer tous dans les subdivisions du second de ceux-ci, *pramêya* ou « ce qui est objet de preuve ». Le *Vaishêshika* envisage six *padârthas*, dont le premier est appelé *dravya* ; on traduit ordinairement ce mot par « substance », et on peut le faire en effet, à la condition d'entendre ce terme, non point au sens métaphysique ou universel, mais exclusivement au sens relatif où il désigne la fonction du sujet logique, et qui est celui qu'il a également dans la conception des catégories d'Aristote. Le second *padârtha* est la qualité, qui est appelée *guna*, mot que nous retrouverons à propos du *Sânkhya*, mais autrement appliqué ; ici, les qualités dont il s'agit sont les attributs des êtres manifestés, ce que la scolastique appelle « accidents » en l'envisageant par rapport à la substance ou au sujet qui en est le support, dans l'ordre de la manifestation en mode individuel. Si l'on transposait ces mêmes qualités au-delà de ce mode spécial pour les considérer dans le principe même de leur manifestation, on devrait les regarder comme constitutives de l'essence, au sens où ce terme désigne un principe corrélatif et complémentaire de la substance, soit dans l'ordre universel, soit même, relativement et par correspondance analogique, dans l'ordre individuel ; mais l'essence, même individuelle, où les attributs résident « éminemment » et non « formellement », échappe au point de vue du *Vaishêshika*, qui est du côté de l'existence entendue dans son sens le plus strict, et c'est pourquoi les attributs ne sont véritablement pour lui que des « accidents ». Nous avons volontairement exposé ces dernières conceptions dans un langage qui doit les rendre plus particulièrement compréhensibles à ceux qui sont habitués à la doctrine aristotélicienne et scolastique ; ce langage est d'ailleurs, en l'occurrence, le moins inadéquat de ceux que l'Occident met à notre disposition. La substance, dans les deux sens dont ce mot est susceptible, est la racine de la manifestation, mais elle n'est point manifestée en elle-même, elle ne l'est que dans et par ses attributs, qui sont ses modalités, et qui, inversement, n'ont d'existence réelle, selon cet ordre contingent de la manifestation, que dans et par la substance ; c'est en celle-ci que les qualités subsistent, et c'est par elle que l'action se produit. Le troisième *padârtha* est, en effet, *karma* ou l'action ; et l'action, quelle que soit sa différence par rapport à la qualité, rentre avec celle-ci dans la notion générale des attributs, car elle n'est rien d'autre qu'une « manière d'être » de la substance ; c'est là ce qu'indique, dans la constitution du langage, l'expression de la qualité et de l'action sous la forme commune des verbes attributifs. L'action est regardée comme consistant essentiellement dans le mouvement, ou plutôt dans le changement, car cette notion beaucoup plus étendue, dans laquelle le mouvement ne constitue qu'une espèce, est celle qui s'applique le plus exactement ici, et même à ce que présente d'analogue la physique grecque. On pourrait dire, par suite, que l'action est pour l'être un mode transitoire et momentané, tandis que la qualité est un mode relativement permanent et stable à quelque degré ; mais, si l'on envisageait l'action dans l'intégralité de ses conséquences temporelles et même intemporelles, cette distinction même s'effacerait, comme on pourrait d'ailleurs le prévoir en remarquant que tous les attributs, quels qu'ils soient, procèdent également d'un même principe, et cela aussi bien sous le rapport de la substance que sous celui de l'essence. Nous pourrons être plus bref sur les trois *padârthas* qui viennent ensuite, et qui représentent en somme des catégories de rapports, c'est-à-dire encore certains attributs des substances individuelles et des principes relatifs qui sont les conditions déterminantes immédiates de leur manifestation. Le quatrième *padârtha* est *sâmânya*, c'est-à-dire la communauté de qualité, qui, dans les degrés divers dont elle est susceptible, constitue la superposition des genres ; le cinquième est la particularité ou la différence, appelée plus spécialement *vishêsha*, et qui est ce qui appartient en propre à une substance déterminée, ce par quoi elle se différencie de toutes les autres ; enfin, le sixième est *samavâya*, l'agrégation, c'est-à-dire la relation intime d'inhérence qui unit la substance et ses attributs, et qui est d'ailleurs elle-même un attribut de cette substance. L'ensemble de ces six *padârthas*, comprenant ainsi les substances et tous leurs attributs, constitue *bhâva* ou l'existence ; en opposition corrélative est *abhâva* ou la non-existence, dont on fait quelquefois un septième *padârtha*, mais dont la conception est purement négative : c'est proprement la « privation » entendue au sens aristotélicien.

Pour ce qui est des subdivisions de ces catégories, nous n'insisterons que sur celles de la première : ce sont les modalités et les conditions générales des substances individuelles. On trouve ici, en premier lieu, les cinq *bhûtas* ou éléments constitutifs des choses corporelles, énumérés à partir de celui qui correspond au dernier degré de ce mode de manifestation, c'est-à-dire suivant le sens qui correspond proprement au point de vue analytique du *Vaishêshîka* : *prithwi* ou la terre, *ap* ou l'eau, *têjas* ou le feu, *vâyu* ou l'air, *âkâsha* ou l'éther ; le *Sânkhya*, au contraire, considère ces éléments dans l'ordre inverse, qui est celui de leur production ou de leur dérivation. Les cinq éléments se manifestent respectivement par les cinq qualités sensibles qui leur correspondent et leur sont inhérentes, et qui appartiennent aux subdivisions de la seconde catégorie ; ils sont des déterminations substantielles, constitutives de tout ce qui appartient au monde sensible ; on se tromperait donc grandement en les regardant comme plus ou moins analogues aux « corps impies », d'ailleurs hypothétiques, de la chimie moderne, et même en les assimilant à des « états physiques », suivant une interprétation assez commune, mais insuffisante, des conceptions cosmologiques des Grecs. Après les éléments, la catégorie de *dravya* comprend *kâla*, le temps, et *dish*, l'espace ; ce sont des conditions fondamentales de l'existence corporelle, et nous ajouterons, sans pouvoir nous y arrêter, qu'elles représentent respectivement, dans ce mode spécial que constitue le monde sensible, l'activité des deux principes qui, dans l'ordre de la manifestation universelle, sont désignés comme *Shiva* et *Vishnu*. Ces sept subdivisions se réfèrent exclusivement à l'existence corporelle ; mais, si l'on envisage intégralement un être individuel tel que l'être humain, il comprend, outre sa modalité corporelle, des déments constitutifs d'un autre ordre, et ces éléments sont représentés ici par les deux dernières subdivisions de la même catégorie, *âtmâ* et *manas*. Le *manas* ou, pour traduire ce mot par un mot de racine identique, le « mental », est l'ensemble des facultés psychiques d'ordre individuel, c'est-à-dire de celles qui appartiennent à l'individu comme tel, et parmi lesquelles, dans l'homme, la raison est l'élément caractéristique ; quant à *âtmâ*, qu'on rendrait fort mal par « âme », c'est proprement le principe transcendant auquel se rattache l'individualité et qui lui est supérieur, principe auquel doit être ici rapporté l'intellect pur, et qui se distingue du *manas*, ou plutôt de l'ensemble composé du *manas* et de l'organisme corporel, comme la personnalité, au sens métaphysique, se distingue de l'individualité.

C'est dans la théorie des éléments corporels qu'apparaît spécialement la conception atomiste : un atome ou *anu* est, potentiellement tout au moins, de la nature de l'un ou de l'autre des éléments, et c'est par la réunion d'atomes de ces différentes sortes, sous l'action d'une force « non-perceptible » ou *adrishta*, que sont formés, tous les corps. Nous avons déjà dit que cette conception est expressément contraire au *Vêda*, qui affirme par contre l'existence des cinq éléments ; il n'y a donc aucune solidarité réelle entre celle-ci et celle-là. Il est d'ailleurs très facile de faire apparaître les contradictions qui sont inhérentes à l'atomisme, dont l'erreur fondamentale consiste à supposer des éléments simples dans l'ordre corporel, alors que tout ce qui est corps est nécessairement composé, étant toujours divisible par là même qu'il est étendu, c'est-à-dire soumis à la condition spatiale ; on ne peut trouver quelque chose de simple ou d'indivisible qu'en sortant de l'étendue, donc de cette modalité spéciale de manifestation qu'est l'existence corporelle. Si l'on prend le mot « atome » dans son sens propre, celui d'« indivisible », ce que ne font plus les physiciens modernes, mais ce qu'il faut faire ici, on peut dire qu'un atome, devant être sans parties, doit être aussi sans étendue ; or une somme d'éléments sans étendue ne formera jamais une étendue ; si les atomes sont ce qu'ils doivent être par définition, il est donc impossible qu'ils arrivent à former les corps. À ce raisonnement bien connu, et d'ailleurs décisif, nous joindrons encore celui-ci, que *Shankarâchârya* emploie pour réfuter l'atomisme [15] : deux choses

---

[15] Commentaire sur les Brahma-sûtra, 2ᵉ Adhyâva, 1ᵉʳ Pâdà, sûtra 29.

peuvent entrer en contact par une partie d'elles-mêmes ou par leur totalité ; pour les atomes, qui n'ont pas de parties, la première hypothèse est impossible ; il ne reste donc que la seconde, ce qui revient à dire que le contact ou l'agrégation de deux atomes ne peut être réalisé que par leur coïncidence pure et simple, d'où il résulte manifestement que deux atomes réunis ne sont pas plus, quant à l'étendue, qu'un seul atome, et ainsi de suite indéfiniment ; donc, comme précédemment, des atomes en nombre quelconque ne formeront jamais un corps. Ainsi, l'atomisme ne représente bien qu'une impossibilité, comme nous l'avions indiqué en précisant le sens où doit être entendue l'hétérodoxie ; mais, l'atomisme étant mis à part, le point de vue du *Vaishêhika*, réduit alors à ce qu'il a d'essentiel, est parfaitement légitime, et l'exposé qui précède en détermine suffisamment la portée et la signification.

Chapitre XI

LE SÂNKHYA

Le *Sânkhya* se rapporte encore au domaine de la nature c'est-à-dire de la manifestation universelle, mais, comme nous l'avons déjà indiqué, considéré cette fois synthétiquement, à partir des principes qui déterminent sa production et dont elle tire toute sa réalité. Le développement de ce point de vue, intermédiaire en quelque sorte entre la cosmologie du *Vaishêshika* et la métaphysique, est attribué à l'antique sage Kapila ; mais, à vrai dire, ce nom ne désigne point un personnage, et tout ce qui en est dit présente un caractère purement symbolique. Quant à la dénomination du *Sânkhya*, elle a été diversement interprétée ; elle dérive de *sankhyâ*, qui signifie « énumération » ou « calcul », et aussi parfois « raisonnement » ; elle désigne proprement une doctrine qui procède par l'énumération régulière des différents degrés de l'être manifesté, et c'est bien là, en effet, ce qui caractérise le *Sânkhya*, qui peut se résumer tout entier dans la distinction et la considération de vingt-cinq *tattwas* ou principes et éléments vrais, correspondant à ces degrés hiérarchisés.

Se plaçant au point de vue de la manifestation, le *Sânkhya* prend pour point de départ *Prakriti* ou *Pradhâna*, qui est la substance universelle, indifférenciée et non-manifestée en soi, mais dont toutes choses procèdent par modification ; ce premier *tattwa* est la racine ou *mûla* de la manifestation, et les *tattwas* suivants représentent ses modifications à divers degrés. Au premier degré est *Buddhi*, qui est aussi appelée *Mahat* on le « grand principe », et qui est l'intellect pur, transcendant par rapport aux individus ; ici, nous sommes déjà dans la manifestation, mais nous sommes encore dans l'ordre universel. Au degré suivant, au contraire, nous trouvons la conscience individuelle, *ahankara*, qui procède du principe intellectuel par une détermination « particulariste », si l'on peut ainsi s'exprimer, et qui produit à son tour les éléments suivants. Ceux-ci sont tout d'abord les cinq *tanmâtras*, déterminations élémentaires incorporelles et non-perceptibles, qui seront les principes respectifs des cinq bhûtas ou éléments corporels ; le *Vaishêshika* n'avait à considérer que ces derniers, et non les *tanmâtras*, dont la conception n'est nécessaire que lorsqu'on veut rapporter la notion des éléments ou des conditions de la modalité corporelle aux principes de l'existence universelle. Ensuite viennent les facultés individuelles, produites par différenciation de la conscience dont elles sont comme autant de fonctions, et qui sont regardées comme étant au nombre de onze, dix externes et une interne : les dix facultés externes comprennent cinq facultés de connaissance, qui, dans le domaine corporel, sont des facultés de sensation, et cinq facultés d'action ; la faculté interne est le *manas*, à la fois faculté de connaissance et faculté d'action, qui est uni directement à la conscience individuelle. Enfin, nous retrouvons les cinq éléments corporels énumérés cette fois dans l'ordre de leur production ou de leur manifestation : l'éther, l'air, le feu, l'eau et la terre ; et l'on a ainsi vingt-quatre tattwas comprenant *Prakriti* et toutes ses modifications.

Jusqu'ici, le *Sânkhya* ne considère les choses que sous le rapport de la substance, entendue au sens universel ; mais, ainsi que nous l'indiquions précédemment, il y a lieu d'envisager corrélativement, comme l'autre pôle de la manifestation, un principe complémentaire de celui-là, et que l'on peut appeler l'essence. C'est le principe auquel le *Sânkhya* donne le nom de *Purusha* ou de *Pumas*, et qu'il regarde comme un vingt-cinquième *tattwa*, entièrement indépendant des précédents ; toutes les choses manifestées sont produites par *Prakriti*, mais, sans la présence de *Purusha*, ces productions n'auraient qu'une existence purement illusoire. Contrairement à ce que pensent certains, la considération de ces deux principes ne présente pas le moindre caractère dualiste : ils ne dérivent pas l'un de l'autre et ne sont pas réductibles l'un à l'autre, mais ils procèdent tous deux de l'Etre universel dans lequel ils constituent la première de toutes les distinctions. D'ailleurs, le *Sânkhya* n'a pas à aller au-delà de cette distinction même, et la considération de l'Etre pur ne rentre pas dans son point de vue ; mais, n'étant point systématique, il laisse possible tout ce qui le passe, et c'est pourquoi il n'est nullement dualiste. Pour rattacher ceci à ce que nous avons déjà dit au sujet du dualisme, nous ajouterons que la conception occidentale de l'esprit et de la matière ne correspond à la distinction de l'essence et de la substance que dans un domaine très spécial et à titre de simple application particulière parmi une indéfinité d'autres analogues et également possibles ; on voit par là combien, sans être encore sur le terrain de la métaphysique pure, nous sommes déjà loin des limitations de la pensée philosophique.

Il nous faut revenir encore un peu sur la conception de *Prakriti* : elle possède trois *gunas* ou qualités constitutives, qui sont en parfait équilibre dans son indifférenciation primordiale ; toute manifestation ou modification de la substance représente une rupture de cet équilibre, et les êtres, dans leurs différents états de manifestation, participent des trois *gunas* à des degrés divers et, pour ainsi dire, suivant des proportions indéfiniment variées. Ces *gunas* ne sont donc pas des états, mais des conditions de l'existence universelle, auxquelles sont soumis tous les êtres manifestés, et qu'il faut avoir soin de distinguer des conditions spéciales qui déterminent tel ou tel état ou mode de la manifestation, comme l'espace et le temps, qui conditionnent l'état corporel à l'exclusion des autres. Les trois *gunas* sont : *sattwa*, la conformité à l'essence pure de l'Être ou *Sat*, qui est identifiée à la lumière intelligible ou à la connaissance, et représentée comme une tendance ascendante ; *rajas*, l'impulsion expansive, selon laquelle l'être se développe dans un certain état et, en quelque sorte, à un niveau déterminé de l'existence ; enfin, *tamas*, l'obscurité, assimilée à l'ignorance, et représentée comme une tendance descendante. On peut constater combien sont insuffisantes et même fausses les interprétations courantes des orientalistes, surtout pour les deux premiers *gunas*, dont ils prétendent traduire les désignations respectives par « bonté » et « passion », alors qu'il n'y a là, évidemment, rien de moral ni de psychologique. Nous ne pouvons exposer plus complètement ici cette conception très importante, ni parler des applications diverses auxquelles elle donne lieu, notamment en ce qui concerne la théorie des éléments ; nous nous contenterons d'en signaler l'existence.

D'autre part, sur le *Sânkhya* en général, nous n'avons pas besoin d'insister aussi longuement qu'il nous faudrait le faire si nous n'avions pas déjà marqué, pour une bonne part, les caractères essentiels de ce point de vue en même temps que ceux du *Vaishêshika* et par comparaison avec celui-ci ; mais il nous reste encore à dissiper quelques équivoques. Les orientalistes qui prennent le *Sânkhya* pour un système philosophique le qualifient volontiers de doctrine « matérialiste » et « athée » ; il va sans dire que c'est la conception de *Prakriti* qu'ils identifient avec la notion de matière, ce qui est tout à fait faux, et que, d'ailleurs, ils ne tiennent aucun compte de *Purusha* dans leur interprétation déformée. La substance universelle est tout autre chose que la matière, qui n'en est tout au plus qu'une détermination restrictive et spécialisée ; et nous avons eu déjà l'occasion de dire que la notion même de matière, telle qu'elle s'est constituée chez les Occidentaux modernes, n'existe point chez les Hindous, pas plus qu'elle n'existait chez les Grecs eux-mêmes. On ne voit pas bien ce que pourrait être un « matérialisme » sans la matière ; l'atomisme lies anciens, même en Occident, s'il fut « mécaniste », ne fut pas pour cela « matérialiste », et il convient de laisser à la philosophie moderne des étiquettes qui, n'ayant été inventées que pour elle, ne sauraient vraiment s'appliquer ailleurs. Du reste, bien que se rapportant à la nature, le *Sânkhya*, par la façon dont il l'envisage, ne risque même pas de produire une tendance au « naturalisme » comme celle que nous avons constatée à propos de la forme atomiste du *Vaishêshika* ; à plus forte raison ne peut-il aucunement être « évolutionniste », comme quelques-uns se le sont imaginé, et cela même si l'on prend l'« évolutionnisme » dans sa conception la plus générale et sans en faire le synonyme d'un grossier « transformisme » ; cette confusion de points de vue est trop absurde pour qu'il convienne de s'y arrêter davantage.

Quant au reproche d'« athéisme », voici ce qu'il faut en penser : le *Sânkya* est *nirishwara*, c'est-à-dire qu'il ne fait pas intervenir la conception d'*Ishwara* ou de la « personnalité divine » ; mais, si cette conception ne s'y trouve pas, c'est qu'elle n'a pas à s'y trouver, étant donné le point de vue dont il s'agit, pas plus qu'elle ne se rencontre dans le *Nyâya* et le *Vaishêshika*. La non-compréhension dans un point de vue plus ou moins spécial ne devient négation que quand ce point de vue prétend se poser comme exclusif, c'est-à-dire quand il se constitue en système, ce qui n'a point lieu ici ; et nous pourrions demander aux orientalistes si la science européenne, sous sa forme actuelle, doit être déclarée essentiellement « athée » parce qu'elle ne fait pas intervenir l'idée de Dieu dans son domaine, ce qu'elle n'a pas à faire non plus, car il y a là quelque chose qui est hors de sa portée. D'ailleurs, à côté du Sankhya dont nous venons de parla, il existe un autre *darshana* que l'on regarde parfois comme une seconde branche du *Sânkhya*, complémentaire de la précédente, et que, pour la distinguer de celle-ci, on qualifie alors de *sêshwara*, comme envisageant au contraire la conception *d'Ishwara* ; ce *darshana*, dont il va être question maintenant, est celui que l'on désigne plus habituellement sous le nom de *Yoga*, identifiant ainsi la doctrine avec le but même qu'elle se propose expressément.

Chapitre XII

LE YOGA

Le mot *yoga* signifie proprement « union » ; disons en passant, bien que la chose n'ait en somme que peu d'importance, que nous ne savons pourquoi bon nombre d'autres européens font ce mot féminin, alors qu'il est masculin en sanskrit. Ce que ce terme désigne principalement, c'est l'union effective de l'être humain avec l'Universel ; appliqué à un *darshana*, dont la formulation en *sûtras* est attribuée à Patanjali, il indique que ce *darshana* a pour but la réalisation de cette union et comporte les moyens d'y parvenir. Tandis que le *Sânkhya* est seulement un point de vue théorique, c'est donc de réalisation, au sens métaphysique que nous avons indiqué, qu'il s'agit ici essentiellement, quoi qu'en pensent ceux qui veulent y voir, soit « une philosophie », comme les orientalistes officiels, soit même, comme de prétendus « ésotéristes » qui s'efforcent de remplacer par des rêveries la doctrine qui leur manque, « une méthode de développement des pouvoirs latents de l'organisme humain ». Le point de vue en question se réfère à un tout autre ordre, incomparablement supérieur à ce qu'impliquent des interprétations de ce genre, et qui échappe également à la compréhension des uns et des autres ; et cela est assez naturel, car il n'y a rien d'analogue qui soit connu en Occident.

Au point de vue théorique, le *Yoga* complète le *Sânkhya* en introduisant la conception d'*Ishwara*, qui, étant identique à l'Etre universel, permet l'unification, d'abord de *Purusha*, principe multiple quand on l'envisageait seulement dans les existences particulières, et ensuite de *Purusha* et de *Prakriti*, l'Etre universel étant au-delà de leur distinction, puisqu'il est leur principe commun. D'autre part, le *Yoga* admet le développement de la nature ou de la manifestation tel que le décrit le *Sânkhya* ; mais, la prenant pour base d'une réalisation qui doit conduire au-delà de cette nature contingente, il l'envisage en quelque sorte dans un ordre inverse de celui de ce développement, et comme en voie de retour vers sa fin dernière, qui est identique à son principe initial. Par rapport à la manifestation, le principe premier est *Ishwara* ou l'Etre universel ; ce n'est pas à dire que ce principe soit absolument premier dans l'ordre universel, puisque nous avons marqué la distinction fondamentale qu'il faut faire entre *Ishwara* qui est l'Etre et Brahma, qui est au-delà de l'Etre ; mais, pour les êtres manifestés, l'union avec l'Etre universel peut être regardée comme constituant un stade nécessaire en vue de l'union avec le suprême *Brahma*. Du reste, la possibilité d'aller au-delà de l'Etre, soit théoriquement, soit quand à la réalisation, suppose la métaphysique totale, que le *Yoga-shâstra* de Patanjali n'a point la prétention de représenter à lui seul.

La réalisation métaphysique consistant essentiellement dans l'identification par la connaissance, tout ce qui n'est pas la connaissance elle-même n'y a qu'une valeur de moyens accessoires ; aussi le *Yoga* prend-il pour point de départ et moyen fondamental ce qui est appelé *êkâgrya*, c'est-à-dire la « concentration ». Cette concentration même est, comme Max Müller l'avoue [16], quelque chose de tout à fait étranger à l'esprit occidental, habitué à porter toute son attention sur les choses extérieures et à se disperser dans leur multiplicité indéfiniment changeante ; elle lui est même devenue à peu près impossible, et pourtant elle est la première et la plus importante de toutes les conditions d'une réalisation effective. La concentration peut prendre pour support, surtout au début, une pensée quelconque, un symbole tel qu'un mot ou une image ; mais ensuite ces moyens auxiliaires deviennent inutiles, aussi bien que les rites et autres "adjuvants" qui peuvent être employés concurremment en vue du même but. Il est évident, d'ailleurs, que ce but ne saurait être atteint par les seuls moyens accessoires, extrinsèques à la connaissance, que nous venons de mentionner en dernier lieu ; mais il n'en est pas moins vrai que ces moyens, sans avoir rien d'essentiel, ne sont nullement négligeables, car ils peuvent avoir une très grande efficacité pour faciliter la réalisation et conduire, sinon à son terme, du moins à ces stades préparatoires. Telle est la véritable raison d'être de tout ce qui est désigné par le terme de *hatha-yoga*, et qui est destiné, d'une part, à détruire ou plutôt à "transformer" ce qui, dans l'être humain, fait obstacle à son union avec l'Universel, et, d'autre part, à préparer cette union par l'assimilation de certains rythmes, principalement liés au règlement de la respiration ; mais, pour les motifs que nous avons donnés précédemment, nous n'insisterons pas sur les modalités de la réalisation. En tout cas, il faut toujours se souvenir que, de tous les moyens préliminaires, la connaissance théorique est le seul vraiment indispensable, et qu'ensuite, dans la réalisation même, c'est la concentration qui importe le plus et de la

---

[16] *Préface to the Sacred Books of the East*, pp. XXIII-XXIV.

façon la plus immédiate, car elle est en relation directe avec la connaissance, et, tandis qu'une action quelconque est toujours séparée de ses conséquences, la méditation ou la contemplation intellectuelle, appelée en sanskrit *dhyâna*, porte son fruit en elle-même ; enfin, l'action ne peut avoir pour effet de nous faire sortir du domaine de l'action, ce qu'implique, dans son but véritable, une réalisation métaphysique. Seulement, on peut aller plus ou moins loin dans cette réalisation, et même s'arrêter à l'obtention d'états supérieurs, mais non définitifs ; c'est à ces degrés secondaires que se réfèrent surtout les observances spéciales que prescrit le *Yoga-shâstra* ; mais, au lieu de les franchir successivement, on peut aussi, quoique plus difficilement sans doute, les dépasser d'un seul coup pour atteindre directement le but final, et c'est cette dernière voie que désigne souvent le terme de *râja-yoga*. Cependant, cette expression doit s'entendre aussi, plus strictement, du but même de la réalisation, quels qu'en soient les moyens ou les modes particuliers, qui doivent naturellement s'adapter le mieux possible aux conditions mentales et mêmes physiologiques de chacun ; en ce sens, le *hatha-yoga*, à tous ses stades, a pour raison d'être essentielle de conduire au *râja-yoga*.

Le *Yogî*, au sens propre du mot, est celui qui a réalisé l'union parfaite et définitive : on ne peut donc sans abus appliquer cette dénomination à celui qui se livre simplement à l'étude du *Yoga* en tant que *darshana*, ni même à celui qui suit effectivement la voie de réalisation qui y est indiquée, sans être encore parvenu au but suprême vers lequel elle tend. L'état du *Yogî* véritable est celui de l'être qui a atteint et possède en plein développement les possibilités les plus hautes ; tous les états secondaires auxquels nous avons fait allusion lui appartiennent aussi en même temps et par là même, mais par surcroît, pourrait-on dire, et sans plus d'importance qu'ils n'en ont, chacun à son rang, dans la hiérarchie de l'existence totale dont ils sont autant d'éléments constitutifs. On peut en dire tout autant de la possession de certains pouvoirs spéciaux et plus ou moins extraordinaires, tels que ceux qui sont appelés *siddhis* ou *vibhûtis* : bien loin de devoir être recherchés pour eux-mêmes, ces pouvoirs ne constituent que de simples accidents, relevant du domaine de la « grande illusion » comme tout ce qui est d'ordre phénoménal, et le *Yogî* ne les exerce que dans des circonstances tout à fait exceptionnelles ; considérés autrement, ils ne sauraient être que des obstacles à la réalisation complète. On voit combien est dénuée de fondement l'opinion vulgaire qui fait du Yogi une sorte de magicien, voire même de sorcier ; en fait, eux qui font montre de certaines facultés singulières, correspondant au développement de quelques possibilités qui ne sont d'ailleurs pas uniquement d'ordre « organique » ou physiologique, ne sont nullement des *Yogîs*, mais ce sont des hommes qui, pour une raison ou pour une autre, et généralement par insuffisance intellectuelle, se sont arrêtés à une réalisation partielle et inférieure, ne dépassant pas l'extension dont est susceptible l'individualité humaine, et l'on peut être assuré qu'ils n'iront jamais plus loin. Par la réalisation métaphysique vraie, dégagée de toutes les contingences, donc essentiellement supra-individuelle, le *Yogi* est devenu identique à cet « Homme universel » dont nous avons dit quelques mots précédemment ; mais, pour tirer les conséquences que comporte ceci, il nous faudrait sortir des limites que nous entendons nous imposer présentement. D'ailleurs, c'est surtout au *hatha-yoga*, c'est-à-dire à la préparation, que se réfère le *darshana* à propos duquel nous avons présenté ces quelques considérations, destinées surtout, dans notre intention, à couper court aux erreurs les plus répandues sur ce sujet ; le reste, c'est-à-dire ce qui concerne le but dernier de la réalisation, doit être renvoyé de préférence à la partie purement métaphysique de la doctrine, qui est le *Vêdânta*.

René Guénon

Chapitre XIII

LA MÎMÂNSÂ

Le mot *mîmânsâ* signifie littéralement « réflexion profonde » ; il s'applique, d'une façon générale, à l'étude réfléchie du Vêda, ayant pour but de déterminer le sens exact de la *shruti* et d'en dégager les conséquences qui y sont impliqués, soit dans l'ordre pratique, soit dans l'ordre intellectuel. Ainsi entendue, la *Mîmânsâ* comprend les deux derniers des six *darshanas*, qui sont alors désignés comme *Pûrva-Mîmânsâ* et *Uttra-Mîmânsâ*, c'est-à-dire la première et la deuxième *Mîmânsâ*, et qui se rapportent respectivement aux deux ordres que nous venons d'indiquer. Aussi la première *Mîmânsâ* est-elle appelée encore *Karma-Mîmânsâ*, comme concernant le domaine de l'action, tandis que la seconde est appelée *Brahma-Mîmânsâ*, comme concernant essentiellement la connaissance de *Brahma* ; il « fit à remarquer que c'est le suprême *Brahma*, et non plus *Ishwara*, qui est envisagé ici, parce que le point de vue dont il s'agit est celui de la métaphysique pure. Cette seconde *Mîmânsâ* est proprement le *Vêdânta* ; et, quand on nous parle de *Mîmânsâ* sans épithète, comme nous le faisons dans le présent chapitre, c'est toujours de la première *Mîmânsâ* qu'il est question exclusivement.

L'exposition de ce *darshana* est attribuée à Jaimini, et la méthode qui y est suivie est celle-ci : les opinions erronées sur une question sont d'abord développées, puis réfutées, et la solution vraie de la question est finalement donnée comme conclusion de toute cette discussion ; cette méthode d'exposition présente une analogie remarquable avec celle de la doctrine scolastique au moyen âge occidental. Quant à la nature des sujets traités, elle est définie, au début même des *sûtras* de Jaimini, comme une étude qui doit établir les preuves et les raisons d'être du *dharma*, dans sa connexion avec *kârya* ou « ce qui doit être accompli ». Nous avons suffisamment insisté sur la notion de *dharma*, et sur ce qu'il faut entendre par la conformité de l'action au *dharma*, qui est ce dont il s'agit précisément ici ; nous rappellerons que le mot *karma* a un double sens : au sens général, c'est l'action sous toutes ses formes, qui est souvent opposée à *jnâna* ou la connaissance, ce qui correspond encore à la distinction des deux derniers *darshanas* ; au sens spécial et technique, c'est l'action rituelle, telle qu'elle est prescrite dans le *Vêda*, et ce dernier sens est naturellement fréquent dans la *Mîmânsâ*, qui se propose de donner les raisons de ces prescriptions et d'en préciser la portée.

La *Mîmânsâ* commence par considérer les divers *pramânas* ou moyens de preuve, qui sont ceux qu'ont indiqués les logiciens, plus certaines autres sources de connaissance dont ceux-ci n'avaient pas à se préoccuper dans leur domaine particulier ; on pourrait d'ailleurs concilier facilement les différentes classifications de ces *pramânas* en les regardant simplement comme plus ou moins développées et complètes, car elles n'ont rien de contradictoire. Il est ensuite distingué plusieurs sortes de prescriptions ou d'injonctions, la division la plus générale étant celle de l'injonction directe et de l'injonction indirecte ; la partie du *Vêda* qui renferme des préceptes est appelée *brâhmana*, par opposition au *mantra* ou formule rituelle, et tout ce qui est contenu dans les textes védiques est *mantra* ou *brâhmana*. D'ailleurs, il n'y a pas que des préceptes dans le *brâhmana*, puisque les *Upanishads*, qui sont purement doctrinales, et qui sont le fondement du *Vêdânta*, rentrent dans cette catégorie ; mais le *brahmana* pratique, auquel s'attache surtout la *Mîmânsâ*, est celui qui indique la façon d'accomplir les rites, les conditions de cet accomplissement, les modalités qui s'appliquent aux diverses circonstances, et qui explique la signification des éléments symboliques qui entrent dans ces rites et des *mantras* qu'il convient d'y employer pour chaque cas déterminé. A propos de la nature et de l'efficacité du *mantra*, comme aussi, d'une façon plus générale, à propos de l'autorité traditionnelle du *Vêda* et de son origine « non-humaine », la *Mîmânsâ* développe la théorie de la perpétuité du son à laquelle nous avons fait allusion précédemment, et, plus précisément, celle de l'association originelle et perpétuelle du son articulé avec le sens de l'ouïe, qui fait du langage tout autre chose qu'une convention plus ou moins arbitraire. On y trouve également une théorie de l'infaillibilité de la doctrine traditionnelle, infaillibilité qui doit être conçue comme inhérente à la doctrine elle-même, et qui par suite, n'appartient aucunement aux individus humains ; ceux-ci n'y participent que dans la mesure où ils connaissent effectivement la doctrine et où ils l'interprètent exactement, et, alors même, cette infaillibilité ne doit point être rapportée aux individus comme tels, mais toujours à la doctrine qui s'exprime par eux. C'est pourquoi il n'y a que ceux qui connaissent le *Vêda* intégral qui soient qualifiés pour composer des écrits traditionnels véritables, dont l'autorité est une participation de celle de la tradition primordiale, d'où elle est dérivée et où elle a son fondement exclusif, sans que l'individualité de l'auteur humain y ait la moindre part : cette distinction de l'autorité fondamentale et de l'autorité dérivée dans l'ordre traditionnel est celle de la *shruti* et de la *smriti*, que nous avions déjà indiquée à propos de la « loi de Manu ». La conception de l'infaillibilité comme inhérente à la seule doctrine est d'ailleurs commune aux Hindous et aux

Musulmans ; elle est même aussi, au fond, celle que le Catholicisme applique spécialement au point de vue religieux, car l'« infaillibilité pontificale », si on la comprend bien dans son principe, apparaît comme essentiellement attachée à une fonction, qui est l'interprétation autorisée de la doctrine, et non à une individualité qui n'est jamais infaillible en dehors de l'exercice de cette fonction dont les conditions sont rigoureusement déterminées.

En raison de la nature de la *Mîmânsâ*, c'est à ce *darshana* que se rapportent le plus directement les *Vêdângas*, sciences auxiliaires du *Vêda* que nous avons définir plus haut ; il suffit de se reporter à ces définitions pour se rendre compte du lien étroit qu'elles présentent avec le sujet actuel. C'est ainsi que la *Mîmânsâ* insiste sur l'importance qu'ont, pour la compréhension des textes l'orthographe exacte et la prononciation correcte qu'enseigne la *shikshâ*, et qu'elle distingue les différentes classes de mantras suivant les rythmes qui leur sont propres, ce qui relève du *chandas*. D'autre part, on y rencontre des considérations relatives au *vyâkarana*, c'est-à-dire grammaticales, comme la distinction de l'acception régulière des mots et de leurs acceptions dialectales ou barbares, des remarques sur certaines formes particulières qui sont employées dans le *Vêda* et sur les termes qui y ont un sens différent de leur sens usuel ; il faut y joindre, en maintes occasions, les interprétations étymologiques et symboliques qui font l'objet du *nirukta*. Enfin, la connaissance du *jyotisha* est nécessaire pour déterminer le temps où les rites doivent être accomplis, et, quant au *kalpa*, nous avons vu qu'il résume les prescriptions qui concernent leur accomplissement même. En outre, la *Mîmânsâ* traite un grand nombre de questions de jurisprudence, et il n'y a pas lieu de s'en étonner, puisque, dans la civilisation hindoue, toute la législation est essentiellement traditionnelle ; on peut remarquer, du reste, une certaine analogie dans la façon dont sont conduits, d'une part, les débats juridiques, et, d'autre part, les discussions de la *Mîmânsâ* et il y a même identité dans les termes qui servent à désigner les phases successives des uns et des autres. Cette ressemblance n'est certainement pas fortuite, mais il ne faudrait pas y voir autre chose que ce qu'elle est en réalité, un signe de l'application d'un même esprit à deux activités connexes, quoique distinctes ; ceci pour réduire à leur juste valeur les prétentions des sociologues, qui, mus par le travers assez commun de tout ramener à leur spécialité, profitent de toutes les similitudes de vocabulaire qu'ils peuvent relever, particulièrement dans le domaine de la logique, pour conclure à des emprunts faits aux institutions sociales, comme si les idées et les modes de raisonnement ne pouvaient pas exister indépendamment de ces institutions, qui ne représentent pourtant, à vrai dire, qu'une application de certaines idées nécessairement préexistantes. Certains ont cru sortir de cette alternative et maintenir la primordialité du point de vue social en inventant ce qu'ils ont appelé la « mentalité prélogique » ; mais cette supposition bizarre, aussi bien que leur conception générale des « primitifs », ne repose sur rien de sérieux, elle est même contredite par tout ce que nous avons de certain sur l'antiquité, et le mieux serait de la reléguer dans le domaine de la fantaisie pure, avec tous les « mythes » que ses inventeurs attribuent gratuitement aux peuples dont ils ignorent la vraie mentalité. Il y a bien assez de différences réelles et profondes entre les façons de penser propres à chaque race et à chaque époque, sans imaginer des modalités inexistantes, qui compliquent les choses plus qu'elles ne les expliquent, et sans aller chercher le soi-disant type primordial de l'humanité dans quelque peuplade dégénérée, qui ne sait plus très bien elle-même ce qu'elle pense, mais qui n'a certainement jamais pensé ce qu'on lui attribue ; seulement, les vrais modes de la pensée humaine, autres que ceux de l'Occident moderne, échappent tout aussi complètement aux sociologues qu'aux orientalistes.

Pour revenir à la *Mîmânsâ* après cette digression nous signalerons encore une notion qui y joue un rôle important : cette notion, qui est désignée par le mot *apûrva*, est de celles qui sont difficiles à expliquer dans les langues occidentales ; nous allons néanmoins essayer de faire comprendre en quoi elle consiste et ce qu'elle comporte. Nous avons dit dans le chapitre précédent qui l'action, bien différente de la connaissance en cela comme en tout le reste, ne porte pas ses conséquences en elle-même ; sous ce rapport, l'opposition est, au fond, celle de la succession et de la simultanéité, et ce sont les conditions mêmes de toute action qui font qu'elle ne peut produire ses effets qu'en mode successif. Cependant pour qu'une chose puisse être cause, il faut qu'elle existe actuellement, et c'est pourquoi le vrai rapport causal ne peut être conçu que comme un rapport de simultanéité : si on le concevait comme un rapport de succession, il y aurait un instant où quelque chose qui n'existe plus produirait quelque chose qui n'existe pas encore, supposition qui est manifestement absurde. Donc, pour qu'une action, qui n'est en elle-même qu'une modification momentanée, puisse avoir des résultats futurs et plus ou moins lointains, il faut qu'elle ait, dans l'instant même où elle s'accomplit, un effet non perceptible présentement, mais qui, subsistant d'une façon permanente, relativement tout au moins, produira ultérieurement, à son tour, le résultat perceptible. C'est cet effet non-perceptible, potentiel en quelque sorte, qui est appelé *apûrva*, parce qu'il est surajouté et non antérieur à l'action ; il peut être regardé, soit comme un état postérieur de l'action elle-même, soit comme un état antécédent du résultat, l'effet devant toujours être contenu virtuellement dans sa cause, dont il ne pourrait procéder autrement. D'ailleurs, même dans le cas où un certain résultat paraît suivre immédiatement l'action dans le temps, l'existence intermédiaire d'un *apûrva* n'en est pas moins nécessaire, dès lors qu'il y a encore succession et non parfaite simultanéité, et que l'action, en elle-même, est toujours séparée de son résultat. De cette façon, l'action échappe à l'instantanéité, et même, dans une certaine mesure, aux limitations de la condition temporelle ; en effet, l'*apûrva*, germe de toutes ses conséquences futures, n'étant pas dans le domaine de la manifestation corporelle et sensible, est en dehors du temps ordinaire, mais non en dehors de toute durée, car il appartient encore à l'ordre des contingences. Maintenant, l'*apûrva* peut, pour une part, demeurer attaché à l'être qui a accompli l'action, comme étant désormais un élément constitutif de son individualité envisagée dans sa partie incorporelle, où il persistera tant que celle-ci durera elle-même, et, pour une autre part, sortir des bornes de cette individualité pour entrer dans le domaine des énergies potentielles de l'ordre cosmique ; dans cette seconde partie, si on se le représente, par une image sans doute imparfaite, comme une vibration émise en un certain point, cette vibration, après s'être propagée jusqu'aux confins du domaine où elle peut atteindre, reviendra en sens inverse à son point de départ, et cela, comme l'exige la causalité, sous la forme d'une réaction de même nature que l'action initiale. C'est là, très exactement, ce que le Taoïsme, de son côté, désigne comme les « actions et réactions concordantes » ; toute action, comme plus généralement toute manifestation, étant une rupture d'équilibre, ainsi que nous le disions à propos des trois *gunas*, la réaction correspondante est nécessaire pour rétablir cet équilibre, la somme de toutes les différenciations devant toujours équivaloir finalement à l'indifférenciation totale. Ceci, où se rejoignent l'ordre humain et l'ordre cosmique, complète l'idée que l'on peut se faire des rapports du *karma* avec le *dharma* ; et il faut ajouter immédiatement que la réaction, étant une conséquence toute naturelle de l'action, n'est nullement une « sanction » au sens moral : il n'y a là rien sur quoi le point de vue moral puisse avoir prise, et même, à vrai dire, ce point de vue pourrait bien n'être né que de l'incompréhension de ces choses et de leur déformation sentimentale.

Quoi qu'il en soit, la réaction, dans son influence en retour sur l'être qui produisit l'action initiale, reprend le caractère individuel et même temporel que n'avait plus l'*apûrva* intermédiaire ; si cet être ne se trouve plus alors dans l'état où il était premièrement, et qui n'était qu'un mode transitoire de sa manifestation, la même réaction, mais dépouillée des conditions caractéristiques de l'individualité originelle, pourra encore l'atteindre dans un autre état de manifestation, par les éléments qui assurent la continuité de ce nouvel état avec l'état antécédent : c'est ici que s'affirme l'enchaînement causal des divers cycles d'existence, et ce qui est vrai pour un être déterminé l'est aussi, suivant la plus rigoureuse analogie, pour l'ensemble de la manifestation universelle. Si nous avons insisté un peu longuement sur cette explication, ce n'est pas simplement parce qu'elle fournit un exemple intéressant d'un certain genre de théories orientales, ni même parce que nous aurons l'occasion de signaler par la suite une interprétation fausse qui en a été donnée en Occident ; c'est aussi, et surtout, parce que ce dont il s'agit a une portée effective des plus considérables, même pratiquement, encore que, sur ce dernier point, il convienne de ne pas se départir d'une certaine réserve, et qu'il vaille mieux se contenter de donner des indications très générales, comme nous le faisons ici, en laissant à chacun le soin d'en tirer des développements et des conclusions en conformité avec ses facultés propres et ses tendances personnelles.

René Guénon

Chapitre XIV

LE VÊDÂNTA

Avec le Vêdânta, nous sommes, comme nous l'avons dit, dans le domaine de la métaphysique pure ; il est donc superflu de répéter que ce n'est ni une philosophie ni une religion, bien que les orientalistes veuillent forcément y voir l'une ou l'autre, ou même, comme Schopenhauer, l'une et l'autre à la fois. Le nom de ce dernier *darshana* signifie étymologiquement "fin du *Vêda*", et le mot "fin" doit être entendu ici dans le double sens, qu'il a aussi en français, de conclusion et de but ; en effet, les *Upanishads*, sur lesquelles il se base essentiellement, forment la dernière partie des textes vêdiques, et ce qui est enseigné, dans la mesure où il peut l'être, est le but dernier et suprême de la connaissance traditionnelle tout entière, dégagée de toutes les applications plus ou moins particulières et contingentes auxquelles elle peut donner lieu dans des ordres divers. La désignation même des *Upanishads* indique qu'elle sont destinées à détruire l'ignorance, racine de l'illusion qui enferme l'être dans les liens de l'existence conditionnée, et qu'elles opèrent cet effet en fournissant les moyens d'approcher de la connaissance de *Brahma* ; s'il n'est question que d'approcher de cette connaissance, c'est que, étant rigoureusement incommunicable dans son essence, elle ne peut être atteinte effectivement que par un travail strictement personnel auquel aucun enseignement extérieur, si élevé et si profond qu'il soit, n'a le pouvoir de suppléer. L'interprétation que nous venons de donner est celle sur laquelle s'accordent tous 1« Hindous compétents ; il serait évidemment ridicule d'y préférer la conjecture sans autorité de quelques auteur européens, qui veulent que l'*Upanishad* soit la connaissance obtenue en s'asseyant aux pieds d'un précepteur d'ailleurs, Max Müller [17], tout en acceptant cette dernière signification, est forcé de reconnaître qu'elle n'indique rien de vraiment caractéristique, et qu'elle cou viendrait tout aussi bien à n'importe laquelle des autres portions du Vêda, puisque l'enseignement oral est leur mode commun de transmission régulière.

Le caractère incommunicable de la connaissance totale et définitive provient de ce qu'il y a nécessairement d'inexprimable dans l'ordre métaphysique, et aussi de ce que cette connaissance, pour être vraiment tout ce qu'elle doit être, ne se borne pas à la simple théorie, mais comporte en elle-même la réalisation correspondante ; c'est pourquoi nous disons qu'elle n'est susceptible d'être enseignée que dans une certaine mesure et l'on voit que cette restriction s'applique sous le double rapport de la théorie et de la réalisation, encore que ce soit pour cette dernière que l'obstacle soit le plus absolument insurmontable. En effet, un symbolisme quelconque peut toujours suggérer tout au moins des possibilités de conception, même si elles ne peuvent être exprimées entièrement, et cela sans parler de certains modes de transmission s'effectuant en dehors et au-delà de toute représentation formelle, modes dont l'idée seule doit paraître trop invraisemblable à un Occidental pour qu'il soit utile ou simplement possible d'y insister. Il est vrai, d'autre part, que la compréhension, même théorique, et à partir de ses degrés les plus élémentaires,

---

[17] *Introduction to the Upanishads*, pp. LXXIX-LXXXI.

suppose un effort personnel indispensable, et est conditionnée par les aptitudes réceptives spéciales de celui à qui un enseignement est communiqué ; il est trop évident qu'un maître, si excellent soit-il, ne saurait comprendre pour son élève, et que c'est à celui-ci qu'il appartient exclusivement de s'assimiler ce qui est mis à sa portée. S'il en est ainsi, c'est que toute connaissance vraie et vraiment assimilée est déjà par elle-même, non une réalisation effective sans doute, mais du moins une réalisation virtuelle, si l'on peut unir ces deux mots qui, ici, ne se contredisent qu'en apparence ; autrement, on ne pourrait dire avec Aristote qu'un être « est tout ce qu'il connaît ». Quant au caractère purement personnel de toute réalisation, il s'explique très simplement par cette remarque, dont la forme est peut-être singulière, mais qui est tout à fait axiomale, que ce qu'un être est, ce ne peut être que lui-même qui l'est à l'exclusion de tout autre ; s'il est nécessaire de formuler des vérités aussi immédiates, c'est que ce sont précisément celles-là qu'on oublie le plus souvent, et qu'elles comportent d'ailleurs de tout autres conséquences que ne peuvent le croire les esprits superficiels ou analytiques. Ce qui peut s'enseigner, et encore incomplètement, ce ne sont que des moyens plus ou moins indirects et médiats de la réalisation métaphysique, comme nous l'avons indiqué à propos du *Yoga*, et le premier de tous ces moyens, le plus indispensable, et même le seul absolument indispensable, c'est la connaissance théorique elle-même. Cependant, il convient d'ajouter que, dans la métaphysique totale, la théorie et la réalisation ne se séparent jamais complètement ; on peut le constater à chaque instant dans les *Upanishads*, où il est souvent très difficile de distinguer ce qui se rapporte respectivement à l'une et à l'autre, et où, à vrai dire, les mêmes choses se rapportent à toutes deux, suivant la façon dont on les envisage. Dans une doctrine qui est métaphysiquement complète, le point de vue de la réalisation réagit sur l'exposition même de la théorie, qui le suppose au moins implicitement et ne peut jamais en être indépendante, car la théorie, n'ayant en elle-même qu'une valeur de préparation, doit être subordonnée à la réalisation comme le moyen l'est à la fin en vue de laquelle il est institué.

Toutes ces considérations sont nécessaires pour comprendre le point de vue du *Vêdânta*, ou, mieux encore, son esprit, puisque le point de vue métaphysique, n'étant aucun point de vue spécial, ne peut être appelé ainsi que dans un sens tout analogique ; d'ailleurs, elles s'appliqueraient semblablement à toute autre forme dont peut être revêtue, dans d'autres civilisations, la métaphysique traditionnelle, puisque celle-ci, pour les raisons que nous avons déjà précisées, est essentiellement une et ne peut pas ne pas l'être. On ne saurait trop insister sur le fait que ce sont les *Upanishads* qui, faisant partie intégrante du *Vêda*, représentent ici la tradition primordiale et fondamentale ; le *Vêdânta*, tel qu'il s'en dégage expressément, a été coordonné synthétiquement, ce qui ne veut point dire systématisé, dans les *Brahmasûtras*, dont la composition est attribuée à Bâdarâyana ; celui-ci, d'ailleurs, est identifié à Vyâsa, ce qui est particulièrement significatif pour qui sait quelle est la fonction intellectuelle que désigne ce nom. Les *Brahmasûtras*, dont le texte est d'une extrême concision, ont donné lieu à de nombreux commentaires, parmi lesquels ceux de Shankarâchârya et de Râmânuja sont de beaucoup les plus importants ; ces deux commentaires sont rigoureusement orthodoxes l'un et l'autre, en dépit de leurs apparentes divergences, qui ne sont au fond que des différences d'adaptation : celui de Shankarâchârya représente plus spécialement la tendance *shaiva*, et celui de Râmânuja la tendance *vaishnava* ; les indications générales que nous avons données à cet égard nous dispenseront de développer présentement cette distinction, qui ne porte que sur des voies tendant vers un but identique.

Le *Vêdânta*, par là même qu'il est purement métaphysique, se présente essentiellement comme *adwaitavâda* ou « doctrine de la non-dualité » ; nous avons expliqué le sens de cette expression en différenciant la pensée métaphysique de la pensée philosophique. Pour en préciser la portée autant que cela se peut, nous dirons maintenant que, tandis que l'Être est « un », le Principe ni suprême, désigné comme *Brahma*, peut seulement être dit « sans dualité », parce que, étant au-delà de toute détermination, même de l'Être qui est la première de toutes, il ne peut être caractérisé par aucune attribution positive : ainsi l'exige son infinité, qui est nécessairement la totalité absolue, comprenant en soi toutes les possibilités. Il ne peut donc rien y avoir qui soit réellement hors de *Brahma*, car cette supposition équivaudrait à le limiter ; comme conséquence immédiate, le monde, en entendant par ce mot, dans le sens le plus large dont il soit susceptible, l'ensemble de la manifestation universelle, n'est point distinct de Brahma, ou, du moins, ne s'en distingue qu'en mode illusoire. Cependant, d'autre part, *Brahma* est absolument distinct du monde, puisqu'on ne peut lui appliquer aucun des attributs déterminatifs qui conviennent au monde, la manifestation universelle tout entière étant rigoureusement nulle au regard de son infinité ; et l'on remarquera que cette irréciprocité de relation entraîne la condamnation formelle du « panthéisme », ainsi que de tout « immanentisme ». D'ailleurs, le « panthéisme », pour peu que l'on veuille garder à cette dénomination un sens suffisamment précis et raisonnable, est inséparable du naturalisme », ce qui revient à dire qu'il est nettement antimétaphysique ; il est donc absurde de voir du « panthéisme » dans le *Vêdânta*, et pourtant cette idée, si absurde qu'elle soit, est celle que s'en font le plus communément les Occidentaux, même spécialistes : voilà assurément qui est fait pour donner, aux Orientaux qui savent ce qu'est réellement le

« panthéisme », une haute idée de la valeur de la science européenne et de la perspicacité de ses représentants !

Il est évident que nous ne pouvons donner même un rapide aperçu de la doctrine dans son ensemble ; certaines des questions qui y sont traitées, comme, par exemple, celle de la constitution de l'être humain envisagée métaphysiquement, pourront faire l'objet d'études particulières. Nous nous arrêterons seulement sur un point, concernant le but suprême, qui est appelé *moksha* ou *mukti*, c'est-à-dire la « délivrance », parce que l'être qui y parvient est libéré des liens de l'existence conditionnée, dans quelque état et sous quelque mode que ce soit, par l'identification parfaite à l'Universel : c'est la réalisation de ce que l'ésotérisme musulman appelle l'« Identité suprême », et c'est par là, et par là seulement, qu'un homme devient un *Yogî* au vrai sens de ce mot. L'état du *Yogî* n'est donc pas l'analogue d'un état spécial quelconque, mais il contient tous les états possibles comme le principe contient toutes ses conséquences ; celui qui y est parvenu est encore appelé *jîvan-mukta*, c'est-à-dire « délivré dans la vie », par opposition au *vidêha-mukta* ou « délivré hors de la forme », expression désignant l'être pour qui la réalisation ne se produit, ou plutôt, de virtuelle qu'elle était, ne devient effective qu'après la mort ou la dissolution du composé humain. D'ailleurs, dans un cas aussi bien que dans l'autre, l'être est définitivement affranchi des conditions individuelles, ou de tout ce dont l'ensemble est appelé *nâma* et *rûpa*, le nom et la forme, et même des conditions de toute manifestation ; il échappe à l'enchaînement causal indéfini des actions et réactions, ce qui n'a pas lieu dans le simple passage à un autre état individuel, même occupant un rang supérieur à l'état humain dans la hiérarchie des degrés de l'existence. Il est manifeste, d'autre part, que l'action ne peut avoir de conséquences que dans le domaine de l'action, et que son efficacité s'arrête précisément où cesse son influence ; l'action ne peut donc avoir pour effet de libérer de l'action et de faire obtenir la « délivrance » ; aussi une action, quelle qu'elle soit, ne pourra tout au plus conduire qu'à des réalisations partielles, correspondant certains états supérieurs, mais encore déterminés et conditionnés. Shankarâchârya déclare expressément qu'« il n'y a point d'autre moyen d'obtenir la « délivrance » complète et finale que la connaissance ; l'action, qui n'est pas opposée à l'ignorance, ne peut l'éloigner, tandis que la connaissance dissipe l'ignorance comme la lumière dissipe les ténèbres »[18] ; et, l'ignorance étant la racine et cause de toute limitation, lorsqu'elle a disparu, l'individualité, qui se caractérise par ses limitations, disparaît par là même. Cette « transformation », au sens étymologique de « passage au-delà de la forme », ne change d'ailleurs rien aux apparences ; dans le cas in *jîvan-mukta*, l'apparence individuelle subsiste naturellement sans aucun changement extérieur, mais elle n'affecte plus l'être qui en est revêtu, dès lors que celui-ci sait effectivement qu'elle n'est qu'illusoire ; seulement, bien entendu, savoir cela effectivement est tout autre chose que d'en avoir une conception purement théorique. A la suite du passage que nous venons de citer, Shankarâchârya décrit l'état du *Yogî* dans la mesure, d'ailleurs bien restreinte, où les mots peuvent l'exprimer ou plutôt l'indiquer ; ces considérations forment la véritable conclusion de l'étude de la nature de l'être humain à laquelle nous avons fait allusion, en montrant, comme le but suprême et dernier de la connaissance métaphysique, les possibilités les plus hautes auxquelles cet être est capable d'atteindre.

---

[18] *Atmâ-Bodha.*

Chapitre XV

REMARQUES COMPLÉMENTAIRES SUR L'ENSEMBLE DE LA DOCTRINE

Dans cet exposé, que nous avons voulu faire aussi synthétique que possible, nous avons constamment essayé de montrer, en même temps que les caractères distinctifs de chaque *darshana*, comment celui-ci se rattache à la métaphysique, qui est le centre commun à partir duquel se développent, dans des directions diverses, toutes les branches de la doctrine ; cela nous fournissait d'ailleurs l'occasion de préciser un certain nombre de points importants relativement à la conception « l'ensemble de cette doctrine. A cet égard, il faut bien comprendre que, si le *Vêdânta* est compté comme le dernier des *darshanas*, parce qu'il représente l'achèvement de toute connaissance, il n'en est pas moins, dans son essence, le principe dont tout le reste dérive et n'est que la spécification ou l'application. Si une connaissance ne dépendait pas ainsi de la métaphysique, elle manquerait littéralement de principe et, par suite, ne saurait avoir aucun caractère traditionnel ; c'est ce qui fait la différence capitale entre la connaissance scientifique, au sens où ce mot est pris en Occident, et ce qui, dans l'Inde, y correspond le moins inexactement. Il est manifeste que le point de vue de la cosmologie n'est point équivalent à celui de la physique moderne, et même que le point de vue de la logique traditionnelle ne l'est point à celui de la logique philosophique envisagée, par exemple, à la façon de Stuart Mill ; nous avons déjà marqué ces distinctions. La cosmologie, même dans les limites du *Vaishêshika*, n'est point une science expérimentale comme la physique actuelle ; en raison de son rattachement aux principes, elle est, comme les autres branches doctrinales, bien plus déductive qu'inductive ; la physique cartésienne, il est vrai, était aussi déductive, mais elle avait le grand tort de ne s'appuyer, en fait de principes, que sur un de simple hypothèse philosophique, et c'est ce qui fit son insuccès.

La différence de méthode que nous venons de signaler, et qui traduit une différence profonde de conception, existe même pour des sciences qui sont vraiment expérimentales, mais qui, étant malgré cela beaucoup plus de déductives qu'elles ne le sont en Occident, échappent à tout empirisme ; ce n'est que dans ces conditions qui ces sciences ont un titre à être regardées comme des connaissances traditionnelles, même d'une importance secondaire et d'un ordre inférieur. Ici, nous pensons sur tout à la médecine envisagée comme un *Upavêda* ; et ce que nous en disons vaut également pour la médecine traditionnelle de l'Extrême-Orient. Sans rien perdre de son caractère pratique, cette médecine est quelque chose de bien plus étendu que ce qu'on est habitué à désigner par ce nom ; outre la pathologie et la thérapeutique, elle comprend, notamment, bien des considérations que l'on ferait rentrer, en Occident, dans la physiologie ou même dans la psychologie, mais qui, naturellement, sont traitées d'une façon toute différente. Les résultats qu'une telle science obtient dans l'application peuvent, en de nombreux cas, paraître extraordinaires à ceux qui ne s'en font qu'une idée par trop inexacte ; nous croyons d'ailleurs qu'il est extrêmement difficile à un Occidental de parvenir à une connaissance suffisante dans ce genre d'études, où sont employés de tout autres moyens d'investigation que ceux auxquels il est accoutumé.

Nous venons de dire que les connaissances pratiques, alors même qu'elles se rattachent à la tradition et y ont leur source, ne sont pourtant que des connaissances inférieures ; leur dérivation détermine leur subordination, ce qui n'est que strictement logique, et d'ailleurs les Orientaux, qui, par tempérament et par conviction profonde, se soucient assez peu des applications immédiates, n'ont jamais songé à transporter dans l'ordre de la connaissance pure aucune préoccupation d'intérêt matériel ou sentimental, seul élément susceptible d'altérer cette hiérarchisation naturelle et normale des connaissances. Cette même cause de trouble intellectuel est aussi celle qui, en se généralisant dans la mentalité d'une race ou d'une époque, y amène principalement l'oubli de la métaphysique pure, à laquelle elle fait substituer illégitimement des points de vue plus ou moins spéciaux, en même temps qu'elle donne naissance à des sciences qui n'ont à se réclamer d'aucun principe traditionnel. Ces sciences sont légitimes tant qu'elles se maintiennent dans de justes limites, mais il ne faut pas les prendre pour autre chose que ce qu'elles sont, c'est-à-dire des connaissances analytiques, fragmentaires et relatives ; et ainsi, en se séparant radicalement de la métaphysique, avec laquelle son point de vue propre ne permet en effet aucune relation, la science occidentale perdit nécessairement en portée ce qu'elle gagnait en indépendance, et son développement vers les applications pratiques fut compensé par un amoindrissement spéculatif inévitable.

Ces quelques observations complètent tout ce que nous avons déjà dit sur ce qui sépare profondément les points de vue respectifs de l'Orient et de l'Occident : en Orient, la tradition est véritablement toute la civilisation, puisqu'elle embrasse, par ses conséquences, tout le cycle des connaissances vraies, à quelque ordre qu'elles se rapportent, et tout l'ensemble des institutions sociales ; tout y est inclus en germe dès l'origine, par là même qu'elle pose les principes universels d'où dérivent toutes choses avec leurs lois et leurs conditions, et l'adaptation nécessaire à une époque quelconque ne peut consister que dans un développement adéquat, suivant un esprit rigoureusement déductif et analogique, des solutions et des éclaircissements qui conviennent plus spécialement à la mentalité de cette époque. On conçoit que, dans ces conditions, l'influence de la tradition ait une force à laquelle on ne saurait se soustraire, et que tout schisme, lorsqu'il s'en produit, aboutisse immédiatement à la constitution d'une pseudo-tradition ; quant à rompre ouvertement et définitivement tout lien traditionnel, nul individu n'en a le désir, non plus que la possibilité. Ceci permet encore de comprendre la nature et les caractères de l'enseignement par lequel se transmet, avec les principes, l'ensemble des disciplines propres à assimiler et à intégrer toutes choses à l'intellectualité d'une civilisation.

Chapitre XVI

L'ENSEIGNEMENT TRADITIONNEL

Nous avons dit que la caste supérieure, celle des *Brâhmanas*, a pour fonction essentielle de conserver et de transmettre la doctrine traditionnelle ; c'est là sa véritable raison d'être, puisque c'est sur cette doctrine que repose tout l'ordre social, qui ne saurait trouver ailleurs les principes sans lesquels il n'y a rien de stable ni de durable. Là où la tradition est tout, ceux qui en sont les dépositaires doivent logiquement être tout ; ou du moins, comme la diversité des fonctions nécessaires à l'organisme social entraîne une incompatibilité entre elles et exige leur accomplissement par des individus différents, ces individus dépendent tous essentiellement des détenteurs de la tradition, puisque, s'ils ne participaient effectivement à celle-ci, ils ne pourraient non plus participer efficacement à la vie collective : c'est là le sens vrai et complet de l'autorité spirituelle et intellectuelle qui appartient aux *Brâhmanas*. C'est là aussi, en même temps, l'explication de l'attachement profond et indéfectible qui unit le disciple au maître, non seulement dans l'Inde, mais dans tout l'Orient, et dont on chercherait vainement l'analogue dans l'Occident moderne ; la fonction de l'instructeur est véritablement, en effet, une « paternité spirituelle », et c'est pourquoi l'acte rituel et symbolique par lequel elle débute est une « seconde naissance » pour celui qui est admis à recevoir l'enseignement par une transmission régulière. C'est une idée de « paternité spirituelle » qu'exprime très exactement le mot *guru*, qui désigne l'instructeur chez les Hindoues, et qui a aussi le sens d'« ancêtre » ; c'est à cette même idée que fait allusion, chez les Arabes, le mot *sheikh*, qui, avec le sens propre de « vieillard », a un emploi identique. En Chine, la conception dominante de la « solidarité de la race » donne à la pensée correspondante une nuance différente, et fait assimiler le rôle de l'instructeur à celui d'un « frère aîné », guide et soutien naturel de ceux qui le suivent dans la voie traditionnelle, et qui ne deviendra un « ancêtre » qu'après sa mort ; mais l'expression de « naître à la connaissance » n'en est pas moins, là comme partout ailleurs, d'un usage courant.

L'enseignement traditionnel se transmet dans des conditions qui sont strictement déterminées par sa nature ; pour produire son plein effet, il doit toujours s'adapter aux possibilités intellectuelles de chacun de ceux auxquels il s'adresse, et se graduer en proportion des résultats déjà obtenus, ce qui exige, de la part de celui qui le reçoit et qui veut aller plus loin, un constant effort d'assimilation personnelle et effective. Ce sont des conséquences immédiates de la façon dont la doctrine tout entière est envisagée, et c'est ce qui indique la nécessité de l'enseignement oral et direct, à quoi rien ne saurait suppléer, et sans lequel, d'ailleurs, le rattachement d'une « filiation spirituelle » régulière et continue ferait inévitablement défaut, à part certains cas très exceptionnels où la continuité peut être assurée autrement, et d'une façon trop difficilement explicable en langage occidental pour que nous nous y arrêtions ici. Quoi qu'il en soit, l'Oriental est à l'abri de cette illusion, trop commune en Occident, qui consiste à croire que tout peut s'apprendre dans les livres, et qui aboutit à mettre la mémoire à la place de l'intelligence ; pour lui, les textes n'ont jamais que la valeur d'un « support », au sens où nous avons déjà souvent employé ce mot, et leur étude ne peut être que la base d'un développement intellectuel, sans jamais se confondre avec ce développement même : ceci réduit l'érudition à sa juste valeur, en la plaçant au rang inférieur qui seul lui convient normalement, celui de moyen subordonné et accessoire de la connaissance véritable.

Il y a encore un autre rapport sous lequel la voie orientale est en antithèse absolue des méthodes occidentales : les modes de l'enseignement traditionnel, qui le font, non point précisément « ésotérique », mais plutôt « initiatique », s'opposent évidemment à toute diffusion inconsidérée, diffusion plus nuisible qu'utile aux yeux de quiconque n'est pas dupe de certaines apparences. Tout d'abord, il est permis de douter de la valeur et de la portée d'un enseignement distribué indistinctement, et sous une forme identique, aux individus les plus inégalement doués, les plus différents d'aptitudes et de tempérament, ainsi que cela se pratique actuellement chez tous les peuples européens : ce système d'instruction, assurément le plus imparfait de tous, est exigé par la manie égalitaire qui a détruit, non seulement la notion vraie, mais jusqu'au sentiment plus ou moins vague de la hiérarchie ; et pourtant, pour des gens à qui les « faits » doivent tenir lieu de tout critérium, suivant l'esprit de la science expérimentale moderne, y aurait-il, s'ils n'étaient pas si complètement aveuglés par leurs préjugés sentimentaux, un fait plus apparent que celui des inégalités naturelles, tant dans l'ordre intellectuel que dans l'ordre physique ? Ensuite, il est une autre raison pour laquelle l'Oriental, qui n'a pas le moindre esprit de propagande, ne trouvant aucun intérêt à vouloir répandre à tout prix ses conceptions, est résolument opposé à toute « vulgarisation » : c'est que celle-ci déforme et dénature inévitablement la doctrine, en prétendant la mettre au niveau de la mentalité commune, sous prétexte de la lui rendre accessible ; ce n'est pas à la doctrine de s'abaisser et de se restreindre à la mesure de l'entendement borné du vulgaire ; c'est aux individus de s'élever, s'ils le peuvent, à la compréhension de la doctrine dans sa pureté intégrale. Ce sont là les seules conditions possibles de formation d'une élite intellectuelle, par une sélection appropriée, chacun s'arrêtant nécessairement au degré qui correspond à l'étendue de son propre « horizon mental » ; et c'est aussi l'obstacle à tous les désordres que suscite, quand elle se généralise, une demi-science bien autrement néfaste qui l'ignorance pure et simple ; aussi les Orientaux seront-ils toujours beaucoup plus persuadés des inconvénients, très réels de l'« instruction obligatoire » que de ses bienfaits supposés, et, à notre avis, ils ont grandement raison.

Il y aurait bien d'autres choses à dire sur la nature de l'enseignement traditionnel, qu'il est possible d'envisager sous des aspects plus profonds encore ; mais, comme nous n'avons point la prétention d'épuiser les questions, nous nous en tiendrons à ces remarques, qui se rapportent plus immédiatement au point de vue où nous nous plaçons ici ces dernières considérations, nous le répétons, ne valent pas seulement pour l'Inde, mais pour l'Orient tout entier ; il semble donc qu'elles auraient dû plus naturellement trouver place dans la seconde partie de cette étude, mais nous avons préféré les réserver jusqu'ici, pensant qu'elles pourraient être mieux comprises après ce que nous avions à dire en particulier des doctrines hindoues, qui constituent un exemple très représentatif des doctrines traditionnelles en général. Avant de conclure, il ne nous reste plus qu'à préciser, aussi brièvement que possible, ce qu'il faut penser des interprétations occidentales de ces mêmes doctrines hindoues ; et, du reste, pour certaines d'entre elles, nous l'avons déjà fait presque suffisamment, selon que l'occasion s'en présentait, dans tout le cours de notre exposé.

QUATRIÈME PARTIE

LES INTERPRÉTATIONS OCCIDENTALES

Chapitre I

L'ORIENTALISME OFFICIEL

De l'orientalisme officiel, nous ne dirons ici que peu de chose, parce que nous avons déjà, à maintes reprises, signalé l'insuffisance de ses méthodes et la fausseté de ses conclusions : si nous l'avons eu ainsi presque constamment en vue, alors que nous ne nous préoccupions guère des autres interprétations occidentales, c'est qu'il se présente du moins avec une apparence de sérieux que celles-ci n'ont point, ce qui nous oblige à faire une différence qui est à son avantage. Nous n'entendons nullement contester la bonne foi des orientalistes, qui est généralement hors de doute, non plus que la réalité de leur érudition spéciale ; ce que nous contestons, c'est leur compétence pour tout ce qui dépasse le domaine de la simple érudition. Il faut d'ailleurs rendre hommage à la modestie très louable avec laquelle quelques-uns d'entre eux, ayant conscience des limites de leur compétence vraie, refusent de se livrer à un travail d'interprétation des doctrines ; mais, malheureusement, ceux-là ne sont qu'une minorité, et le grand nombre est constitué par ceux qui, prenant l'érudition pour une fin en elle-même, ainsi que nous le disions au début, croient très sincèrement que leurs études linguistiques et historiques leur donnent le droit de parler de toutes sortes de choses. C'est envers ces derniers que nous pensons qu'on ne saurait être trop sévère, quant aux méthodes qu'ils emploient et aux résultats qu'ils obtiennent, et tout en respectant, bien entendu, les individualités qui peuvent le mériter à tous égards, étant fort peu responsables de leur parti pris et de leurs illusions. L'exclusivisme est une conséquence naturelle de l'étroitesse de vues, de ce que nous avons appelé la « myopie intellectuelle », et ce défaut mental ne paraît pas plus guérissable que la myopie physique ; d'ailleurs, c'est, comme celle-ci, une déformation produite par l'effet de certaines habitudes qui y conduisent insensiblement et sans qu'on s'en aperçoive, encore qu'il faille sans doute y être prédisposé. Dans ces conditions, il n'y a pas lieu de s'étonner de l'hostilité dont la généralité des orientalistes font preuve à l'égard de ceux qui ne se soumettent pas à leurs méthodes et qui n'adoptent pas leurs conclusions ; ce n'est là qu'un cas particulier des conséquences qu'entraîne normalement l'abus de la spécialisation, et une des innombrables manifestations de cet esprit « scientiste » qu'on prend trop facilement pour le véritable esprit scientifique. Seulement, malgré toutes les excuses que l'on peut ainsi trouver à l'attitude des orientalistes, il n'en reste pas moins que les quelques résultats valables auxquels leurs travaux ont pu aboutir, à ce point de vue spécial de l'érudition qui est le leur, sont bien loin de compenser le tort qu'ils peuvent faire à l'intellectualité générale, en obstruant toutes les autres voies, qui pourraient mener beaucoup plus loin ceux qui seraient capables de les suivre : étant donnés les préjugés de l'Occident moderne, il suffit, pour détourner de ces voies presque tous ceux qui seraient tentés de s'y engager, de déclarer solennellement que cela « n'est pas scientifique », parce que cela n'est pas conforme aux méthodes et aux théories acceptées et enseignées officiellement dans les Universités. Quand il s'agit de se défendre contre un danger quelconque, on ne perd généralement pas son temps à rechercher des responsabilités ; si donc certaines opinions sont dangereuses intellectuellement, et nous pensons que c'est le cas ici, on devra s'efforcer de les détruire sans se préoccuper de ceux qui les ont émises ou qui les défendent, et dont l'honorabilité n'est nullement en cause. Les considérations de personnes, qui sont bien peu de chose en regard des idées, ne sauraient légitimement empêcher de combattre les théories qui font obstacle à certaines réalisations ; d'ailleurs, comme ces réalisations, sur lesquelles nous reviendrons dans notre conclusion, ne sont point immédiatement possibles, et que tout souci de propagande nous est interdit, le moyen le plus efficace de combattre les théories en question n'est pas de discuter indéfiniment sur le terrain où elles se placent, mais de faire apparaître les raisons de leur fausseté tout en rétablissant la vérité pure et simple, qui seule importe essentiellement à ceux qui peuvent la comprendre.

Là est la grande différence, sur laquelle il n'y a pas d'accord possible avec les spécialistes de l'érudition : quand nous parlons de vérité, nous n'entendons pas simplement par là une vérité de fait, qui a sans doute son importance, mais secondaire et contingente ; ce qui nous intéresse dans une doctrine, c'est la vérité, au sens absolu du mot, de ce qui y est exprimé. Au contraire, ceux qui se placent au point de vue de l'érudition ne se préoccupent aucunement de la vérité des idées ; au fond, ils ne savent pas ce que c'est, ni même si cela existe, et ils ne se le demandent point ; la vérité n'est rien pour eux, à part le cas très spécial où il s'agit exclusivement de vérité historique. La même tendance s'affirme pareillement chez les historiens de la philosophie : ce qui les intéresse, ce n'est point de savoir si telle idée est vraie ou fausse, ou dans quelle mesure elle l'est ; c'est uniquement de savoir qui a émis cette idée, dans quels termes il l'a formulée, à quelle date et dans quelles circonstances accessoires il l'a fait ; et cette histoire de la philosophie, qui ne voit rien en dehors des textes et des détails biographiques, prétend se substituer à la philosophie elle-même, qui achève ainsi de perdre le peu de valeur intellectuelle qui avait pu lui rester dans les temps modernes. D'ailleurs, il va de soi qu'une telle attitude est aussi défavorable que possible pour comprendre une doctrine quelconque : ne s'appliquant qu'à la lettre, elle ne peut pénétrer l'esprit, et ainsi le but même qu'elle se propose lui échappe fatalement ; l'incompréhension ne peut donner naissance qu'à des interprétations fantaisistes et arbitraires, c'est-à-dire à de véritables erreurs, même s'il ne s'agit que d'exactitude historique. C'est là ce qui arrive, dans une plus large mesure que partout ailleurs, pour l'orientalisme, qui a affaire à des conceptions totalement étrangères à la mentalité de ceux qui s'en occupent ; c'est la faillite de la soi-disant « méthode historique », même sous le rapport de la simple vérité historique, dont la recherche est sa raison d'être, comme l'indique la dénomination qu'on lui a donnée. Ceux qui emploient cette méthode ont le double tort, d'une part, de ne pas se rendre compte des hypothèses plus ou moins hasardeuses qu'elle implique, et qui peuvent se ramener principalement à l'hypothèse « évolutionniste », et, d'autre part, de s'illusionner sur sa portée, en la croyant applicable à tout ; nous avons dit pourquoi elle n'est nullement applicable au domaine métaphysique, d'où est exclue toute idée d'évolution. Aux yeux des partisans de cette méthode, la première condition pour pouvoir étudier les doctrines métaphysiques est évidemment de ne pas être métaphysicien ; de même, ceux qui l'appliquent à la « science des religions » prétendent plus ou moins ouvertement qu'on est disqualifié pour cette étude par le seul fait d'appartenir à une religion quelconque : autant proclamer la compétence exclusive, dans n'importe quelle branche, de ceux qui n'en ont qu'une connaissance extérieure et superficielle, celle-là même que l'érudition suffit à donner, et c'est sans doute pourquoi, en fait de doctrines orientales, l'avis des Orientaux est réputé nul et non avenu. Il y a là, avant tout, une crainte instinctive de tout ce qui dépasse l'érudition et risque de faire voir combien elle est médiocre et puérile au fond ; mais cette crainte se renforce de son accord avec l'intérêt, beaucoup plus conscient, qui s'attache au maintien de ce monopole de fait qu'ont établi à leur profit les représentants de la science officielle dans tous les ordres, et les orientalistes peut-être plus complètement encore que les autres. La volonté bien arrêtée de ne pas tolérer ce qui pourrait être dangereux pour les opinions admises, et de chercher à le discréditer par tous les moyens, trouve du reste sa justification dans les préjugés mêmes qui aveuglent ces gens à vues étroites, et qui les poussent à dénier toute valeur à ce qui ne sort pas de leur école ; ici encore, nous n'incriminons donc point leur bonne foi, mais nous constatons simplement l'effet d'une tendance bien humaine, par laquelle on est d'autant mieux persuadé d'une chose qu'on y a un intérêt quelconque.

Chapitre II

LA SCIENCE DES RELIGIONS

Il est à propos de dire ici quelques mots concernant ce qu'on appelle la « science des religions », car ce dont il s'agit doit précisément son origine aux études indianistes ; ceci fait voir immédiatement que le mot de « religion » n'y est pas pris dans le sens exact que nous lui avons reconnu. En effet, Burnouf, qui semble être le premier à avoir donné sa dénomination à cette science, ou soi-disant telle, néglige de faire figurer la morale parmi les éléments constitutifs de la religion, qu'il réduit ainsi à deux : la doctrine et le rite ; c'est ce qui lui permet d'y faire rentrer des choses qui ne se rattachent nullement au point de vue religieux, car il reconnaît du moins avec raison qu'il n'y a point de morale dans le *Vêda*. Telle est la confusion fondamentale qui se trouve au point de départ de la « science des religions », qui prétend réunir sous ce même nom toutes les doctrines traditionnelles, de quelque nature qu'elles soient en réalité ; mais bien d'autres confusions sont encore venues s'ajouter à celles-là, surtout depuis que l'érudition la plus récente a introduit dans ce domaine son redoutable appareil d'exégèse, de « critique des textes » et d'« hypercritique », plus propre à impressionner les naïfs qu'à conduire à des conclusions sérieuses.

La prétendue « science des religions » repose tout entière sur quelques postulats qui sont autant d'idées préconçues : ainsi, il est admis que toute doctrine a dû commencer par le « naturalisme », dans lequel nous ne voyons au contraire qu'une déviation qui, partout où elle se produisit, fut en opposition avec les tradition primordiales et régulières ; et, à force de torturer des textes qu'on ne comprend pas, on finit bien toujours par en faire sortir quelque interprétation conforme à cet esprit « naturaliste ». C'est ainsi que fut élaborée toute la théorie des « mythes », et notamment celle du « mythe solaire », le plus fameux de tous, dont un des principaux propagateurs fut Max Müller, que nous avons déjà eu l'occasion de citer à plusieurs reprises parce qu'il est très représentatif de la mentalité des orientalistes. Cette théorie du « mythe solaire » n'est pas autre chose que la théorie astromythologique émise et soutenue eu France, vers la fin du XVIIIe siècle, par Dupuis et Volney [19]. On sait l'application qui fut faite de cette conception au Christianisme comme à toutes les autres doctrines, et nous avons déjà signalé la confusion qu'elle implique essentiellement : dès qu'on remarque dans le symbolisme une correspondance avec certains phénomènes astronomiques, on s'empresse d'en conclure qu'il n'y a là qu'une représentation de ces phénomènes, alors qu'eux-mêmes, en réalité, sont des symboles de quelque chose qui est d'un tout autre ordre, et que la correspondance constatée n'est qu'une application de l'analogie qui relie harmoniquement tous les degrés de l'être. Dans ces conditions, il n'est pas bien difficile de trouver du « naturalisme » partout, et il serait même étonnant qu'on n'en trouvât pas, dès lors que le symbole, qui appartient forcément à l'ordre naturel, est pris pour ce qu'il représente ; l'erreur est, au fond, la même que celle des

---

[19] Dupuis, *Origine de tous les cultes* ; Volney, *Les Ruines*.

« nominalistes » qui confondent l'idée avec le mot qui sert à l'exprimer ; et c'est ainsi que des érudits modernes, encouragés d'ailleurs par le préjugé qui les porte à s'imaginer toutes les civilisations comme bâties sur le type gréco-romain, fabriquent eux-mêmes les « mythes » par incompréhension des symboles, ce qui eut la seule façon dont ils puissent prendre naissance.

On doit comprendre pourquoi nous qualifions une étude de ce genre de « prétendue science », et pourquoi il nous est tout à fait impossible de la prendre au sérieux ; et il faut encore ajouter que, tout en affectant de se donner un air d'impartialité désintéressée, et en affichant même la sotte prétention de « dominer toutes les doctrines »[20], ce qui dépasse la juste mesure en ce sens, cette « science des religions » est tout simplement, la plupart du temps, un vulgaire instrument de polémique entre les mains de gens dont l'intention véritable est de s'en servir contre la religion, entendue cette fois dans son sens propre et habituel. Cet emploi de l'érudition dans un esprit négateur et dissolvant est naturel aux fanatiques de la « méthode historique » ; c'est l'esprit même de cette méthode, essentiellement antitraditionnelle, du moins dès qu'on la fait sortir de son domaine légitime ; et c'est pourquoi tous ceux qui attachent quelque valeur réelle au point de vue religieux sont ici récusés comme incompétents. Pourtant, parmi les spécialistes de la « science des religions », il en est certains qui, en apparence tout au moins, ne vont pas aussi loin : ce sont ceux qui appartiennent à la tendance du « Protestantisme libéral » ; mais ceux-là, tout en conservant nominalement le point de vue religieux, veulent le réduire à un simple « moralisme », ce qui

---

[20] E. Burnouf, *La Science des Religions*, p. 6.

équivaut en fait à le détruire par la double suppression du dogme et du culte, au nom d'un « rationalisme » qui n'est qu'un sentimentalisme déguisé. Ainsi, le résultat final est le même que pour les incroyants purs et simples, amateurs de « morale indépendante », encore que l'intention soit peut-être mieux dissimulée ; et ce n'est là, en somme, que l'aboutissement logique des tendances que l'esprit protestant portait en lui dès le début. On a vu récemment une tentative, heureusement déjouée, pour faire pénétrer ce même esprit, sous le nom de « modernisme », dans le Catholicisme lui-même. Ce mouvement se proposait de remplacer la religion par une vague « religiosité », c'est-à-dire par une aspiration sentimentale que la « vie morale » suffit à satisfaire, et qui, pour y parvenir, devait s'efforcer de détruire les dogmes en y appliquant la « critique » et en constituant une théorie de leur « évolution », c'est-à-dire toujours en se servant de cette même arme de guerre qu'est la « science des religions », qui n'a peut-être jamais eu d'autre raison d'être.

Nous avons déjà dit que l'esprit « évolutionniste » est inhérent à la « méthode historique », et l'on peut en voir une application, parmi beaucoup d'autres, dans cette singulière théorie d'après laquelle les conceptions religieuses, ou supposées religieuses, auraient dû passer nécessairement pas une série de phases successives, dont les principales portent communément les noms de fétichisme, de polythéisme et de monothéisme. Cette hypothèse est comparable à celle qui a été émise dans le domaine de la linguistique, et suivant laquelle les langues, au cours de leur développement, passeraient successivement par les formes monosyllabiques, agglutinante et flexionnelle : c'est là une supposition toute gratuite, qui n'est confirmée par aucun fait, et à laquelle les faits sont même nettement contraires, attendu qu'on n'a jamais pu découvrir le moindre indice du passage réel de l'une à l'autre de ces formes ; ce qu'on a pris pour trois phases successives, en vertu d'une idée préconçue, ce sont tout simplement trois types différents auxquels se rattachent respectivement les divers groupes linguistiques, chacun demeurant toujours dans le type auquel il appartient. On peut en dire tout autant d'une autre hypothèse d'ordre plus général, celle qu'Auguste Comte a formulée sous le nom de « loi des trois états », et dans laquelle il transforme en états successifs des domaines différents de la pensée, qui peuvent toujours exister simultanément, mais entre lesquels il veut voir une incompatibilité, parce qu'il s'est imaginé que toute connaissance possible avait exclusivement pour objet l'explication des phénomènes naturels, ce qui ne s'applique en réalité qu'à la seule connaissance scientifique. On voit que cette conception fantaisiste de Comte, qui, sans être proprement « évolutionniste », avait quelque chose du même esprit, est apparentée à l'hypothèse du « naturalisme » primitif, puisque les religions ne peuvent y être que des essais prématurés et provisoires en même temps qu'une préparation indispensable, de ce qui sera plus tard l'explication scientifique ; et, dans le développement même de la phase religieuse, Comte croit pouvoir établir précisément, comme autant de subdivisions, les trois degrés fétichiste, polythéiste et monothéiste. Nous n'insisterons pas davantage sur l'exposé de cette conception, d'ailleurs assez généralement connue, mais nous avons cru bon de marquer la corrélation, trop souvent inaperçue, de points de vue divers, qui procèdent tous des mêmes tendances générales de l'esprit occidental moderne.

Pour achever de montrer ce qu'il faut penser de ces trois phases prétendues des conceptions religieuses, nous rappellerons d'abord ce que nous avons déjà dit précédemment, qu'il n'y eut jamais aucune doctrine essentiellement polythéiste, et que le polythéisme n'est, comme les « mythes » qui s'y rattachent assez étroitement, qu'une grossière déformation résultant d'une incompréhension profonde ; du reste, polythéisme et anthropomorphisme ne se sont vraiment généralisés que chez les Grecs et les Romains, et, partout ailleurs, ils sont restés dans le domaine des erreurs individuelles. Toute doctrine véritablement traditionnelle est donc en réalité monothéiste, ou, plus exactement, elle est une « doctrine de l'unité », ou même de la « non-dualité », qui devient monothéiste quand on veut la traduire en mode religieux ; quant aux religions proprement dites, Judaïsme, Christianisme et Islamisme, il est trop évident qu'elles sont purement monothéistes. Maintenant, pour ce qui est du fétichisme, ce mot, d'origine portugaise, signifie littéralement « sorcellerie » ; ce qu'il désigne n'est donc point de la religion ou quelque chose de plus ou moins analogue, mais bien de la magie, et même de la sorte la plus inférieure. La magie n'est nullement une forme de religion, qu'on la suppose d'ailleurs primitive ou déviée, et elle n'est pas davantage, comme d'autres l'ont soutenu, quelque chose qui s'oppose foncièrement à la religion, une espèce de « contre-religion », si l'on peut employer une telle expression ; enfin, elle n'est pas non plus ce dont seraient sorties à la fois la religion et la science, suivant une troisième opinion qui n'est pas mieux fondée que les deux précédentes ; toutes ces confusions montrent que ceux qui en parlent ne savent pas trop de quoi il s'agit. En réalité, la magie appartient au domaine de la science, et, plus précisément, de la science expérimentale ; elle concerne le maniement de certaines forces, qui, dans l'Extrême-Orient, sont appelées « influences errantes », et dont les effets, si étranges qu'ils puissent paraître, n'en sont pas moins des phénomènes naturels ayant leurs lois comme tous les autres. Cette science est assurément susceptible d'une base traditionnelle, mais, alors même, elle n'a jamais que la valeur d'une application contingente et secondaire ; encore faut-il ajouter, pour être fixé sur son importance, qu'elle est généralement dédaignée des vrais détenteurs de la tradition, qui, sauf dans certains cas spéciaux et déterminés, l'abandonnent aux jongleurs errants qui en tirent profit en amusant la foule. Ces magiciens, comme on en rencontre fréquemment dans l'Inde, où on leur donne communément la dénomination arabe de *faqirs*, c'est-à-dire « pauvres » ou « mendiants », sont des hommes que leur incapacité intellectuelle a arrêtés sur la voie d'une réalisation métaphysique, ainsi que nous l'avons déjà dit ; ils intéresse surtout les étrangers, et ils ne méritent pas plus de considération que leurs compatriotes ne leur en accordent. Nous n'entendons aucunement contester la réalité des phénomènes ainsi produits, bien que parfois ils soient seulement imités ou simulés, dans des conditions qui supposent d'ailleurs une puissance de suggestion peu ordinaire, auprès de laquelle les résultats obtenus par les Occidentaux qui essaient de se livrer au même genre d'expérimentation apparaissent comme tout à fait négligeables et insignifiants ; ce que nous contestons, c'est l'intérêt de ces phénomènes, dont la doctrine pure et la réalisation métaphysique qu'elle comporte sont absolument indépendantes. C'est ici le lieu de rappeler que tout ce qui relève du domaine expérimental ne prouve jamais rien, à moins que ce ne soit négativement, et peut servir tout au plus à l'illustration d'une théorie ; un exemple n'est ni un argument ni une explication, et rien n'est plus illogique que de faire dépendre un principe, même relatif, d'une de ses applications particulières.

Si nous avons tenu à préciser ici la vraie nature de la magie, c'est qu'on fait jouer à celle-ci un rôle considérable dans une certaine conception de la « science des religions », qui est celle de ce qu'on appelle l'« école sociologique » ; après avoir longtemps cherché surtout à donner une explication psychologique des « phénomènes religieux », on cherche plutôt maintenant, en effet, à en donner une explication sociologique, et nous en avons déjà parlé à propos de la définition de la religion ; à notre avis, ces deux points de vue sont aussi faux l'un que l'autre, et également incapables de rendre compte de ce qu'est véritablement la religion, et à plus forte raison la tradition en général. Auguste Comte voulait comparer la mentalité des anciens à celle des enfants, ce qui était assez ridicule ; mais ce qui ne l'est pas moins, c'est que les sociologues actuels prétendent l'assimiler à celle des sauvages, qu'ils appellent des « primitifs », alors que nous les regardons au contraire comme des dégénérés. Si les sauvages avaient toujours été dans l'état inférieur où nous les voyons, on ne pourrait s'expliquer qu'il existe chez eux une multitude d'usage qu'eux-mêmes ne comprennent plus, et qui, étant très différents de ce qui se rencontre partout ailleurs, ce qui exclut l'hypothèse d'une importation étrangère, ne peuvent être considérés que comme des vestiges de civilisations disparues, civilisations qui ont dû être, dans une antiquité fort reculée, préhistorique même, celle de peuples dont ces sauvages actuels sont les descendants et les derniers débris ; nous signalons ceci pour rester sur le terrain des faits, et sans préjudice d'autres raisons plus profondes, qui sont encore plus décisives à nos yeux, mais qui seraient fort peu accessibles aux sociologues et autres « observateurs » analystes. Nous ajouterons simplement que l'unité essentielle et fondamentale des traditions permet souvent d'interpréter, par un emploi judicieux de l'analogie, et en tenant toujours compte de la diversité des adaptations, conditionnée par celle des mentalités humaines, les conceptions auxquelles se rattachaient primitivement les usages dont nous venons de parler, avant qu'ils fussent réduits à l'état de « superstitions » ; de la même façon, la même unité permet aussi de comprendre dans une large mesure les civilisations qui ne nous ont laissé que des monuments écrits ou figurés : c'est ce que nous indiquions dès le début, en parlant des services que la vraie connaissance de l'Orient pourrait rendre à tous ceux qui veulent étudier sérieusement l'antiquité, et qui cherchent à en tirer des enseignements valables, ne se contentent pas du point de vue tout extérieur et superficiel de la simple érudition.

René Guénon

Chapitre III

LE THÉOSOPHISME

Si l'on doit tout en déplorant l'aveuglement des orientalistes officiels, respecter tout au moins leur bonne foi, il n'en est plus de même quand on a affaire aux auteurs et aux propagateurs de certaines théories dont nous devons parler maintenant et qui ne peuvent avoir pour effet que de jeter du discrédit sur les études orientales et d'en éloigner les esprits sérieux, mais mal informés, en leur présentant, comme l'expression authentique des doctrines de l'Inde, un tissu de divagations et d'absurdités ; assurément indignes de retenir l'attention. La diffusion de ces rêveries n'a d'ailleurs pas que l'inconvénient négatif, mais déjà grave, que nous venons de dire ; comme celle de beaucoup d'autres choses analogues, elle est, de plus, éminemment propre à déséquilibrer les esprits plus faibles et les intelligences moins solides qui les prennent au sérieux, et à cet égard, elle constitue un véritable danger pour la mentalité générale, danger dont la réalité n'est attestée déjà que par trop de lamentables exemples. Ces entreprises sont d'autant moins inoffensives que les Occidentaux actuels ont une tendance marquée à se laisser prendre à tout ce qui présente des apparences extraordinaires et merveilleuses ; le développement de leur civilisation dans un sens exclusivement pratique, en leur enlevant toute direction intellectuelle effective, ouvre la voie à toutes les extravagances pseudo-scientifiques et pseudo-métaphysiques, pour peu qu'elles paraissent aptes à satisfaire ce sentimentalisme qui joue chez eux un rôle si considérable en raison de l'absence même de l'intellectualité véritable. En outre, l'habitude de donner la prépondérance à l'expérimentation dans le domaine scientifique, de s'attacher presque exclusivement aux faits et de leur attribuer plus de valeur qu'aux idées, vient encore renforcer la position de tous ceux qui, pour édifier les théories les plus invraisemblables, prétendent s'appuyer sur des phénomènes quelconques, vrais ou supposés, souvent mal contrôlés, et en tout cas mal interprétés, et en qui ont par là-même beaucoup plus de chances de succès auprès du grand public que ceux qui, voulant n'enseigner que des doctrines sérieuses et sûres, s'adresseront uniquement à la pure intelligence. C'est là l'explication toute naturelle de la concordance, déconcertante au premier abord, qui existe, comme on peut le constater en Angleterre et surtout en Amérique, entre le développement exagéré de l'esprit pratique et un déploiement presque indéfini de toutes sortes de folies simili-religieuses, dans lesquelles l'expérimentalisme et le pseudo-mysticisme des peuples anglo-saxons trouvent à la fois leur satisfaction ; cela prouve que, malgré les apparences, la mentalité la plus pratique n'est pas la mieux équilibrée.

En France même, le danger que nous signalons, pour être moins visible, n'est point négligeable ; il l'est même d'autant moins que l'esprit d'imitation de l'étranger, l'influence de la mode et la sottise mondaine s'unissent pour favoriser l'expansion de semblables théories dans certains milieux et pour leur y faire trouver les moyens matériels d'une diffusion plus large encore, par une propagande revêtant habilement des formes multiples pour atteindre les publics les plus divers. La nature de ce danger et sa gravité ne permettent de garder aucun ménagement envers ceux qui en sont la cause ; nous sommes ici dans le domaine du charlatanisme et de la fantasmagorie, et, s'il faut plaindre très sincèrement les naïfs qui forment la grande majorité de ceux qui s'y complaisent, les gens qui mènent consciemment cette clientèle de dupes et la font servir à leurs intérêts, dans quelque ordre que ce soit, ne doivent inspirer que le mépris. Il y a d'ailleurs, en ces sortes de choses, plusieurs façons d'être dupe, et l'adhésion aux théories en question est loin d'être la seule ; parmi ceux-là mêmes qui les combattent pour des raisons diverses, la plupart ne sont que très insuffisamment armés et commettent la faute involontaire, mais néanmoins capitale, de prendre pour des idées vraiment orientales ce qui n'est que le produit d'une aberration purement occidentale ; leurs attaques, dirigées souvent dans les intentions les plus louables, perdent par là presque toute portée réelle. D'autre part, certains orientalistes officiels prennent aussi ces théories au sérieux ; nous ne voulons pas dire qu'ils les regardent comme vraies en elles-mêmes, car, étant donné le point de vue spécial auquel ils se placent, ils ne se posent même pas la question de leur vérité ou de leur fausseté ; mais ils les considèrent à tort comme représentatives d'une certaine partie ou d'un certain aspect de la mentalité orientale, et c'est en cela qu'ils sont dupes, faute de connaître cette mentalité, et d'autant plus aisément qu'il ne leur semble pas trouver là pour eux une concurrence bien gênante. Il y a même parfois d'étranges alliances, notamment sur le terrain de la « science des religions », où Burnouf en donna l'exemple ; peut-être ce fait s'explique-t-il tout simplement par la tendance antireligieuse et antitraditionnelle de cette prétendue science, tendance qui la met naturellement en rapports de sympathie et même d'affinité avec tous les éléments dissolvants qui, par d'autres moyens, poursuivent un travail parallèle et concordant. Pour qui ne veut pas s'en tenir aux apparences, il y aurait des observations fort curieuses et fort instructive à faire, là comme en d'autres domaines, sur le parti qu'il est possible de tirer parfois du désordre et de l'incohérence, ou de ce qui semble tel, en vue de la réalisation d'un plan bien défini, et à l'insu de tous ceux qui n'en sont que des instruments plus ou moins inconscients ; ce sont là, en quelque sorte, des moyens politiques, mais d'une politique un peu spéciale, et d'ailleurs, contrairement à ce que certains pourraient croire, la politique, même au sens plus étroit où on l'entend habituellement, n'est pas tout à fait étrangère aux choses, que nous envisageons en ce moment.

Parmi les pseudo-doctrines qui exercent une influence néfaste sur des portions plus ou moins étendues de la mentalité occidentale, et qui, étant d'origine très récente, peuvent se ranger pour la plupart sous la dénomination commune de « néo-spiritualisme », il en est, comme l'occultisme et le spiritisme par exemple, dont nous ne dirons rien ici, car elles n'ont aucun point de contact avec les études orientales ; celle dont il s'agit plus précisément, et qui n'a d'ailleurs d'oriental que la forme extérieure sous laquelle elle se présente, est ce que nous appellerons le « théosophisme ». L'emploi de ce mot, malgré ce qu'il a d'inusité, se justifie suffisamment par le souci d'éviter les confusions ; il n'est pas possible, en effet, de se servir dans ce cas du mot de « théosophie », qui existe depuis fort longtemps pour désigner, parmi les spéculations occidentales quelque chose de tout autre et de beaucoup plus respectable, dont l'origine doit être rapportée au moyen âge ; ici, il s'agit uniquement des conceptions qui appartiennent en propre à l'organisation contemporaine qui s'intitule « Société Théosophique », dont les membres sont des « théosophistes », expression qui est d'ailleurs d'un usage courant en anglais, et non point des « théosophes ». Nous ne pouvons ni ne voulons faire ici, même sommairement, l'historique, pourtant intéressant à certains égards, de cette « Société Théosophique », dont la fondatrice sut mettre m œuvre, grâce à l'influence singulière qu'elle exerçait sur son entourage, les connaissances assez variées qu'elle possédait, et qui font totalement défaut à ses successeurs ; sa prétendue doctrine, formée d'éléments empruntés aux sources les plus diverses, souvent de valeur douteuse, et rassemblés en un syncrétisme confus et peu cohérent, se présenta d'abord sous la forme d'un « Bouddhisme ésotérique » qui, comme nous l'avons déjà indiqué, est purement imaginaire ; elle a abouti à un soi-disant « Christianisme ésotérique » qui n'est pas moins fantaisiste. Née en Amérique, cette organisation, tout en se donnant comme internationale, est devenue purement anglaise par sa direction, à l'exception de quelques branches dissidentes d'assez faible importance ; malgré tous ses efforts, appuyés par certaines protections que lui assurent des considérations politiques que nous ne préciserons pas, elle n'a jamais pu recruter qu'un très petit nombre d'Hindous dévoyés, profondément méprisés de leurs compatriotes, mais dont les noms peuvent en imposer à l'ignorance européenne ; d'ailleurs, on croit assez généralement dans l'Inde que ce n'est là qu'une secte protestante d'un genre un peu particulier, assimilation que semblent justifier à la fois son personnel, ses procédés de propagande et ses tendances « moralistes », sans parler de son hostilité, tantôt sournoise et tantôt violente, contre toutes les institutions traditionnelles. Sous le rapport des productions intellectuelles, on a vu paraître surtout, depuis les indigestes compilations du début, une foule de récits fantastiques, dus à la « clairvoyance » spéciale qui s'obtient, paraît-il, par le « développement des pouvoirs latents de l'organisme humain » ; il y a eu aussi quelques traductions assez ridicules de textes sanskrits, accompagnées de commentaires et d'interprétations plus ridicules encore, et que l'on n'ose pas étaler trop publiquement dans l'Inde, où l'on répand de préférence les ouvrages qui dénaturent la doctrine chrétienne sous prétexte d'en exposer le prétendu sens caché : un secret comme celui-là s'il existait vraiment dans le Christianisme, ne s'expliquerait guère et n'aurait aucune raison d'être valable, car il va sans dire que ce serait perdre sa peine qui de chercher de profonds mystères dans toutes ces élucubrations « théosophistes ».

Ce qui caractérise à première vue le « théosophisme », c'est l'emploi d'une terminologie sanskrite assez compliquée, dont les mots sont souvent pris dans un sens très différent de celui qu'ils ont en réalité, ce qui n'a rien d'étonnant, dès lors qu'ils ne servent qu'à recouvrir des conceptions essentiellement occidentales, et aussi éloignées que possible des idées hindoues. Ainsi, pour donner un exemple, le mot karma, qui signifie « action » comme nous l'avons déjà dit, est employé constamment dans le sens de « causalité », ce qui est, plus qu'une inexactitude ; mais ce qui est plus grave, c'est que cette causalité est conçue d'une façon toute spéciale, et que, par une fausse interprétation de la théorie de *Yapûrva* que nous avons exposée à propos de la *Mîmânsâ*, on arrive à la travestir en une sanction morale. Nous nous sommes très suffisamment expliqué sur ce sujet pour qu'on se rende compte de toute la confusion de points de vue que suppose cette déformation, et encore, en la réduisant à l'essentiel, nous laissons de côté toutes les absurdités accessoires dont elle est entourée ; quoi qu'il en soit, elle montre combien le « théosophisme » est pénétré de cette sentimentalité qui est spéciale aux Occidentaux, et d'ailleurs, pour voir jusqu'où il pousse le « moralisme » et le pseudo-mysticisme, il n'y a qu'à ouvrir l'un quelconque des ouvrages où ses conceptions sont exprimées ; et même, quand on examine des ouvrages de plus en plus récents, on s'aperçoit que ces tendances vont en s'accentuant encore, peut-être parce que les chefs de l'organisation ont une mentalité toujours plus médiocre, mais peut-être aussi parce que cette orientation est vraiment celle qui répond le mieux au but qu'ils se proposent. La seule raison d'être de la terminologie sanskrite, dans le « théosophisme », c'est de donner à ce qui lui tient lieu de doctrine, car nous ne pouvons consentir à appeler cela une doctrine, une apparence propre à faire illusion aux Occidentaux et à séduire certains d'entre eux, qui aiment l'exotisme dans la forme, mais qui, pour le fond, sont très heureux de retrouver là des conceptions et des aspirations conformes aux leurs, et qui seraient fort incapables de comprendre quoi que ce soit à des doctrines authentiquement orientales ; cet état d'esprit, fréquent chez ce qu'on appelle les « gens du monde », est assez comparable à celui des philosophes qui éprouvent le besoin d'employer des mots extraordinaires et prétentieux pour exprimer des idées qui, en somme, ne diffèrent pas très profondément de celles du vulgaire.

Le « théosophisme » attache une importance considérable à l'idée d'« évolution », ce qui est très occidental et très moderne ; et, comme la plupart des branches du spiritisme, auquel il est quelque peu lié par ses origines, il associe cette idée à celle de « réincarnation ». Cette dernière conception semble avoir pris naissance chez certains rêveurs socialistes de la première moitié du XIXe siècle, pour qui elle était destinée à expliquer l'inégalité des conditions sociales, particulièrement choquante à leurs yeux, bien qu'elle soit toute naturelle au fond et que, pour qui comprend le principe de l'institution des castes, fondée sur la différence des natures individuelles, la question ne se pose pas ; du reste, les théories de ce genre, comme celles de l'« évolutionnisme », n'expliquent rien véritablement, et, tout en reculant la difficulté, même indéfiniment si l'on veut, la laissent finalement subsister tout entière, si difficulté il y a ; et, s'il n'y en a pas, elles sont parfaitement inutiles. Pour ce qui est de la prétention de faire remonter la conception « réincarnationniste » à l'antiquité, elle ne repose sur rien, si ce n'est sur l'incompréhension de quelques expressions symboliques, d'où est née une grossière interprétation de la « métempsychose » pythagoricienne dans le sens d'une sorte de « transformisme » psychique ; c'est de la même façon qu'on a pu prendre pour des vies terrestres successives ce qui, non seulement dans les doctrines hindoues, mais dans le Bouddhisme même, est une série indéfinie de changements d'états d'un être, chaque état ayant ses conditions caractéristiques propres, différentes de celles de autres, et constituant pour l'être un cycle d'existence qu'il ne peut parcourir qu'une seule fois, et l'existence terrestre ou même, plus généralement, corporelle, ne représentant qu'un état particulier parmi une indéfinité d'autres. La vraie théorie des états multiples de l'être est de la plus haute importance au point de vue métaphysique ; nous ne pouvons la développer ici, mais il nous est arrivé forcément d'y faire quelques allusions, notamment à propos de l'apûrva et des « actions et réactions concordantes ». Quant au « réincarnationnisme », qui n'est qu'une inepte caricature de cette théorie, tous les Orientaux, sauf peut-être quelques ignorants plus ou moins occidentalisés dont l'opinion est sans aucune valeur, y sont unanimement opposés ; d'ailleurs, son absurdité métaphysique est très facilement démontrable, car admettre qu'un être peut passer plusieurs fois par le même état revient à supposer une limitation de la Possibilité universelle, c'est-à-dire à nier l'Infini, et cette négation est, en elle-même, contradictoire au suprême degré. Il convient de s'attacher tout spécialement à combattre l'idée de « réincarnation », d'abord parce qu'elle est absolument contraire à la vérité, comme nous venons de le faire voir en peu de mots, et ensuite pour une autre raison d'ordre plus contingent, qui est que cette idée, popularisée surtout par le spiritisme, la plus inintelligente de toutes les écoles « néo-spiritualistes », et en même temps la plus répandue, est une de celles qui contribuent le plus efficacement à ce détraquement mental que nous signalions au début du présent chapitre, et dont les victimes sont malheureusement beaucoup plus nombreuses que ne peuvent le penser ceux qui ne sont pas au courant de ces choses. Nous ne pouvons naturellement insister ici sur ce point de vue ; mais, d'un autre côté, il faut encore ajouter que, tandis que les spirites s'efforcent de démontrer la prétendue « réincarnation », de même que l'immortalité de l'âme, « scientifiquement », c'est-à-dire par la voie expérimentale, qui est bien incapable de donner le moindre résultat à cet égard, la plupart des « théosophistes » semblent y voir une sorte de dogme ou d'article de foi, qu'il faut admettre pour des motifs d'ordre sentimental, mais sans qu'il y ait lieu de chercher à en donner aucune preuve rationnelle ou sensible. Gela montre très nettement qu'il s'agit là de constituer une pseudo-religion, en concurrence avec les religions véritables de l'Occident, et surtout avec le Catholicisme, car, pour ce qui est du Protestantisme, il s'accommode fort bien de la multiplicité des sectes, qu'il engendre même spontanément par l'effet de son absence de principes doctrinaux ; cette pseudo-religion « théosophiste » a essayé de se donner une forme définie en prenant pour point central l'annonce de la venue imminente d'un « grand instructeur », présenté par ses prophètes comme le Messie futur et comme une « réincarnation » du Christ : parmi les transformations diverses du « théosophisme », celle-là, qui éclaire singulièrement sa conception du « Christianisme ésotérique », est la dernière en date, du moins jusqu'à ce jour, mais elle n'est pas la moins significative.

Chapitre IV

LE VÊDÂNTA OCCIDENTALISÉ

Il nous faut encore mentionner, dans un ordre d'idées plus ou moins connexe de celui auquel appartient le « théosophisme », certains « mouvements » qui, pour avoir eu leur point de départ dans l'Inde même, n'en sont pas moins d'une inspiration tout occidentale, et dans lesquels il faut faire une part prépondérante à ces influences politiques auxquelles nous avons déjà fait allusion dans le chapitre précédent. L'origine en remonte à la première moitié du XIXe siècle, époque où Râm Mohun Roy fonda le *Brahma-Samâj* ou « Église hindoue réformée », dont l'idée lui avait été suggérée par des missionnaires anglicans, et où fut organisé un « culte » exactement calqué sur le plan des services protestants. Il n'y avait jamais rien eu, jusque-là, à quoi pût s'appliquer une dénomination telle que celle d'« Église hindoue » ou d'« Église brahmanique », une telle assimilation n'étant rendue possible ni par le point de vue essentiel de la tradition hindoue, ni par le mode d'organisation qui lui correspond ; ce fut, en fait, la première tentative pour faire du Brâhmanisme une religion au sens occidental de ce mot, et, du même coup, on voulut en faire une religion animée de tendances identiques à celles qui caractérisent le Protestantisme. Ce mouvement « réformateur » fut, comme il était naturel, fortement encouragé et soutenu par le gouvernement britannique et par les sociétés de missions anglo-indiennes ; mais il était trop manifestement antitraditionnel et trop contraire à l'esprit hindou pour, pouvoir réussir, et on n'y vit pas autre chose que ce qu'il était en réalité, un instrument de la domination étrangère. D'ailleurs, par un effet inévitable de l'introduction du « libre examen le *Brahma-Samâj* se subdivisa bientôt en de multiples « Églises », comme le Protestantisme dont il se rapprochait toujours de plus en plus, au point de mériter la qualification de « piétisme » ; et, après des vicissitudes qu'il est inutile de retracer, il finit par s'éteindre à peu près entièrement. Cependant, l'esprit qui avait présidé à la fondation de cette organisation ne devait pas se borner à une seule manifestation, et d'autres essais analogues furent tentés au gré des circonstances, et généralement sans plus de succès ; nous citerons seulement l'*Arya-Samâj*, association fondée, il y a un demi-siècle, par Dayânanda Saraswatî, que certains appelèrent « le Luther de l'Inde », et qui fut en relations avec les fondateurs de la « Société Théosophique ». Ce qui est à remarquer, c'est que, là comme dans le *Brahma-Samâj*, la tendance antitraditionnelle prenait pour prétexte un retour à la simplicité primitive et à la doctrine pure du *Vêda* ; pour juger cette prétention, il suffit de savoir combien le « moralisme », préoccupation dominante de toutes ces organisations, est étranger au *Vêda* ; mais le Protestantisme prétend aussi restaurer le Christianisme primitif dans toute sa pureté, et il y a dans cette similitude tout autre chose qu'une simple coïncidence. Une telle attitude ne manque pas d'habileté pour faire accepter les innovations, surtout dans un milieu fortement attaché à la tradition, avec laquelle il serait imprudent de rompre trop ouvertement, mais, si l'on admettait vraiment et sincèrement les principes fondamentaux de cette tradition, on devrait admettre aussi, par là même, tous les développements et toutes les conséquences qui en dérivent régulièrement ; c'est ce que ne font pas les soi-disant « réformateurs », et c'est pourquoi tous ceux qui ont le sens de la tradition voient sans peine que la déviation réelle n'est pas du tout du côté où ceux-là affirment qu'elle se trouve.

Râm Mohun Roy s'était attaché particulièrement à interpréter le *Vêdânta* conformément à ses propres idées ; tout en insistant avec raison sur la conception de l'« unité divine », qu'aucun homme compétent n'avait d'ailleurs jamais contestée, mais qu'il exprimait en termes beaucoup plus théologiques que métaphysiques, il dénaturait à bien des égards la doctrine pour l'accommoder aux points de vue occidentaux, qui étaient devenus les siens, et il en faisait quelque chose qui finissait par ressembler à une simple philosophie teintée de religiosité, une sorte de « déisme » habillé d'une phraséologie orientale. Une telle interprétation est donc, dans son esprit même, aussi loin que possible de la tradition et de la métaphysique pure ; elle ne représente plus qu'une théorie individuelle sans autorité, et elle ignore totalement la réalisation qui est le seul but véritable de la doctrine tout entière. Ce fut là le prototype des déformations du *Vêdânta*, car il devait s'en produire d'autres par la suite, et toujours dans le sens d'un rapprochement avec l'Occident, mais d'un rapprochement dont l'Orient ferait tous les frais, au grand détriment de la vérité doctrinale : entreprise vraiment insensée, et diamétralement contraire aux intérêts intellectuels des deux civilisations, mais dont la mentalité orientale, dans sa généralité, est fort peu affectée, car les choses de ce genre lui paraissent tout à fait négligeables. En toute logique, ce n'est pas à l'Orient de se rapprocher de l'Occident en le suivant dans ses déviations mentales, comme l'y engagent insidieusement, mais en vain, les propagandistes de toute catégorie que l'Europe lui envoie ; c'est à l'Occident de revenir au contraire, quand il le voudra et le pourra, aux sources pures de toute intellectualité véritable, dont l'Orient, pour sa part, ne s'est jamais écarté ; et, ce jour-là, l'entente s'accomplira d'elle-même, comme par surcroît, sur tous les points secondaires qui ne relèvent que de l'ordre des contingences.

Pour en revenir aux déformations du *Vêdânta*, si presque personne dans l'Inde n'y attache d'importance, ainsi que nous le disions tout à l'heure, il faut pourtant faire exception de quelques individualités qui y ont un intérêt spécial, dans lequel l'intellectualité n'a pas la moindre part ; il est, en effet, certaines de ces déformations dont les raisons furent exclusivement politiques. Nous n'entreprendrons pas de raconter ici par quelle suite de circonstances tel *Mahârâja* usurpateur, appartenant à la caste des *Shûdras*, fut amené, pour obtenir le simulacre d'une investiture traditionnelle impossible, à déposséder de ses biens l'école authentique de Shankarâchârya, et à installer à sa place une autre école, se parant faussement du nom et de l'autorité du même Shankarâchârya, et donnant à son chef le titre de *Jagad-guru* ou « instructeur du monde » qui n'appartient légitimement qu'au seul vrai successeur spirituel de celui-ci. Cette école, naturellement, n'enseigne qu'une doctrine amoindrie et partiellement hétérodoxe ; pour adapter l'exposition du *Vêdânta* aux conditions actuelles, elle prétend l'appuyer sur les conceptions de la science occidentale moderne, qui n'ont rien à voir dans ce domaine ; et, en fait, elle s'adresse surtout aux Occidentaux, dont plusieurs ont même reçu d'elle le titre honorifique de *Vêdântabhûshana* ou « ornement du *Vêdânta* », ce qui ne manque pas d'une certaine ironie.

Une autre branche plus complètement déviée encore, et plus généralement connue en Occident, est celle qui fut fondée par Vivêkânanda, disciple de l'illustre Râmakrishna mais infidèle à ses enseignements, et qui a recruté surtout des adhérents en Amérique et en Australie, où elle entretient des « missions » et des « temples ». Le

Vêdânta est devenu là ce que Schopenhauer avait cru y voir, une religion sentimentale et « consolante », avec une forte dose de « moralisme » protestant ; et, sous cette forme déchue, il se rapproche étrangement du « théosophisme », pour lequel il est plutôt un allié naturel qu'un rival ou un concurrent. Les allures « évangéliques » de cette pseudo-religion lui assurent un certain succès dans les pays anglo-saxons, et ce qui montre bien son caractère de sentimentalisme, c'est l'ardeur qu'elle apporte à sa propagande, car la tendance tout occidentale au prosélytisme sévit avec intensité dans ces organisations qui n'ont d'oriental que le nom et quelques apparences purement extérieures, tout juste ce qu'il faut pour attirer les curieux et les amateurs d'un exotisme de la plus médiocre qualité. Sorti de cette bizarre invention américaine, d'inspiration bien protestante aussi, qui s'intitula le « Parlement des religions », et d'autant mieux adapté à l'Occident qu'il était plus profondément dénaturé, ce soi-disant *Vêdânta*, qui n'a pour ainsi dire plus rien de commun avec la doctrine métaphysique pour laquelle il veut se faire passer, ne mérite certes pas qu'on s'y arrête davantage ; mais nous tenions du moins à signaler son existence, comme celle des autres institutions similaires, pour mettre en garde contre les assimilations erronées que pourraient être tentés de faire ceux qui les connaissent, et aussi parce que, pour ceux qui ne les connaissent pas, il est bon d'être informé quelque peu sur ces choses, qui sont beaucoup moins inoffensives qu'elles ne peuvent le paraître au premier abord.

Chapitre V

DERNIÈRES OBSERVATIONS

En parlant des interprétations occidentales, nous nous sommes tenu volontairement dans les généralités, autant que nous l'avons pu, afin d'éviter de soulever des questions de personnes, souvent irritantes, et d'ailleurs inutiles quand il s'agit uniquement d'un point de vue doctrinal, comme c'est le cas ici. Il est très curieux de voir combien les Occidentaux ont de peine, pour la plupart, à comprendre que les considérations de cet ordre ne prouvent absolument rien pour ou contre la valeur d'une conception quelconque ; cela montre bien à quel degré ils poussent l'individualisme intellectuel, ainsi que le sentimentalisme qui en est inséparable. En effet, on sait combien les détails biographiques les plus insignifiants tiennent de place dans ce qui devrait être l'histoire des idées, et combien est commune l'illusion qui consiste à croire que, quand on connaît un nom propre ou une date, on possède par là même une connaissance réelle ; et comment pourrait-il en être autrement, quand on apprécie plus les faits que les idées ? Quant aux idées elles-mêmes, lorsqu'on en est arrivé à les considérer Simplement comme l'invention et la propriété de tel ou tel individu, et lorsque, de plus, on est influencé et même dominé par toutes sortes de préoccupations morales et sentimentales, il est tout naturel que l'appréciation de ces idées, qu'on n'envisage plus en elles-mêmes et pour elles-mêmes, soit affectée par ce qu'on sait du caractère et des actions de l'homme auquel on les attribue ; en d'autres termes, on reportera sur les idées la sympathie ou l'antipathie qu'on éprouve pour celui qui les a conçues, comme si leur vérité ou leur fausseté pouvait dépendre de semblables contingences. Dans ces conditions, on admettra peut-être encore, bien qu'avec quelque regret, qu'un individu parfaitement honorable ait pu formuler ou soutenir des idées plus ou moins absurdes ; mais ce à quoi on ne voudra jamais consentir, c'est qu'un autre individu qu'on juge méprisable ait eu néanmoins une valeur intellectuelle ou même artistique, du génie ou seulement du talent à un point de vue quelconque ; et pourtant les cas où il en est ainsi sont loin d'être rares. S'il est un préjugé sans fondement, c'est bien celui, cher aux partisans de l'« instruction obligatoire », d'après lequel le savoir réel serait inséparable de ce qu'on est convenu d'appeler la moralité. On ne voit pas du tout, logiquement, pourquoi un criminel devrait être nécessairement un sot ou un ignorant, ou pourquoi il serait impossible à un homme de se servir de son intelligence et de sa science pour nuire à ses semblables, ce qui arrive au contraire assez fréquemment ; on ne voit pas davantage comment la vérité d'une conception dépendrait de ce qu'elle a été émise par tel ou tel individu ; mais rien n'est moins logique que le sentiment, bien que certains psychologues aient cru pouvoir parler d'une « logique des sentiments ». Les prétendus arguments où l'on fait intervenir les questions de personnes sont donc tout à fait insignifiants ; qu'on s'en serve en politique, domaine où le sentiment joue un grand rôle, cela se comprend jusqu'à un certain point, encore qu'on en abuse souvent, et que ce soit faire peu d'honneur aux gens que de s'adresser ainsi exclusivement à leur sentimentalité ; mais qu'on introduise les mêmes procédés de discussion dans le domaine intellectuel, cela est véritablement inadmissible. Nous avons cru bon d'y insister un peu, parce que cette tendance est trop habituelle en Occident, et que, si nous n'expliquions nos intentions, certains pourraient même être tentés de nous reprocher, comme un manque de précision et de « références », une attitude qui, de notre part, est parfaitement voulue et réfléchie.

Nous pensons, du reste, avoir suffisamment répondu par avance à la plupart des objections et des critiques que l'on pourra nous adresser ; cela n'empêchera sans doute pas qu'on nous les fasse malgré tout, mais ceux qui les feront prouveront surtout par là leur propre incompréhension. Ainsi, on nous blâmera peut-être de ne pas nous soumettre à certaines méthodes réputées « scientifiques », ce qui serait pourtant de la dernière inconséquence, puisque ces méthodes, qui ne sont en vérité que « littéraires », sont celles-là mêmes dont nous avons entrepris de faire voir l'insuffisance, et que, pour des raisons de principe que nous avons exposées, nous estimons impossible et illégitime leur application aux choses dont il s'agit ici. Seulement, la manie des textes, des « sources » et de la bibliographie est tellement répandue de nos jours, elle prend tellement les allures d'un système, que beaucoup, surtout parmi les « spécialistes », éprouveront un véritable malaise à ne rien trouver de tel, ainsi qu'il arrive toujours, dans des cas analogues, à ceux qui subissent la tyrannie d'une habitude ; et, en même temps, ils ne comprendront que très difficilement, si même ils parviennent à la comprendre, et s'ils consentent à s'en donner la peine, la possibilité de se placer, comme nous le faisons, à un point de vue tout autre que celui de l'érudition, qui est le seul qu'il aient jamais envisagé. Aussi n'est-ce pas à ces « spécialistes » que nous entendons nous adresser particulièrement, mais plutôt aux esprits moins étroits, plus dégagés de tout parti pris, et qui ne portent pas l'empreinte de cette déformation mentale qu'entraîne inévitablement l'usage exclusif de certaines méthodes, déformation qui est une véritable infirmité, et que nous avons nommée « myopie intellectuelle ». Ce serait mal nous comprendre que de prendre ceci pour un appel au « grand public », en la compétence duquel nous n'avons pas la moindre confiance, et, d'ailleurs, nous avons horreur de tout ce qui ressemble à de la « vulgarisation », pour des motifs que nous avons déjà indiqués ; mais nous ne commettons point la faute de confondre la vraie élite intellectuelle avec les érudits de profession, et la faculté de compréhension étendue vaut incomparablement plus, à nos yeux, que l'érudition, qui ne saurait lui être qu'un obstacle dès qu'elle devient une « spécialité », au lieu d'être, ainsi qu'il serait normal, un simple instrument au service de cette compréhension, c'est-à-dire de la connaissance pure et de la véritable intellectualité.

Pendant que nous en sommes à nous expliquer sur les critiques possibles, nous devons encore signaler, malgré son peu d'intérêt, un point de détail qui pourrait y prêter : nous n'avons pas cru nécessaire de nous astreindre à suivre, pour les termes sanskrits que nous avions à citer, la transcription bizarre et compliquée qui est ordinairement en usage parmi les orientalistes. L'alphabet sanskrit ayant beaucoup plus de caractères que les alphabets européens, on est naturellement forcé de représenter plusieurs lettres distinctes par une seule et même lettre, dont le son est voisin à la fois de celui des unes et des autres, bien qu'avec des différences très appréciables, mais qui échappent aux ressources de prononciation fort restreintes dont disposent les langues occidentales. Aucune transcription ne peut donc être vraiment exacte, et le mieux serait assurément de s'en abstenir ; mais, outre qu'il est à peu près impossible d'avoir, pour un ouvrage imprimé en Europe, des caractères sanskrits de forme correcte, la lecture de ces caractères serait une difficulté tout à fait inutile pour ceux qui ne les connaissent pas, et qui ne sont pas pour cela moins aptes que d'autres à comprendre les doctrines hindoues ; d'ailleurs, il y a même des

« spécialistes » qui, si invraisemblable que cela paraisse, ne savent guère se servir que de transcriptions pour lire les textes sanskrits, et il existe des éditions faites sous cette forme à leur intention. Sans doute, il est possible de remédier dans une certaine mesure, au moyen de quelques artifices, à l'ambiguïté orthographique qui résulte du trop petit nombre de lettres dont se compose l'alphabet latin ; c'est précisément ce qu'ont voulu faire les orientalistes, mais le mode de transcription auquel ils se sont arrêtés est loin d'être le meilleur possible, car il implique des conventions beaucoup trop arbitraires, et, si la chose eût été ici de quelque importance, il n'aurait pas été bien difficile d'en trouver un autre qui fût préférable, défigurant moins les mots et se rapprochant davantage de leur prononciation réelle. Cependant, comme ceux qui ont quelque connaissance du sanskrit ne doivent avoir aucune difficulté à rétablir l'orthographe exacte, et que les autres n'en ont nullement besoin pour la compréhension des idées, qui seule importe vraiment au fond, nous avons pensé qu'il n'y avait pas de sérieux inconvénients à nous dispenser de tout artifice d'écriture et de toute complication typographique, et que nous pouvions nous borner à adopter la transcription qui nous paraissait à la fois la plus simple et la plus conforme à la prononciation, et à renvoyer aux ouvrages spéciaux ceux que les détails relatifs à ces choses intéresseraient particulièrement. Quoi qu'il en soit, nous devions du moins cette explication aux esprits analytiques, toujours prompts à la chicane, comme une des rares concessions qu'il nous fût possible de faire à leurs habitudes mentales, concession voulue par la politesse dont on doit toujours user à l'égard des gens de bonne foi, non moins que par notre désir d'écarter tous les malentendus qui ne porteraient que sur des points secondaires et sur des questions accessoires, et qui ne proviendraient pas strictement de la différence irréductible des points de vue de nos contradicteurs éventuels et des nôtres ; pour ceux qui tiendraient à cette dernière cause, nous n'y pouvons rien, n'ayant malheureusement aucun moyen de fournir à autrui les possibilités de coin préhension qui lui font défaut. Cela étant dit, nous pouvons maintenant tirer de notre étude les quelques conclusions qui s'imposent pour en préciser la portée encore mieux que nous ne l'avons fait jusqu'ici, conclusions dans lesquelles les questions d'érudition n'auront pas la moindre part, comme il est aisé de le prévoir, mais où nous indiquerons, sans nous départir d'ailleurs d'une certaine réserve qui est indispensable à plus d'un égard, le bénéfice effectif qui doit résulter essentiellement d'une connaissance vraie et profonde des doctrines orientales.

René Guénon

CONCLUSION

Si quelques Occidentaux pouvaient, par la lecture du précédent exposé, prendre conscience de ce qui leur manque intellectuellement, s'ils pouvaient, nous ne dirons pas même le comprendre, mais seulement l'entrevoir et le pressentir, ce travail n'aurait pas été fait en vain. En cela, nous n'entendons pas parler uniquement des avantages inappréciables que pourraient obtenir directement, pour eux-mêmes, ceux qui seraient ainsi amenés à étudier les doctrines orientales, où ils trouveraient, pour peu qu'ils eussent les aptitudes requises, des connaissances auxquelles il n'est rien de comparable en Occident, et auprès desquelles les philosophies qui passent pour géniales et sublimes ne sont que des amusements d'enfants ; il n'y a pas de commune mesure entre la vérité pleinement assentie, par une conception de possibilités illimitées, et dans une réalisation adéquate à cette conception, et les hypothèses quelconques imaginées par des fantaisies individuelles à la mesure de leur capacité essentiellement bornée. Il est encore d'autres résultats, d'un intérêt plus général, et qui sont d'ailleurs liés à ceux-là à titre de conséquences plus ou moins lointaines ; nous voulons faire allusion à la préparation, sans doute à longue échéance, mais néanmoins effective, d'un rapprochement intellectuel entre l'Orient et l'Occident.

En parlant de la divergence de l'Occident par rapport à l'Orient, qui est allée en s'accentuant plus que jamais dans l'époque moderne, nous avons dit que nous ne pensions pas, malgré les apparences, que cette divergence pût continuer ainsi indéfiniment. En d'autres In mes, il nous paraît difficile que l'Occident, par sa mentalité et par l'ensemble de ses tendances, s'éloigne toujours de plus en plus de l'Orient, comme il le fait actuellement, et qu'il ne se produise pas tôt ou tard une réaction qui pourrait, sous certaines conditions, avoir les plus heureux effets ; cela nous paraît même d'autant plus difficile que le domaine dans lequel se développe la civilisation occidentale moderne est, par sa nature propre, le plus limité de tous. De plus, le caractère chan géant et instable qui est particulier à la mentalité de l'Occident permet de ne pas désespérer de lui voir prendre, le cas échéant, une direction toute différente et même opposée, de sorte que le remède se trouverait alors dans ce qui est, à nos yeux, la marque même de l'infériorité ; mais ce ne serait vraiment un remède, nous le répétons, que sous certaines conditions, hors desquelles ce pourrait être au contraire un plus grand mal encore en comparaison de l'état actuel. Ceci peut paraître fort obscur, et il y a, nous le reconnaissons, quelque difficulté à le rendre aussi complètement intelligible qu'il serait souhaitable, même en se plaçant au point de vue de l'Occident et en s'efforçant de parler son langage ; nous l'essaierons cependant, mais en avertissant que les explications que nous allons donner ne sauraient correspondre à notre pensée tout entière.

Tout d'abord, la mentalité spéciale qui est celle de certains Occidentaux nous oblige à déclarer expressément que nous n'entendons formuler ici rien qui ressemble de près ou de loin à des « prophéties » ; il n'est peut-être pas très difficile d'en donner l'illusion en exposant sous une forme appropriée les résultats de certaines déductions, mais cela ne va pas sans quelque charlatanisme, à moins d'être soi-même dans un état d'esprit qui prédispose à une sorte d'autosuggestion : des deux termes de cette alternative, le premier nous inspire une répugnance invincible, et le second représente un cas qui n'est heureusement pas le nôtre. Nous, éviterons donc les précisions que nous ne pourrions justifier, pour quelque raison que ce soit, et qui d'ailleurs, si elles n'étaient hasardeuses, seraient tout au moins inutiles ; nous ne sommes pas de ceux qui pensent qu'une connaissance détaillée de l'avenir pourrait être avantageuse à l'homme, et nous estimons parfaitement légitime le discrédit qui atteint, en Orient, la pratique des arts divinatoires. Il y aurait déjà là un motif suffisant de condamner l'occultisme et les autres spéculations similaires, qui attribuent tant d'importance à ces sortes de choses, même s'il n'y avait pas, dans l'ordre doctrinal, d'autres considérations encore plus graves et plus décisives pour faire rejeter absolument des conceptions qui sont à la fois chimériques et dangereuses.

Nous admettrons qu'il ne soit pas possible de prévoir actuellement les circonstances qui pourront déterminer un changement de direction dans le développement de l'Occident ; mais la possibilité d'un tel changement n'est contestable que pour ceux qui croient que ce développement, dans son sens actuel, constitue un « progrès » absolu. Pour nous, cette idée d'un « progrès » absolu est dépourvue de signification, et nous avons déjà indiqué l'incompatibilité de certains développements, dont la conséquence est qu'un progrès relatif dans un domaine déterminé amène dans un autre une régression correspondante ; nous ne disons pas équivalente, car on ne peut parler d'équivalence entre des choses qui ne sont ni de même nature ni de même ordre. C'est ce qui est arrivé pour la civilisation occidentale : les recherches faites uniquement en vue des applications pratiques et du progrès matériel ont entraîné, comme elles le devaient nécessairement, une régression dans l'ordre purement spéculatif et intellectuel ; et, comme il n'y a aucune commune mesure entre ces deux domaines, ce qu'on perdait ainsi d'un côté valait incomparablement plus que ce qu'on gagnait de l'autre ; il faut toute la déformation mentale de la très grande majorité des Occidentaux modernes pour apprécier les choses autrement. Quoi qu'il en soit, si l'on considère seulement qu'un développement unilinéaire est forcément soumis à certaines conditions limitatives, qui sont plus étroites lorsque ce développement s'accomplit dans l'ordre matériel qu'en tout autre cas, on peut bien dire que le changement de direction dont nous venons de parler devra, presque sûrement, se produire à un moment donné. Quant à la nature des événements qui y contribueront, il est possible qu'on finisse par s'apercevoir que les choses auxquelles on attache présentement une importance exclusive sont impuissantes à donner les résultats qu'on en attend ; mais cela même supposerait déjà une certaine modification de la mentalité commune, encore que la déception puisse être surtout sentimentale et porter, par exemple, sur la constatation de l'inexistence d'un « progrès moral » parallèle au progrès dit scientifique. En effet, les moyens du changement, s'ils ne viennent d'ailleurs, devront être d'une médiocrité proportionnée à celle de la mentalité sur laquelle ils auront à agir ; mais cette médiocrité ferait plutôt mal augurer de ce qui en résultera. On peut encore supposer que les inventions mécaniques, poussées toujours plus loin, arriveront à un degré où elles apparaîtront comme tellement dangereuses qu'on se verra contraint d'y renoncer, soit par la terreur qu'engendreront peu à peu certains de leurs effets, soit même à la suite d'un cataclysme que nous laisserons à chacun la possibilité de se représenter à son gré. Dans ce cas encore, le mobile du changement serait d'ordre sentimental, mais de cette sentimentalité qui tient de très près au physiologique et nous ferons remarquer, sans y insister autrement, que des symptômes se rapportant à l'une et à l'autre des deux possibilités que nous venons d'indiquer se sont déjà produits, bien que dans une faible mesure, du fait des récents événements qui ont troublé l'Europe, mais qui ne sont pas encore assez considérables, quoi qu'on en puisse penser, pour déterminer à cet égard des résultats profonds et durables. D'ailleurs, des changements comme ceux que nous envisageons peuvent s'opérer lentement et graduellement, et demander quelques siècles pour s'accomplir, comme ils peuvent aussi sortir tout à coup de bouleversements rapides et imprévus ; cependant, même dans le premier cas, il est vraisemblable qu'il doit arriver un moment où il y a une rupture plus ou moins brusque, une véritable solution de continuité par rapport à l'état antérieur. De toutes façons, nous admettrons encore qu'il soit impossible de fixer à l'avance, même approximativement, la date d'un tel changement ; pourtant, nous devons à la vérité de dire que ceux qui ont quelque connaissance des lois cycliques et de leur application aux périodes historiques pourraient se permettre au moins quelques prévisions et déterminer des époques comprises entre certaines limites ; mais nous nous abstiendrons entièrement ici de ce genre de considérations, d'autant plus qu'elles ont été parfois, simulées par des gens qui n'avaient aucune connaissance réelle des lois auxquelles nous venons de faire allusion, et pour qui il était d'autant plus facile de parler de ces choses qu'ils les ignoraient plus complètement : cette dernière réflexion ne doit pas être prises pour un paradoxe, mais ce qu'elle exprime est littéralement exact.

La question qui se pose maintenant est celle-ci : à supposer qu'une réaction vienne à se produire en Occident à une époque indéterminée, et à la suite d'événements quelconques, et qu'elle provoque l'abandon de ce en quoi consiste entièrement la civilisation européenne actuelle, qu'en résultera-t-il ultérieurement ? Plusieurs cas sont possibles, et il y a lieu d'envisager les diverses hypothèses qui y correspondent : la plus défavorable est celle où rien ne viendrait remplacer cette civilisation, et où, celle-ci disparaissant, l'Occident, livré d'ailleurs à lui-même, se trouverait plongé dans la pire barbarie. Pour comprendre cette possibilité, il suffit de réfléchir que, sans même remonter au-delà des temps dits historiques, on trouve bien des exemples de civilisations qui ont entièrement disparu ; parfois, elles étaient celles de peuples qui se sont également éteints, mais cette supposition n'est guère réalisable que pour des civilisations assez étroitement localisées, et, pour celles qui ont une plus grande extension, il est plus vraisemblable que l'on voie des peuples leur survivre en se trouvant réduits à un état de dégénérescence plus ou moins comparable à celui que représentent, comme nous l'avons dit précédemment, les sauvages actuels ; il n'est pas utile d'y insister plus longuement pour qu'on se rende compte de tout ce qu'a d'inquiétant cette première hypothèse. Le second cas serait celui où les représentants d'autres civilisations, c'est-à-dire les peuples orientaux, pour sauver le monde occidental de cette déchéance irrémédiable, se l'assimileraient de gré ou de force, à supposer que la chose fût possible, et que d'ailleurs l'Orient y consentît, dans sa totalité ou dans quelqu'une de ses parties composantes. Nous espérons que nul ne sera assez aveuglé par les préjugés occidentaux pour ne pas reconnaître combien cette hypothèse serait préférable à la précédente : il y aurait assurément, dans de telles circonstances, une période transitoire occupée par des révolutions ethniques fort pénibles, dont il est difficile de se faire une idée, mais le résultat final serait de nature à compenser les dommages causés fatalement par une semblable catastrophe ; seulement, l'Occident devrait renoncer à ses caractéristiques propres et se trouverait absorbé purement et simplement. C'est pourquoi il convient d'envisager un troisième cas comme bien plus favorable au point de vue occidental, quoique équivalent, à vrai dire, au point de vue de l'ensemble de l'humanité terrestre, puisque, s'il venait à se réaliser, l'effet en serait de faire disparaître l'anomalie occidentale, non par suppression comme dans la première hypothèse, mais, comme dans la seconde, par retour à l'intellectualité vraie et normale ; mais ce retour, au lieu d'être imposé et contraint, ou tout au plus accepté et subi du dehors, serait effectué alors volontairement et comme spontanément. On voit ce qu'implique, pour être réalisable, cette dernière possibilité : il faudrait que l'Occident, au moment même où son développement dans le sens actuel toucherait à sa fin, trouvât en lui-même les principes d'un développement dans un autre sens, qu'il pourrait dès lors accomplir d'une façon toute naturelle ; et ce nouveau développement, en rendant sa civilisation comparable à celles de l'Orient, lui permettrait de conserver dans le monde, non pas une prépondérance à laquelle il n'a aucun titre et qu'il ne doit qu'à l'emploi de la force brutale, mais du moins la place qu'il peut légitimement occuper comme représentant une civilisation parmi d'autres, et une civilisation qui, dans ces conditions, ne serait plus un élément de déséquilibre et d'oppression pour le reste des hommes. Il ne faut pas croire, en effet, que la domination occidentale puisse être appréciée autrement par les peuples de civilisations différentes sur qui elle s'exerce présentement ; nous ne parlons pas, bien entendu, de certaines peuplades dégénérées, et encore, même à celles-là, elle est peut-être plus nuisible qu'utile, parce qu'elles ne prennent à leurs conquérants que ce qu'ils ont de plus mauvais. Pour les Orientaux, nous avons déjà indiqué, à diverses reprises, combien nous paraît justifié leur mépris de l'Occident, d'autant plus que la race européenne met plus d'insistance à affirmer son odieuse et ridicule prétention à une supériorité mentale inexistante, et à vouloir imposer à tous les hommes une assimilation que, en raison de ses caractères instables et mal définis, elle est heureusement incapable de réaliser. Il faut toute l'illusion et tout l'aveuglement qu'engendre le plus absurde parti pris pour croire que la mentalité occidentale gagnera jamais l'Orient, et que des hommes pour qui il n'est de vraie supériorité que celle de l'intellectualité arriveront à se laisser séduire par des inventions mécaniques, pour lesquelles ils éprouvent beaucoup de répugnance, mais non la moindre admiration. Sans doute, il peut se faire que les Orientaux acceptent ou plutôt subissent certaines nécessités de l'époque actuelle, mais en les regardant comme purement transitoires et comme bien plus gênantes qu'avantageuses, et en n'aspirant au fond qu'à se débarrasser de tout ce « progrès » matériel, auquel ils ne s'intéresseront jamais véritablement, à part certaines exceptions individuelles dues à une éducation tout occidentale ; d'une façon générale, les modifications en ce sens restent beaucoup plus superficielles que certaines apparences ne pourraient le faire croire parfois aux observateurs du dehors, et cela malgré tous les efforts du prosélytisme occidental le plus ardent et le plus intempestif. Les Orientaux ont tout intérêt, intellectuellement, à ne pas changer aujourd'hui plus qu'ils n'ont changé au cours des siècles antérieurs ; tout ce que nous avons dit ici est pour le prouver, et c'est une des raisons pour lesquelles un rapprochement vrai et profond ne peut venir, ainsi qu'il est logique et normal, que d'un changement accompli du côté occidental.

Il nous faut encore revenir sur les trois hypothèses que nous avons décrites, pour marquer plus précisément les conditions qui détermineraient la réalisation de l'une ou de l'autre d'entre elles ; tout dépend évidemment, à cet égard, de l'état mental dans lequel se trouverait le monde occidental au moment où il atteindrait le point d'arrêt de sa civilisation actuelle. Si cet état mental était alors tel qu'il est aujourd'hui, c'est la première hypothèse qui devrait nécessairement se réaliser, puisqu'il n'y aurait rien qui pût remplacer ce à quoi l'on renoncerait, et que, d'autre part, l'assimilation par d'autres civilisations serait impossible, la différence des mentalités allant jusqu'à l'opposition. Cette assimilation, qui répond à notre seconde hypothèse, supposerait, comme minimum de conditions, l'existence en Occident d'un noyau intellectuel, même formé seulement d'une élite peu nombreuse, mais assez fortement constitué pour fournir l'intermédiaire indispensable pour ramener la mentalité générale, en lui imprimant une direction qui n'aurait d'ailleurs nullement besoin d'être consciente pour la masse, vers les sources de l'intellectualité véritable. Dès que l'on considère comme possible la supposition d'un arrêt de civilisation, la constitution préalable de cette élite apparaît donc comme seule capable de sauver l'Occident, au moment voulu, du chaos et de la dissolution ; et, du reste, pour intéresser au sort de l'Occident les détenteurs des traditions orientales, il serait essentiel de leur montrer que, si leurs appréciations les plus sévères ne sont pas injustes envers l'intellectualité occidentale prise dans son ensemble, il peut y avoir du moins d'honorables exceptions, indiquant que la déchéance de cette intellectualité n'est pas absolument irrémédiable. Nous avons dit que la réalisation de la seconde hypothèse ne serait pas exempte, transitoirement tout au moins, de certains côtés fâcheux, dès lors que le rôle de l'élite s'y réduirait à servir de point d'appui à une action dont l'Occident n'aurait pas l'initiative ; mais ce rôle serait tout autre si les événements lui laissaient le temps d'exercer une telle action directement et par elle-même, ce qui correspondrait à la possibilité de la troisième hypothèse. On peut en effet concevoir que l'élite intellectuelle, une fois constituée, agisse en quelque sorte à la façon d'un « ferment » dans le monde occidental, pour préparer la transformation qui, en devenant effective, lui permettrait de traiter, sinon d'égal à égal, du moins comme une puissance autonome, avec les représentants autorisés des civilisations orientales. Dans ce cas, la transformation aurait une apparence de spontanéité, d'autant plus qu'elle pourrait s'opérer sans heurt, pour peu que l'élite eût acquis à temps une influence suffisante pour diriger réellement la mentalité générale : et d'ailleurs l'appui des Occidentaux ne lui ferait pas défaut dans cette tâche, car ils seront toujours favorables, ainsi qu'il est naturel, à un rapprochement s'accomplissant sur de telles bases, d'autant plus qu'ils y auraient également un intérêt qui, pour être d'un tout autre ordre que celui qu'y trouveraient les Occidentaux, ne serait nullement négligeable, mais qu'il serait peut-être assez difficile, et d'ailleurs inutile, de chercher à définir ici. Quoi qu'il en soit, ce sur quoi nous insistons, c'est que, pour préparer le changement dont il s'agit, il n'est aucunement nécessaire que la masse occidentale, même en se bornant à la masse soi-disant intellectuelle, y prenne part tout d'abord ; si même cela n'était tout à fait impossible, ce serait plutôt nuisible à certains égards ; il suffit donc, pour commencer, que quelques individualités comprennent la nécessité d'un tel changement, mais à la condition, bien entendu, qu'elles la comprennent vraiment et profondément.

Nous avons montré le caractère essentiellement traditionnel de toutes les civilisations orientales ; le défaut de rattachement effectif à une tradition est, au fond, la racine même de la déviation occidentale. Le retour à une civilisation traditionnelle, dans ses principes et dans tout l'ensemble de ses institutions, apparaît donc comme la condition fondamentale de la transformation dont nous venons de parler, ou plutôt comme identique à cette transformation même, qui serait accomplie dès que ce retour serait pleinement effectué, et dans des conditions qui permettraient même de garder ce que la civilisation occidentale actuelle peut contenir de vraiment avantageux sous quelques rapports, pourvu seulement que les choses n'allassent pas antérieurement jusqu'au point où une renonciation totale s'imposerait. Ce retour à la tradition se présente donc comme le plus essentiel des buts que l'élite intellectuelle devrait assigner à son activité ; la difficulté est de réaliser intégralement tout ce qu'il implique dans des ordres divers, el aussi d'en déterminer exactement les modalités. Nous dirons seulement que le moyen âge nous offre l'exemple d'un développement traditionnel proprement occidental ; il s'agirait en somme, non pas de copier ou de reconstituer purement et simplement ce qui exista alors, mais de s'en inspirer pour l'adaptation nécessitée par les circonstances. S'il y a une « tradition occidentale », c'est là qu'elle se trouve, et non dans les fantaisies des occultistes et des pseudo-ésotéristes ; cette tradition était alors conçue en mode religieux, mais nous ne voyons pas que l'Occident soit apte à la concevoir autrement, aujourd'hui moins que jamais ; il suffirait que quelques esprits eussent conscience de l'unité essentielle de toutes les doctrines traditionnelles dans leur principe, ainsi que cela dut avoir lieu aussi à cette époque, car il y a bien des indices qui permettent de le penser, à défaut de preuves tangibles et écrites dont l'absence est fort naturelle, en dépit de la « méthode historique » dont ces choses ne relèvent à aucun titre. Nous avons indiqué, suivant que l'occasion s'en offrait au cours de notre exposé, les caractères principaux de la civilisation du moyen âge, en tant qu'elle présente des analogies, très réelles bien qu'incomplètes avec les civilisations orientales, et nous n'y reviendrons pas ; tout ce que nous voulons dire maintenant, c'est que l'Occident, se trouvant en possession de la tradition la mieux appropriée à ses conditions particulières, et d'ailleurs suffisante pour la généralité des individus, serait dispensé par là de s'adapter plus ou moins péniblement à d'autres formes traditionnelles qui n'ont pas été faites pour cette partie de l'humanité ; on voit assez combien cet avantage serait appréciable.

Le travail à accomplir devrait, au début, s'en tenir au point de vue purement intellectuel, qui est le plus essentiel de tous, puisque c'est celui des principes, dont tout le reste dépend ; il est évident que les conséquences s'en étendraient ensuite, plus ou moins rapidement, à tous les autres domaines, par une répercussion toute naturelle ; modifier la mentalité d'un milieu est le seul moyen d'y produire, même socialement, un changement profond et durable, et vouloir commencer par les conséquences est une méthode éminemment illogique, qui n'est digne que de l'agitation impatiente et stérile des Occidentaux actuels. D'ailleurs, le point de vue intellectuel est le seul qui soit immédiatement abordable, parce que l'universalité des principes les rend assimilables pour tout homme, à quelque race qu'il appartienne, sous la seule condition d'une capacité de compréhension suffisante ; il peut apparaître singulier que ce qui est le plus facilement saisissable dans une tradition soit précisément ce qu'elle a de plus élevé, mais cela se comprend pourtant sans peine, puisque c'est ce qui est dégagé de toutes les contingences. C'est là aussi ce qui explique que les sciences traditionnelles secondaires, qui ne sont que des applications contingentes, ne soient pas, sous leur forme orientale, entièrement assimilables pour les Occidentaux ; quant à en constituer ou à en restituer l'équivalent dans un mode qui convienne à la mentalité occidentale, c'est là une tâche dont la réalisation ne peut apparaître que comme une possibilité fort éloignée, et dont l'importance, d'ailleurs, bien que très grande encore, n'est en somme qu'accessoire.

Si nous nous bornons à envisager le point de vue intellectuel, c'est donc parce qu'il est bien, de toutes façons, le premier qu'il y ait lieu d'envisager en effet ; mais nous rappelons qu'il faut l'entendre de telle sorte que les possibilités qu'il comporte soient vraiment illimitées, ainsi que nous l'avons expliqué en caractérisant la pensée métaphysique. C'est de métaphysique qu'il s'agit essentiellement, puisqu'il n'y a que cela qui puisse être dit proprement et purement intellectuel ; et ceci nous amène à préciser que, pour l'élite dont nous avons parlé, la tradition, dans son essence profonde, n'a pas à être conçue sous le mode spécifiquement religieux, qui n'est, après tout, qu'une affaire d'adaptation aux conditions de la mentalité générale et moyenne. D'autre part, cette dite, avant même d'avoir réalisé une modification appréciable dans l'orientation de la pensée commune, punirait déjà, par son influence, obtenir dans l'ordre des contingences quelques avantages assez importants, comme de faire disparaître les difficultés et les malentendus qui sont autrement inévitables dans les relations avec les peuples orientaux ; mais, nous le répétons, ce ne sont là que des conséquences secondaires de la seule réalisation primordialement indispensable, et celle-ci, qui conditionne tout le reste et n'est elle-même conditionnée par rien d'autre, est d'un ordre tout intérieur. Ce qui doit jouer le premier rôle, c'est donc la compréhension des questions de principes dont nous avons essayé d'indiquer ici la vraie nature, et cette compréhension implique, au fond, l'assimilation des modes essentiels de la pensée orientale ; d'ailleurs, tant que l'on pense en des modes différents, et surtout sans que, d'un côté, on ait conscience de la différence, aucune entente n'est évidemment possible, pas plus que si l'on parlait des langues différentes, un des interlocuteurs ignorant celle de l'autre. C'est pourquoi les travaux des orientalistes ne peuvent être d'aucun secours pour ce dont il s'agit, quand ils ne sont pas un obstacle pour les raisons que nous avons données ; c'est aussi pourquoi, ayant jugé utile d'écrire ces choses, nous nous proposons en outre de préciser et de développer certains points dans une série d'études métaphysiques, soit en exposant directement quelques aspects des doctrines orientales, de celles de l'Inde en particulier, soit en adaptant ces mêmes doctrines de la façon qui nous paraîtra la plus intelligible, lorsque nous estimerons une telle adaptation préférable à l'exposition pure et simple ; dans tous les cas, ce que nous présenterons ainsi sera toujours, dans l'esprit, sinon dans la lettre, une interprétation aussi scrupuleusement exacte et fidèle que possible des doctrines traditionnelles, et ce que nous y mettrons du nôtre, ce seront surtout les imperfections fatales de l'expression.

En cherchant à faire comprendre la nécessité d'un rapprochement avec l'Orient, nous nous en sommes tenu, à part la question du bénéfice intellectuel qui en serait le résultat immédiat, à un point de vue qui est encore tout contingent, ou du moins qui semble l'être quand on ne le rattache pas à certaines autres considérations qu'il ne nous était pas possible d'aborder, et qui tiennent surtout au sens profond de ces lois cycliques dont nous nous sommes borné à mentionner l'existence ; il n'empêche que ce point de vue, même tel que nous l'avons exposé, nous paraît très propre à retenir l'attention des esprits sérieux et à les faire réfléchir, à la seule condition qu'ils ne soient pas entièrement aveuglés par les préjugés communs de l'Occident moderne. Ces préjugés sont portés à leur plus haut degré chez les peuples germaniques et anglo-saxons, qui sont ainsi, mentalement plus encore que physiquement, les plus éloignés des Orientaux ; comme les Slaves n'ont qu'une intellectualité réduite en quelque sorte au minimum, et comme le Celtisme n'existe plus guère qu'à l'état de souvenir historique, il ne reste que les peuples dits latins, et qui le sont en effet par les langues qu'ils parlent et par les modalités spéciales de leur civilisation, sinon par leurs origines ethniques, chez lesquels la réalisation d'un plan comme celui que nous venons d'indiquer pourrait, avec quelques chances de succès, prendre son point de départ. Ce plan comporte en somme deux phases principales, qui sont la constitution de l'élite intellectuelle et son action sur le milieu occidental ; mais, sur les moyens de l'une et de l'autre, on ne peut rien dire actuellement, car ce serait prématuré à tous égards ; nous n'avons voulu envisager là, nous le répétons, que des possibilités sans doute très lointaines, mais qui n'en sont pas moins des possibilités, ce qui est suffisant pour qu'on doive les envisager. Parmi les choses qui précèdent, il en est quelques-unes que nous eussions peut-être hésité à écrire avant les derniers événements, qui semblent avoir rapproché quelque peu ces possibilités, ou qui, tout au moins, peuvent permettre de les mieux comprendre ; sans attacher une importance excessive aux contingences historiques, qui n'affectent en rien la vérité, il ne faut pas oublier qu'il y a une question d'opportunité qui doit souvent intervenir dans la formulation extérieure de cette vérité.

Il manque encore bien des choses à cette conclusion pour être complète, et ces choses sont même celles qui concernent les aspects les plus profonds, donc les plus vraiment essentiels, des doctrines orientales et des résultats qu'on peut attendre de leur étude pour ceux qui sont capables de la mener assez loin ; ce dont il s'agit peut être pressenti, dans une certaine mesure, par le peu que nous avons dit au sujet de la réalisation métaphysique, mais nous avons indiqué en même temps les raisons pour lesquelles il ne nous était pas possible d'y insister davantage, surtout dans un exposé préliminaire comme celui-ci ; peut-être y reviendrons-nous ailleurs, mais c'est là surtout qu'il faut toujours se souvenir que, suivant une formule extrême-orientale, « celui qui sait dix ne doit enseigner que neuf ». Quoi qu'il en soit, tout ce qui peut être développé sans réserves, c'est-à-dire tout ce qu'il y a d'exprimable dans le côté purement théorique de la métaphysique, est encore plus que suffisant pour que, à ceux qui peuvent le comprendre, même s'ils ne vont pas au-delà, les spéculations analytiques et fragmentaires de l'Occident moderne apparaissent telles qu'elles sont en réalité, c'est-à-dire comme une recherche vaine et illusoire, sans principe et sans but final, et dont les médiocres résultats ne valent ni le temps ni les efforts de quiconque a un horizon intellectuel assez étendu pour n'y point borner son activité.

Déjà parus

OMNIA VERITAS LTD PRÉSENTE :

RENÉ GUÉNON
APERÇUS SUR L'ÉSOTÉRISME CHRÉTIEN

« Ce changement qui fit du Christianisme une religion au sens propre du mot et une forme traditionnelle... »

Les vérités d'ordre ésotérique, étaient hors de la portée du plus grand nombre...

OMNIA VERITAS LTD PRÉSENTE :

RENÉ GUÉNON
APERÇUS SUR L'ÉSOTÉRISME ISLAMIQUE ET LE TAOÏSME

« Dans l'Islamisme, la tradition est d'essence double, religieuse et métaphysique »

On les compare souvent à l'« écorce » et au « noyau » (el-qishr wa el-lobb)

Omnia Veritas Ltd présente :

RENÉ GUÉNON
APERÇUS SUR L'INITIATION

«Nous nous étendons souvent sur les erreurs et les confusions qui sont commises au sujet de l'initiation...»

On se rend compte du degré de dégénérescence auquel en est arrivé l'Occident moderne...

Omnia Veritas Ltd présente :
RENÉ GUÉNON
AUTORITÉ SPIRITUELLE ET POUVOIR TEMPOREL

« la distinction des castes constitue, dans l'espèce humaine, une véritable classification naturelle à laquelle doit correspondre la répartition des fonctions sociales »

L'égalité n'existe nulle part en réalité

OMNIA VERITAS LTD PRÉSENTE :
RENÉ GUÉNON
ÉTUDES SUR L'HINDOUISME

« En considérant la contemplation et l'action comme complémentaires, on se place à un point de vue déjà plus profond et plus vrai »

... la double activité, intérieure et extérieure, d'un seul et même être

Omnia Veritas Ltd présente :
RENÉ GUÉNON
INITIATION ET RÉALISATION SPIRITUELLE

« Sottise et ignorance peuvent en somme être réunies sous le nom commun d'incompréhension »

Le peuple est comme un « réservoir » d'où tout peut être tiré, le meilleur comme le pire

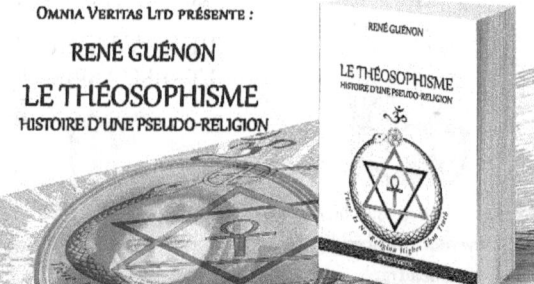

« Notre but, disait alors Mme Blavatsky, n'est pas de restaurer l'Hindouïsme, mais de balayer le Christianisme de la surface de la terre »

Le vocable de théosophie servait de dénomination commune à des doctrines assez diverses

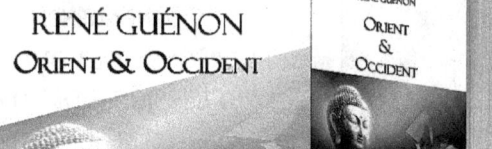

« La civilisation occidentale moderne apparaît dans l'histoire comme une véritable anomalie... »

... cette civilisation est la seule qui se soit développée dans un sens purement matériel

« Ce développement matériel a été accompagné d'une régression intellectuelle qu'il est fort incapable de compenser »

Qu'importe la vérité dans un monde dont les aspirations sont uniquement matérielles et sentimentales